$A^t V$

HANNE HIOB ist Mit-Initiatorin des »Anachronistischen Zuges« gegen Krieg und Faschismus und der szenischen Welturaufführung von Brechts Gedicht »Legende vom toten Soldaten« auf dem Soldatenfriedhof Bitburg. Sie veranstaltet Brecht-Abende und antifaschistische Programme.

GERD KOLLER wurde 1951 in Augsburg geboren. In seiner Heimatstadt ist er durch die Moderation und Organisation zahlreicher Wohltätigkeitsveranstaltungen bekannt. Er fand die Briefe im Nachlaß seiner Urgroßmutter Hedwig Mühlheim.

»Meine Lieben, da ich morgen mit Josel und Lane verreise, möchte ich mich noch einmal ganz kurz von Euch meine Lieben verabschieden und seid recht herzlich gegrüßt ...« Das war das letzte Lebenszeichen von Nanny Bobrowski. Am 23. Juni 1942 wurde sie mit ihrem Mann Josel und ihrer neun Monate alten Tochter Lane deportiert. Empfängerin dieses Abschiedsgrußes war ihre Tante in Augsburg, Hedwig Mühlheim. Zwanzig Jahre nach dem Tod Hedwig Mühlheims, 1988, fand ihr Urenkel Gerd Koller diesen Brief in einem Konvolut von etwa 400 Briefen im Nachlaß seiner Urgroßmutter. Geschrieben wurden diese Briefe ab dem Jahr 1937 von den verfolgten und bedrohten Angehörigen Hedwig Mühlheims in Oberschlesien und in Berlin, denen sie – durch ihren »arischen« Ehemann geschützt – in diesen schweren Jahren alle nur erdenkliche Hilfe zukommen ließ.

Die Briefe geben einen Einblick in den Alltag der jüdischen Bevölkerung unter der Naziherrschaft. Sie spiegeln in langsamer atmosphärischer Verdichtung die schrittweise Einengung des Lebens, die Entbehrungen und Demütigungen und den unbedingten und verzweifelten Wunsch, das Bedrohliche fernzuhalten.

Hanne Hiob / Gerd Koller (Hg.)

»WIR VERREISEN ...«
In die Vernichtung
Briefe 1937–1944

Eingeleitet und mit Erläuterungen
von Kurt Pätzold und Erika Schwarz

Aufbau Taschenbuch Verlag

Mit 13 Abbildungen

ISBN 3-7466-1395-7

1. Auflage 1998
Aufbau Taschenbuch Verlag GmbH, Berlin 1997
© 1993 Konkret Literatur Verlag, Hamburg
Fotomontage der Umschlaggestaltung Preuße & Hülpüsch
Grafik Design unter Verwendung der Fotos »Jüdische Familie
auf dem Weg zur befohlenen Sammelstelle« und eines Fotos
der Koffer von Opfern im KZ Auschwitz
Druck Elsnerdruck GmbH, Berlin
Printed in Germany

Inhalt

7   Gerd Koller
Vorwort

11   Hanne Hiob
»Bringen Sie einen Zeugen«

15   Kurt Pätzold / Erika Schwarz
Einführung
Von Briefeschreibern und Adressaten

43   Briefe aus Beuthen, Berlin, Theresienstadt

127   Briefe aus Gleiwitz

212   Die Geschwister Fleischer

216   HerausgeberInnen und AutorInnen

Vorwort

Es ist für mich wie ein Zeitsprung, eine Reise in die Vergangenheit, in ein Deutschland, das mir fremd und unbegreiflich ist. Eines, das ich nur aus Büchern, Erzählungen und Geschichtsstunden kenne und jetzt aus den erschütternden Briefen meiner Angehörigen an meine Urgroßmutter Hedwig Mühlheim aus der Zeit von 1937 bis 1945. Das Deutschland, in das ich 1951 hineingeboren wurde und in dem ich unter der liebevollen Obhut meiner Urgroßmutter aufgewachsen bin, ist meine Heimat, mit der mich Liebe und Fluch gleichermaßen verbinden. In diesem Deutschland von gestern und heute lebe ich.

Dank der Fürsorge meiner Urgroßmutter verlebte ich eine wunderbare Kindheit. Hedwig Mühlheim wurde am 18. 12. 1877 geboren, sie war eine aufopfernde, ehrliche und starke Frau, die mir Geborgenheit, Schutz und ihr großes Herz schenkte und, bis sie mit 90 Jahren starb, immer für mich da war. Doch in dieser gütigen Frau lebte auch der Schrecken der Vergangenheit, die Erinnerung an ihre engsten Angehörigen, von denen 48 auf grausamste Weise umgebracht wurden. Das andere Deutschland, Nazi-Deutschland, hatte ihre große Familie zerrissen und in die Gaskammern von Auschwitz getrieben. Die Mörder kannten kein Mitleid, sie vernichteten brutal ihre Schwestern, Brüder, Schwager, Schwägerinnen, Nichten, Neffen, Großnichten, Großneffen, ihre Freunde und Bekannten.

Das einzige, was meiner Urgroßmutter von ihren Angehörigen blieb, sind zahlreiche Briefe, die ihr ab 1937 vom Leid der Familie, von den täglichen Demütigungen der jüdischen Minderheit und den Schikanen der Machthaber berichteten. Diese Briefe zeugen von Angst, Sorge und auch Hoffnung; sie enden mit dem qualvollen Abschiednehmen kurz vor dem Abtransport ins KZ. Nur wenige konnten noch aus den Todeslagern Nachricht geben. Es war ein Abschied für immer.

Hedwig Mühlheim.
Das Foto wurde 1963
aufgenommen.

Ich sehe meine Urgroßmutter noch heute vor der Schublade einer alten Waschkommode in ihrem Schlafzimmer stehen. Ihre Hände berührten die darin gestapelten Briefe. Sie weinte und erklärte mir, dem betroffen staunenden Kind, die bittere Wahrheit: »Du bist noch zu klein, verstehst es nicht. Sie sind alle ermordet, vergast.« Ihre Stimme bebte. Sie betastete das alte Papier, nahm so Kontakt mit den ihr vertrauten Menschen auf, sprach mit ihnen. Ich war ganz leise, stand neben meiner geliebten Uroma und litt, nichts begreifend, mit ihr. Denn ich kannte sie sonst nur als einen zufriedenen und, so schien es mir zumindest, glücklichen Menschen.

Erst heute, 25 Jahre nach ihrem Tod, kann ich die Qualen ermessen, die sie durchlitten hat. Die Erinnerung an ihre Familie und die schreckliche Gewißheit ihres sinnlosen und brutalen Sterbens haben sie bis zu ihrem eigenen Tod im Jahr 1968 nicht losgelassen. Es scheint mir fast, als sei es von meiner Urgroßmutter so gewollt, daß ich heute im Besitz dieser Briefe, ihres letzten und wichtigsten Vermächtnisses, bin. Nach ihrem Tod lagen die Dokumente zwanzig Jahre lang ungelesen und in wildem Durcheinander in zwei alten Einkaufstaschen und einem uralten Lederkoffer auf dem Dachboden meiner Mutter in Garmisch-Partenkirchen. Der Zufall wollte es, daß sich meine Mutter und ich in einem Gespräch an diese Briefe erinnerten. Das war im November 1988. Tagelang sortierte und ordnete ich dann mit meiner Frau die umfangreiche Korrespondenz nach den Namen der Familienmitglieder und nach dem jeweiligen Absendedatum. Immer stärker gerieten wir in den Sog dieser erschütternden Briefe und erkannten immer deutlicher die Größe der sich darin offenbarenden Familientragödie. In zahllosen schlaflosen Nächten entstand die Idee, dieses Stück leidvoller Zeitgeschichte zu dokumentieren, damit der sinnlose Tod meiner Verwandten als Mahnung lebendig bleibt. Mit der Veröffentlichung der Briefe möchte ich ein Zeichen gegen den Faschismus von heute setzen. Was sicher auch im Sinn meiner Urgroßmutter gewesen wäre, der ich mit diesem Buch auch für meine glückliche Kindheit danken möchte.

Die Verwirklichung meiner Idee bereitete mir zunächst einige Schwierigkeiten, bis ich bei einer Lesung Hanne Hiob kennenlernte und sie um Unterstützung bei meinem Vorhaben bat. Frau Hiob erkannte sofort die Aussagekraft und den zeitgeschichtlichen Wert der Briefe und versprach spontan, bei der Veröffentlichung mitzuwirken. Ohne ihre unermüdliche Arbeit wäre es vermutlich nicht zu diesem Buch gekommen. Ihr und ihrem Team gilt mein ganz besonderer Dank.

In persönlichen Aufzeichnungen meiner Urgroßmutter entdeckte ich Namen von Verwandten, die das Naziregime überlebt haben und heute noch am Leben sind. So konnte ich nach dreißig Jahren wieder Kontakt zu Susanne und Kurt Kreß aufnehmen. Susanne Kreß ist eine Großnichte meiner Urgroßmutter, als Kind war sie für mich Tante Susi aus Stuttgart. Auch ihr möchte ich danken. Mit ihrer Hilfe konnten viele der sich aus den Briefen ergebenden Fragen beantwortet werden. Durch sie bekam ich auch Kontakt zu Ilse Fleischer in Argentinien, die leider inzwischen gestorben ist. Von ihr erhielt ich viele der in diesem Buch abgedruckten Briefe. Sie war die Frau von Poldy Fleischer, einem Neffen meiner Urgroßmutter, dem die Flucht aus Nazi-Deutschland gelungen war. Die Briefe seiner Schwester Nanny an ihn habe ich von dieser weitblickenden Frau. Ihr gilt mein besonderer Dank.

Danken möchte ich auch Frau Wichelmann, die die Briefe transskribiert hat, und Herrn Jürgen Neumann, der sich spontan bereit erklärte, mit meiner Frau die mühsame Korrekturarbeit der transskribierten Briefe zu übernehmen. Er stand auch sonst immer als Gesprächspartner zur Verfügung.

Ganz besonders möchte ich das Engagement und die Arbeit meiner Frau, Gabriele Koller, hervorheben, die mit mir viele Stunden lang die Briefe sortierte und auch bei allen organisatorischen Arbeiten mithalf. Vor allem aber danke ich ihr, weil sie von Anfang an den Gehalt und die Bedeutung der Briefe erkannte und mich in meinen Bemühungen, sie zu veröffentlichen, bestärkte.

Darüber hinaus danke ich Roland Schulz, Ursula Ebel, Dr. Annette Seybold, Prof. Dr. Kurt Pätzold, Dr. Erika Schwarz, Christine Hornischer, Irmgard Koller-Kalb und Karl Koller.

Ich hoffe, dieses Buch wird mit dazu beitragen, daß sich etwas Ähnliches nie wieder ereignen kann.

Augsburg, im Mai 1993   Gerd Koller

»Bringen Sie einen Zeugen«

Wilhelm Zielonka, ein Neffe von Hedwig Mühlheim, war von November 1944 bis Februar 1945 als Zwangsarbeiter im Lager Rositz inhaftiert. Als er 1954 einen Antrag auf Entschädigung stellte, verlangte man von ihm, »einen weiteren Zeugen, der über die Dauer Ihrer Inhaftierung im Zwangsarbeitslager Rositz aussagen kann«, zu benennen. Sein Antrag wurde abgelehnt.

Diese Ungeheuerlichkeit wird auf den beiden folgenden Seiten dokumentiert.

1988 habe ich von Gerd Koller 400 Briefe der jüdischen Familie Fleischer erhalten mit der Bitte, ihm bei der Veröffentlichung dieser Zeitdokumente zu helfen und einen Verlag dafür zu finden. Meine Anfragen bei mehreren großen und bekannten Verlagen stießen auf Ablehnung. Die Argumente reichten von »Nein — das kauft heute niemand mehr« über »Die Briefe haben einen so privaten Charakter, daß man kaum Leser dafür finden wird« bis »Die Briefe selbst sind kein Buch, aber sie sind der Stoff für ein Buch oder einen Film«.

Jetzt, nach fünf Jahren, hat der Konkret Literatur Verlag die Veröffentlichung der Briefe übernommen — als ein Zeichen gegen faschistische Gewalt.

München, im Juli 1992   Hanne Hiob

Bayerisches Landesentschädigungsamt

Az.: 65255/I/11529
II/8 Ro/U/Br

München 2 · Arcisstraße 11
Telefon 584 31
Bayerische Staatsbank München, Konto-Nr. 59202
Postscheck-Konto: München Nr. 152

Sprechzeiten: Montag - Mittwoch - Freitag 9-11ᵘ Uhr

Herrn   München, den 5. März 1954
Wilhelm Zielonka

Nürnberg-Reichelsdorf

Am Wahlbaum 23

Betr.: Entschädigungsantrag

In Ihrem Entschädigungsantrag behaupten Sie, vom 10.10.1944 bis
9.11.1944 bei der Schlesischen Dampfer-Companie im Hafen Laband
Zwangsarbeit geleistet zu haben und vom 12.11.1944 bis 13.2.1945
im Zwangsarbeitslager Rositz inhaftiert gewesen zu sein. Nach
einer vorliegenden Bescheinigung der Stadt Gössnitz vom 24.4.45
wurden Sie in Gössnitz am 13.4.1945 von amerikanischen Truppen
befreit.

Auf Grund dieser Unstimmigkeiten ersuchen wir Sie um Angabe, wie
lange die tatsächliche Haft im Zwangsarbeitslager Rositz gedauert
hat. Gleichzeitig bitten wir Sie Namen und Anschriften von Personen mitzuteilen, die in der Lage sind, Ihre Angaben bezüglich
der Dauer der Haft im Zwangsarbeitslager Rositz zu bestätigen.
Ferner ersuchen wir Sie um Schilderung der Verhältnisse, die
bei der Zwangsarbeit im Hafen Laband geherrscht haben.

                              I.A.

                              [Unterschrift]

                              (Soewy)

Sachverhalt und Entscheidungsgründe:

Der Antragsteller beantragt Entschädigung für Schaden an Freiheit für die Zeit

vom 10.10.44 bis 13.4.45 wegen Freiheitsentziehung in Laband

vom _____ bis _____ wegen _____ in Rositz

vom _____ bis _____ wegen _____ in _____

vom _____ bis _____ wegen _____ in _____

vom _____ bis _____ wegen _____ in _____

Das Bayer. Landesentschädigungsamt ist für die Entscheidung zuständig, weil der Antragsteller am 1.1.47 in München wohnhaft war (§ 232 BEG).

Aus dem gleichen Grunde sind auch die Anspruchsvoraussetzungen des § 4 BEG erfüllt.

Auf Grund der unten angeführten Beweismittel hält es das BLEA für nachgewiesen, daß der Antragsteller durch nationalsozialistische Gewaltmaßnahmen aus Gründen der Rasse verfolgt worden ist und in der Zeit

vom 12.11.44 bis 12.4.45 Schaden an Freiheit durch Freiheitsentziehung bzw. Freiheitsbeschränkung erlitten hat.

Dem Antragsteller steht daher Kapitalentschädigung für 5 Monate zu. Diese beträgt für jeden

Monat DM 150.—. Er hat daher einen Anspruch in Höhe von . . . . DM 750.—

Der Antragsteller hat folgende, auf diesen Anspruch anzurechnende Leistungen erhalten:

am 20.11.50 Zuweisung DM 375.-

am _____ DM _____

am _____ DM _____

am _____ DM _____

am _____ DM _____

insgesamt DM 375.-

Zur Auszahlung kommt daher ein Betrag von . . . . DM 375.-

Die weitergehenden Ansprüche auf Entschädigung für Schaden an Freiheit für die Zeit vom 10.10.44

bis 12.11.44 waren abzulehnen, weil die Voraussetzungen des § 43 BEG

nicht nachgewiesen wurden.

_____

_____

_____

Kurt Pätzold / Erika Schwarz

Einleitung
Von Briefeschreibern und Adressaten

Auf den folgenden Seiten dieses Buches sind Briefe abgedruckt. Die beiden Frauen, die sie in den Jahren vor und während des Zweiten Weltkriegs geschrieben haben, leben nicht mehr. Sie wurden von faschistischen Judenmördern umgebracht. Die eine – wir wissen es nicht mit letzter Sicherheit – kam im Vernichtungslager von Auschwitz-Birkenau, die andere im KZ Theresienstadt ums Leben. Die eine der beiden hatte, als sie getötet wurde, die Mitte ihres siebenten Lebensjahrzehnts überschritten, die andere war dreißig Jahre jünger, und mit ihr starben ihr Ehemann und beider Tochter, die kaum zwei Jahre alt war. Die Briefe, die Selma Fleischer und Nanny Fleischer-Bobrowski an Hedwig Mühlheim in Augsburg schrieben, spiegeln das Leben, die Leiden und den Untergang einer jüdischen Familie wider, in der es Installateure und Schlosser, schwer arbeitende Hausfrauen, auch einen Lehrer und eine Zahnärztin gab. Berichtet wird über das Leben von Juden in einer Zeit, für die es in der deutschen Geschichte manches Vergleichbare gibt, aber die Verfolgungen, die 1933 einsetzten, können mit nichts gleichgesetzt werden. Mitten durch die Familie zogen die Rassebürokraten des Deutschen Reiches willkürliche Grenzlinien, schieden sie in »Voll-«, »Halb-« und »Vierteljuden«, benachteiligten, diskriminierten, demütigten und verfolgten sie in unterschiedlichem Maße – bis sie die »Volljuden« in die Gaskammern und vor die Erschießungskommandos trieben. Diese Briefe zeugen von einer Zeit, in die man sich auch bei äußerster Anstrengung nicht hineinversetzen kann und die sich vor allen Dingen nicht wiederholen soll. Die schreibenden Frauen berichteten vor allem vom Alltag ihrer Familien. Aus Gedanken, Sätzen und manchmal nur aus Wörtern werden die auskömmlichen, immer wieder von Momenten glücklichen Erlebens bestimmten Verhältnisse vorstellbar, aus denen die

»kleinen Leute« von den Machthabern der Nazidiktatur in Abgrund und Untergang gestürzt wurden.

Keine der beiden Briefeschreiberinnen nahm sich vor, Geschichte festzuhalten. Beide taten es. Ihre Hinterlassenschaft, seltene Zeugnisse von Frauen, die ungeübt im Schreiben waren, zerstört manches Klischee, das über Juden und Judentum in Deutschland noch oder wieder in Umlauf ist. Und zugleich enthalten diese Briefe eine unauslöschliche Anklage gegen die Mörder.

I.

Selma Fleischer wurde im Jahrzehnt nach der Gründung des Deutschen Kaiserreiches im Jahre 1876 geboren. Wo ihre Eltern zu dieser Zeit lebten und wo das Mädchen aufwuchs, ist unbekannt. Vieles spricht jedoch dafür, daß sie aus dem Osten Schlesiens stammte, einem Teil Deutschlands, den man abgekürzt auch als OS bezeichnete. Die beiden Buchstaben standen für Oberschlesien.

Oberschlesien war das nach dem Ruhrgebiet wichtigste industrielle Zentrum Deutschlands; es verfügte über reiche und hochwertige Kohlevorkommen sowie eine eigene Erzbasis, Grundlage für eine metallgewinnende und -verarbeitende Fabrikation in großen und über die Grenzen Deutschlands hinaus bekannten Werken. Der natürliche Reichtum des Landes stand in scharfem Kontrast zur Armut der großen Zahl seiner schwer arbeitenden Bewohner, vor allem deutschen und auch polnischen Katholiken. Trotz der sich ausweitenden Industrie vermochten nicht alle Männer der oft vielköpfigen Arbeiterfamilien in ihrer Heimat bezahlte Arbeit zu finden. Die Auswanderung aus dieser Ecke des Reiches war an der Tagesordnung. Die einen suchten Arbeit und Auskommen in den nord- und westwärts gelegenen Städten, zogen in die Provinzhauptstadt Breslau oder in die Reichshauptstadt Berlin. Andere wandten sich in das Ruhrgebiet und verdingten sich dort als Bergarbeiter, die traditionellen Berufe ihrer Familien fortsetzend. Wieder andere schifften sich nach Übersee ein, um in den Norden Amerikas zu gelangen.

In diesem Oberschlesien, in dem deutsch und polnisch gesprochen wurde, viele Menschen auch zweisprachig aufwuchsen, manche Deutsche weniger deutsch als das sogenannte »wasserpolnisch« redeten, lebte eine jüdische Minderheit. Je nach der Geschichte ihrer Familien hatten sich die einen über die Jahrzehnte deutsch, die anderen polnisch assimiliert. Die meisten waren jedoch preußische Staatsangehörige geworden.

Selma Fleischer war eine deutsch-assimilierte Jüdin, die die längste Zeit ihres Lebens wenig Grund gehabt haben dürfte, über das nachzudenken, was man heute Identität nennt. Die Bindung an das Judentum, die Rituale ihres Glaubens, die religiösen Gesetze und Anforderungen waren ihr ebenso selbstverständlich wie der Umgang mit den Katholiken aus ihrer Nachbarschaft und der Kundschaft ihres Mannes. Beide lebten in Beuthen, einer der größten Städte im Kohlerevier.

Hermann Fleischer, den Selma 1899 geheiratet hatte – als er stirbt, schreibt seine Witwe von einem 41jährigen Zusammenleben –, betrieb über Jahrzehnte eine Installateur- und Dachdeckerwerkstatt und war ein in der Jüdischen Gemeinde so angesehener Mann, daß er ein Vierteljahrhundert ihr Vorsteher war. Zur engeren Familie der beiden Fleischers gehörten drei Kinder. Der Sohn Leopold, in den Briefen immer nur »Poldi« genannt, war das Sorgenkind der Familie, er lebte seit langem in der Nervenheilanstalt Lublinitz. Die Mutter sah ihn zum letzten Mal, als sie, 1940 nach Berlin übergesiedelt, in Oberschlesien das Grab ihres Mannes und ihre Verwandten aufsuchte. Der Sohn Herbert, über den kaum Nachrichten vorliegen, hatte Deutschland rechtzeitig verlassen. Die einzige Tochter, Nanny, von der im weiteren vor allem noch die Rede sein wird, war in Berlin verheiratet.

Die Briefe, die Selma Fleischer schrieb, setzen in dichter Folge am 1. Oktober 1939 ein. Zu diesem Zeitpunkt befand sich Deutschland exakt einen Monat im Krieg gegen Polen und dessen Verbündete Frankreich und Großbritannien. Den polnischen Nachbarstaat hatten deutsche Armeen, eine von ihnen war von Oberschlesien aus ostwärts vorgestoßen, in einem »Blitzfeldzug« niedergeworfen. Direkt wird auf diese grundstürzenden Ereignisse in den Briefen nicht Bezug genommen. Mehr noch: Ihr Inhalt läßt erkennen, daß sich die Absenderin nach den ersten Kriegswochen noch nicht klargemacht hatte, welche folgenreiche Wendung der Beginn des Zweiten Weltkriegs gerade für die Juden im Deutschen Reich bedeutete. Noch hofften Hermann und Selma Fleischer, aus dem Machtbereich der Judenfeinde entkommen zu können.

Daß sie diesen Plan verfolgten, geht bereits aus dem einzigen überlieferten Vorkriegsbrief hervor, der am 15. März 1939 geschrieben wurde. Auskommen und Ruhe würden für die deutschen Juden in dem Lande, in dem sie geboren waren, nicht mehr zu finden sein. Diese Erkenntnis verbreitete sich unter den Verfolgten, die trotz der Herrschaft der Antisemiten im Deutschen Reich ausgehalten hatten, nahezu ausnahmslos, seit in der Nacht vom 9. zum 10. November 1938 sich der Pogrom der Braunhemden ereignete, jüdische Menschen ermordet, die Synagogen angezündet, Geschäfte und Wohnungen verwüstet, etwa 25 000 Juden in die Konzentrationslager Dachau, Sachsenhausen und Buchenwald verschleppt worden waren. Darauf folgte eine Kette antijüdischer Verordnungen des Staates, die Juden alle Arbeits- und Verdienstmöglichkeiten raubte, die ihnen bislang noch belassen worden waren. Verarmung und Verelendung, Verachtung und Vereinsamung – so stellte sich sechs Jahre nach dem Sieg der Nazis für die deutschen Juden das Bild ihrer düsteren Zukunft dar.

Damit wollten sich die Eheleute Fleischer nicht abfinden. Ohne die Möglichkeit, dem Unheil Widerstand zu leisten, im Wissen, daß ihnen und ihresgleichen von der Mehrheit der nichtjüdischen Deutschen keine Hilfe gegen die Verfolger zuteil werden würde, daß immer mehr Gleichgültigkeit und Ablehnung sie umgab, hatten sie sich entschlossen, Deutschland zu verlassen. Sie hofften und warteten »auf die Anforderung«, das heißt auf die Papiere, ohne die ein Zufluchtstaat nicht zu betreten war. Nur in Andeutungen macht der Brief vom März 1939 – geschrieben übrigens an dem Tage, an dem die deutsche Wehrmacht in Prag einmarschierte und die Tschechoslowakei von den deutschen Machthabern zerschlagen wurde – erkennbar, was in den Jahren der Naziherrschaft bereits hinter der Fleischer-Familie lag. Hermann konnte aufgrund der Verordnung, derzufolge die jüdischen Handwerks- und Handelsbetriebe zu schließen waren, in seiner Werkstatt nicht mehr arbeiten. Er war womöglich schon von der Krankheit gezeichnet, die ihn nur Monate später umbrachte. Finanzielle Rücklagen besaß die Familie nicht, ihre materielle Grundlage war schwankend geworden. Selma verdiente gelegentlich etwas dazu. Mit dem Blick auf die beabsichtigte Flucht war begonnen worden, den Hauptteil des Mobiliars und anderen Hausrat zu verkaufen. In welche verzweifelte Lage waren die beiden über Sechzigjährigen gestoßen worden, daß sie sich dazu durchgerungen hatten, sich von ihren noch in Deutschland lebenden Kindern zu trennen. Denn nur ihr Sohn Herbert und zwei ihrer Enkelkinder, die Söhne Peter und Heinz der in Berlin lebenden Tochter Nanny, befanden sich schon im Ausland. Der Jüngste der beiden war siebenjährig von Vater und Mutter getrennt worden, die sich, wie auch die Großeltern, in den folgenden Jahren über die Nachrichten freuen konnten, daß beide geborgen waren und mit Erfolg eine solide Ausbildung absolvierten.

Aus diesem einzigen Vorkriegsbrief Selma Fleischers spricht die ganze Not der Menschen, die in ihrer angestammten Heimat immer mehr verfolgt wurden, drangsaliert, gedemütigt, in Zeitungen tagtäglich beschimpft. Das Reichsbürgergesetz vom September 1935 erklärte die Juden zu Bürgern zweiter Klasse und stürzte sie von der Stufe der Gleichstellung, die sie im 19. Jahrhundert im Prozeß der bürgerlichen Umwälzung erreicht hatten. Diese Tatsache war zu einer permanenten Bedrohung für die Minderheit geworden, bevor das Gesetz durch zahlreiche Durchführungsverordnungen konkretisiert wurde, mit denen man die Opfer außer Landes jagte und diejenigen, die nicht hatten fliehen können, später in die Eisenbahnwaggons trieb, um sie »nach Osten« in die Ghettos und zu den Vernichtungsstätten zu fahren.

In den Briefen, die Selma Fleischer kurz nach Beginn des Zweiten Weltkrieges aus Oberschlesien schrieb, war von Auswanderung zunächst nicht mehr die Rede. Der Beginn des Krieges hatte die Bedingungen für jede Flucht erschwert. Die Verbindung zu Verwandten, die sich um die Ausreise hatten kümmern wollen, war ganz abgerissen. Dennoch: »*Man darf nicht verzagen*«, macht sich die auf Gott vertrauende Briefeschreiberin selbst Mut und hofft, »*daß bald alles wieder seinen geregelten Gang geht*«. Diese Hoffnung läßt sich freilich kaum verstehen, denn seit dem 1. September 1939 standen die deutschen Juden als angeblicher Teil des »internationalen Judentums« obendrein unter der Anklage, die Urheber des Krieges gegen »Großdeutschland« zu sein. Anders als im Ersten Weltkrieg, als Selmas Mann Hermann noch als »Patriot« in den Kampf gezogen war, wurden die Juden, die 1935 für wehrunwürdig erklärt worden waren, zum Kriegsdienst nicht mehr angenommen. Bei Kriegsbeginn wurden die Juden auch augenblicklich schlechter gestellt als die zu »arischen« Volksgenossen erklärten anderen Deutschen, was sich vor allem in einer ungleich geringeren Versorgung mit nun immer schärfer rationierten Lebensmitteln und Gebrauchsgütern ausdrückte.

Doch für Selma Fleischer wurden Kriegsgeschehen und Kriegsgeschrei in jenen Monaten überdeckt durch die wachsende Sorge um ihren Ehemann. Als die Eheleute, nach einem Berliner Krankenhausaufenthalt ihres Mannes, nach Beuthen zurückkreisen, ist Selma klar, daß Hermann nur noch kurze Zeit zu leben haben wird. Immer schlechter waren auch die Nachrichten aus dem großen Kreis der Verwandten. Dr. med. Berthold Guttmann, der in der Tschechoslowakei praktiziert hatte und seit der Okkupation Böhmens und Mährens im »Protektorat« lebte, hatte seine Praxis schließen müssen. Auch ein weiterer Verwandter *»ist fort, die Tochter hat alles verkauft«*. Im Februar 1940 stirbt Selmas Mann, nachdem sich seine Lungenkrebs-Erkrankung kurz und dramatisch verschärft hatte. Wieder und wieder schreibt die Witwe in den folgenden Jahren in ihren Briefen davon, wieviel ihrem *»lieben Hermann«* durch den Tod erspart geblieben sei.

In dem Haus in Beuthen will Selma Fleischer nun nicht länger bleiben. Sie übersiedelt im Mai 1940 nach Berlin zu ihrer Tochter Nanny und deren Ehemann Ernst Behrendt, der im Hilfsverein der deutschen Juden arbeitet. Die 1901 gegründete Organisation, die einmal Teil einer weitverzweigten internationalen Verbindung von Juden war, hatte ihren bedrängten Glaubensgenossen geholfen, wo immer sie in schwierigen sozialen oder wirtschaftlichen Verhältnissen lebten. Inzwischen als selbständige Organisation von den faschistischen Machthabern nicht mehr geduldet, war der Hilfsverein Bestandteil einer Anfang 1939 geschaffenen Zwangsvereinigung der Juden geworden. Selma Fleischer fährt zu Tochter und Schwiegersohn, nun wieder in der Hoffnung, mit beiden Deutschland verlassen zu können – »wohin und wann, das weiß ich noch nicht«. Sie findet in der Angestelltenfamilie, die eine Dreizimmerwohnung im Zentrum Berlins besaß, freundliche Aufnahme und teilt sich zunächst mit ihrer Tochter die Hausarbeit und die immer zeitaufwendigeren Besorgungen von Lebensmitteln. Am 7. Februar 1941 wird Nanny als ungelernte Arbeiterin in eine Metallfabrik zwangsverpflichtet. Die Juden werden vom Bezug von immer mehr Nahrungsmitteln – Fisch, Obst, Süßwaren u. a. – ganz ausgeschlossen und erhalten andere Lebensmittel nur, wenn sie für die »Arier« noch übergenug vorhanden sind. Die Gestapo durchsucht Wohnungen und ahndet den Besitz von Waren, die Juden nicht hätten einkaufen dürfen, mit Haftstrafen. Selma, die es versteht, dennoch zu kaufen, was ihr zu kaufen eigentlich nicht erlaubt ist, wobei sie Händler durch das Bezahlen hoher und unausgesetzt steigender Preise besticht, trifft Vorkehrungen, um im Falle des Erscheinens der Polizei ihren Kaufmann nicht verraten zu müssen.

Zu den Sorgen um die Ernährung der dreiköpfigen Familie, die noch über Geldmittel verfügt, zu denen auch eine auf 50 Reichsmark bemessene Unterstützung Selmas durch die Jüdische Gemeinde in Beuthen gehört, kommen 1941 weitere hinzu. Die Juden werden aus ihren Wohnungen gewiesen und müssen in »Judenhäuser«, d. h. in Mietshäuser zusammenrücken, die noch jüdisches Eigentum sind. Sie verwandelten sich sukzessive in eine Art Kleinghetto, in denen sich fremde, von den Verfolgungen gezeichnete Menschen auf engem und immer noch engerem Raum zusammenleben mußten.

Die Behrendt-Fleischer-Familie brauchte nicht zwangsweise umzuziehen, da sie bereits in einem »Judenhaus« wohnte, mußte aber jemanden in ihrer Wohnung aufnehmen. Hinzu kamen die ersten Luftalarme, die aber noch keine Bombenabwürfe und Verwüstungen der Reichshauptstadt ankündigten. Eine beunruhigende Nachricht kam der Mutter auch über ihren kranken Sohn Poldi zu. Er sei nach Leubus verlegt worden, von wo sie trotz ihrer Anfrage an die Anstaltsleitung kein Wort hörte. Drei Monate nach dieser Mitteilung weiß Selma Fleischer, daß ihr Sohn tot ist. Ob sie ahnte oder sich gar gewiß war, daß er in einem heuchlerisch »Euthanasie« genannten Mordprogramm mit hoher Wahrscheinlichkeit durch Gas oder mittels einer tödlichen Injektion umgebracht worden war, läßt sich aus ihrem Brief nicht schließen.

Gute Nachrichten kommen in jenem Frühjahr 1941 mit großen Unterbrechungen nur noch in Briefen aus dem Ausland. Ihr Enkel Heinz will ein Ingenieur-Studium beginnen — eine Absicht, die für junge Juden in Deutschland längst ein ferner Traum geworden ist.

Im September 1941 trifft die kleine Familie die Bestimmung, derzufolge sich Juden in der Öffentlichkeit mit einem für jedermann sichtbaren Zeichen zu markieren haben: einem sechszackigen gelben Stern mit dem in hebräisierenden Buchstaben geschriebenen Wort »Jude«. In Erwartung ihres baldigen Triumphes im Osten, den die Eroberer als Garanten für den Endsieg im gesamten Kriege verstanden, hatten sie die Verordnung über den »Judenstern« beschlossen. Sie war ein Schritt vor dem schon gefaßten, aber vorerst geheimgehaltenen Beschluß, mit der Deportation der Juden aus dem Reich »nach Osten« zu beginnen.

Noch wußte auch die durch die Tätigkeit ihres Schwiegersohns gewöhnlich besser unterrichtete Selma Fleischer nicht, wie sich alles auswirken würde. Noch hoffte sie mit anderen »*das Beste*«. Ende September hieß es dann: »*Wir tragen unseren neuen Schmuck, und ist alles ruhig verlaufen*« — ein Satz, der nur ein Aufatmen darüber verrät, daß es auf Straßen und Plätzen nicht zu tätlichen Angriffen auf die Sternträger gekommen war. Gleichzeitig wurde das Einkaufsbudget der Familie geringer, denn die Beuthener Gemeinde war nicht mehr imstande, der Frau ihres einstigen Vorstehers die kleine Rente weiter zu bezahlen. Tochter Nanny, im Rüstungsbetrieb immer länger ausgepowert, hatte höhere Sondersteuern für Juden zu entrichten. Da Juden die Eisenbahn und andere öffentliche Verkehrsmittel außerhalb der Städte nur noch mit besonderen Genehmi-

22

gungen benutzen durften, war Selma auch der Weg zum Grab ihres Mannes nach Beuthen versperrt.

Seit Oktober 1941 weiß Selma, daß sie mit ihren Kindern damit zu rechnen hat, daß »man uns hier abschiebt nach dem fernen Osten«. Wie alle anderen Juden kannte sie die Bestimmung, wonach die zur Deportation aufgerufenen Menschen nicht mehr als 50 Kilogramm Gepäck mitnehmen durften. Alles andere hatten sie in ihren Wohnungen zurückzulassen, in denen sie obendrein genaue Verzeichnisse ihres Eigentums hinterlegen mußten.

Um »zu retten, was man kann«, begann Selma verschiedene Sachen aus dem Berliner Besitz auf die Reise nach Augsburg zu schicken, damit sie dort aufbewahrt würden. Vorausschauend teilte sie der Schwägerin auch eine Begründung für den Fall mit, daß die Polizei sie nach dem Woher der Gegenstände fragen würde, denn es war Juden inzwischen strikt verboten, aus ihrer Habe noch etwas zu verkaufen oder auch nur zu verschenken. Es seien dies alles, so schlug sie vor zu erklären, einst geliehene, jetzt zurückgegebene Stücke. Und zugleich bereitete sie die Empfängerin der Sendung auf die Möglichkeit vor, dieses Eigentum zu verkaufen, um ihnen das auf diese Weise erlangte Geld eines Tages »in den Osten« nachzusenden.

Selma Fleischer war in der Familie ihres Schwiegersohns im Oktober 1941 noch vor der Aufnahme in die Deportationslisten geschützt, weil die Machthaber mit den Funktionären in der Reichsvereinigung der Juden zusammenwirken wollten, um eigene Arbeitskräfte und Anstrengungen zu sparen. Durch Ernst wußte Selma auch von den Transporten, sie kannte die Termine der abfahrenden Züge, die Transportpausen, erfuhr auch, wann weitere Züge bereitstehen sollten.

So lebte Selma Fleischer zwischen Hoffen und Bangen bis in den Spätsommer des Jahres 1942 bei Tochter und Schwiegersohn. Immer größer wurde der tägliche Aufwand, den sie betreiben mußte, um sich und die beiden zu ernähren. Nur regelmäßig aus Augsburg eintreffende Pakete halfen die permanente Mangelernährung noch zu lindern. Selmas Hoffnung, sie sei durch die Arbeit ihrer Tochter im Rüstungsbetrieb und den Einfluß von deren Mann vor der Deportation vorerst noch geschützt, wich immer mehr der Einsicht, daß auch Ausnahmestellung und Beziehungen sie nicht mehr auf lange Zeit in Berlin halten könnten. Tage, an denen sie Bekannten beim Zusammenpacken ihrer Sachen für den Abtransport zur Hand ging, stellten ihr immer wieder das ihr bevorstehende Schicksal vor Augen. Geläufig wurde ihr der Name des Ghettos Theresienstadt, ein Konzentrationslager besonderer Art und Durchgangsstation in die Vernichtungslager für diejenigen, die nicht schon dort zugrunde gingen.

In dieser verzweifelten Lage, da jede Nachricht von den Verschleppten ausblieb, begann sich in ihr der Gedanke festzusetzen, lieber unterzutauchen, als sich zu einem dieser Transporte in den Tod befehlen zu lassen. Eines Tages würde auch der Schwiegersohn nicht länger verhindern können, daß der Name seiner Schwiegermutter auf eine Transportliste gesetzt werden mußte.

So fragte die nun 65jährige Frau schließlich in Augsburg an, ob sie dort wenigstens für ein paar Tage untertauchen könne. Doch die Schwägerin sah dafür keine Möglichkeit, und Selma antwortete: »Ich glaube es Euch – was nicht geht, das geht nicht.« Im Oktober 1942 schließlich ein Brief von Tochter Nanny: »Mutter sollte weg, so wie viele andere, hat es aber vorgezogen, vorher unsere Wohnung zu verlassen. Ich weiß nicht, wo sie sich aufhält und was los ist. Ich glaube aber nicht, daß man sich beunruhigen sollte.« Die beiden ersten Sätze dürften zum Zwecke der Tarnung so geschrieben worden sein, der letzte hebt sie nahezu ganz auf. Denn welche Tochter hätte in einer Zeit, da so viele ältere Menschen vor dem Weg auf die Verladerampen den »Freitod« suchten, nicht aufs höchste beunruhigt sein müssen, wenn die Mutter spurlos verschwindet? Selma Fleischer wurde ein »U-Boot«, so lautete die Bezeichnung, die in Berlin für die in den Untergrund gegangenen Juden aufkam.

Während dieser Zeit erkrankte Ernst Behrendt schwer. Er erholte sich nach seiner Entlassung aus dem Krankenhaus Anfang 1943 nur allmählich wieder. Diese veränderte Situation erhöhte für das Ehepaar die Gefahr der Deportation. Tatsächlich geriet Nanny im Februar 1943 in die sogenannte Fabrikaktion, während der die Sicherheitspolizei die in Rüstungsbetrieben arbeitenden Juden von ihren Arbeitsplätzen weg verhaftete und in die Berliner Levetzowstraße brachte, wo sie einem Vernichtungstransport zugeteilt wurden. Ihr Ehemann lief zur gleichen Zeit in eine Straßenrazzia und erlitt das gleiche Schicksal. Noch einmal rettete die beiden der Ausweis, der Ernst Behrendt als einen Mitarbeiter der Reichsvereinigung kenntlich machte und schützte. Sie kamen beide frei.

Die »Fabrikaktion«, der die meisten der gejagten Juden zum Opfer fielen, brachte Nanny das Ende ihrer Zwangsarbeit. Mit ihr fiel aber ein Teil jenes Schutzes weg, den die Eheleute bis dahin noch zu haben glaubten. Nanny schrieb nach Augsburg: »Wir werden dann den Schluß bilden, wenn wir nicht noch einen Ausweg finden, was wir hoffen.« Vermutlich trugen sich die beiden mit dem Plan, ebenfalls unterzutauchen. Hoffnung keimte bei Ernst Behrendt noch einmal auf, als er sich die Niederlage bei Stalingrad klarmachte und die Reaktion der Naziführung mit deren Aufruf zum »totalen Krieg« analysierte. »Von Wichtigkeit«, schrieb er am 14. Februar 1943, »könnte das alles« für die Juden, die noch in Berlin und anderswo sich aufhielten, »aber nur werden, wenn es sich mit größter Schnelligkeit entwickeln könnte«, d. h., wenn die Niederlage der Schlacht an der fernen Wolga die baldige Kapitulation des Regimes nach sich ziehen würde. Daran aber zweifelte er — wie sich alsbald zeigte — zu Recht.

Nur Selma Fleischer, die sich den »Judenstern« abgerissen hatte und ihren eigenen Kampf gegen die Mörder führte, schien mit neuen Kräften versehen. Nach Wochen des Schweigens meldete sie sich mit einem Brief wieder bei der Augsburger Schwägerin. Da war sie »schon drei Monate unterwegs« und »hoffte mit Gott, das alles überstehen zu können«. Sie lebte bei Menschen, die nicht weniger mutig waren als sie und sich, indem sie ihr halfen, selbst in größte Gefahr begaben. Selma riskierte mit dem Einverständnis von Schwägerin und Schwager sogar eine Reise nach Süddeutschland, besuchte beide für einige Tage, ging dann aber doch wieder zurück nach Berlin, wo die Anonymität der Großstadt mehr Schutz gewähren konnte.

Seit Selma Fleischers Aufenthalt in Augsburg enthalten die Briefe, die sie ihrer Schwägerin schrieb, viele Andeutungen, von

25

denen manche nicht mehr zu entschlüsseln sind. Sie hatte ihren Verwandten offenbar von Personen erzählt, die nun nur mit einem Vornamen erwähnt zu werden brauchten, und ihnen Zusammenhänge dargestellt, auf die sich in Kürzeln Bezug nehmen ließ. Vereinbart wurde offenbar auch, auf welchem Weg die Augsburger ihr Post zukommen lassen konnten und daß die eingehenden Briefe sofort vernichtet werden müßten.

Wovon Selma Fleischer in diesen Monaten ihren Lebensunterhalt bestritt, kann nicht mit Sicherheit gesagt werden. Berliner Freunde unterstützten sie, die Schwägerin half ihr weiter mit Nahrungsmitteln und schickte ihr auch manche der in Augsburg deponierten persönlichen Sachen zurück. Vermutlich verkaufte Selma, was sie eben noch besaß, kaufte und verkaufte aber auch Gegenstände, an die sie über Bekanntschaften noch heranzukommen verstand. Manches dürfte aus der zurückgebliebenen Habe von Deportierten gestammt haben, anderes aus dem Eigentum der letzten in Berlin verbliebenen Juden, die als Verkäufer selbst nicht mehr in Erscheinung treten konnten. »*Ich werde mich schon durchdrücken*«, schrieb sie am 25. Juli 1943 ihren »*Lieben*« in Augsburg. Für zwei Monate, von dem Tag an gerechnet, glaubte sie sich »*hier noch gut aufgehoben, dann werden wir weitersehen*«. Dabei lastete auf Selma Fleischer in jenem Frühjahr und Sommer die Ungewißheit über das Schicksal ihrer Tochter Nanny und deren Ehemann. Beide wurden am 18. März 1943 in einen Transport nach Theresienstadt gezwungen, womit sie seit langem gerechnet hatten. Über Augsburg erhielt die Mutter Monate später die Nachricht, »*daß sie leben*«. Sie war imstande, sofort ein Päckchen mit verschiedenen Nahrungsmitteln zu packen und es auf dem Weg über das Büro der Reichsvereinigung nach Theresienstadt abzusenden. Denn, so konnte sie Mitte August mitteilen, ihr »*Geschäft geht wieder*«. Nun war sie es, die ihren Verwandten nach Augsburg das eine oder andere schicken konnte.

Vor allem aber: Selma Fleischer hatte sich im Sommer 1943 in den Besitz einer Identitätskarte gebracht, mit der sie sich dürftig ausweisen konnte. Sie erhielt sogar das Angebot, das immer mehr von Fliegerangriffen heimgesuchte Berlin mit einer älteren

Person zu verlassen, um diese nach Nürnberg zu begleiten. Sie blieb jedoch in Berlin.

Einen Monat später war Selma Fleischer eine Insassin des Konzentrationslagers Theresienstadt, jenes Sonderlagers im »Protektorat Böhmen und Mähren«, das zur Täuschung des Auslands geschaffen worden war. Dort traf sie ihre Tochter und deren Ehemann wieder. Mit ihnen und anderen wohnte sie in einem der überfüllten Häuser der einstigen österreichischen Festung, die von der Außenwelt hermetisch abgeriegelt war. Ihre Adresse lautete Bahnhofstr. 15. Es war ihre letzte Anschrift. Nach einem Brief Nannys war die Mutter im Konzentrationslager noch gesund angekommen. Doch dort erkrankte sie wiederholt. Nanny schrieb am 22. April 1944, daß sie pflegebedürftig sei und »möglicherweise wegen ihres Herzens in das Spital gebracht werden muß«.

Die Willkür der faschistischen Sicherheitspolizei unterbrach die lebenswichtige Verbindung zwischen den Theresienstädtern und ihren Augsburger Verwandten immer wieder. Dann endete sie ganz. Nanny und Ernst Behrendt wurden mit einem Transport unter der Bezeichnung Eq 1291 und 1290 am 12. 10. 1944 nach Auschwitz deportiert. Die todkranke Mutter blieb zurück. Sie starb im Infektionskrankenhaus. Ihre sterblichen Überreste wurden am 7. November 1944 im Krematorium außerhalb der Ghettomauern verbrannt.

Tante Hedel forschte nach Kriegsende nach dem Verbleib ihrer zahlreichen Angehörigen, auch nach dem von Nanny und Ernst Behrendt und Selma Fleischer. 1954 wird ihr von einem Suchdienst im Bund der Verfolgten des Naziregimes e. V. in Hamburg schriftlich mitgeteilt: »Erfahrungsgemäß muß mit dem Tod der Gesuchten gerechnet werden.«

Da hatte die mutige Hedwig Mühlheim es bereits unternommen, Personen und Umstände zu ermitteln, die Selma Fleischer in die Hände der Gestapo geraten ließen. Sie stieß bei ihren Recherchen auf das Buchhändler-Ehepaar Hermann und Emma G., in deren Wohnung Selma Fleischer von der Gestapo verhaftet worden war, und glaubte genügend Gründe zu haben, die G.s »wegen politischer Denunziation« anzuzeigen. Das löste eine Untersuchung aus, die der Generalstaatsanwalt beim Kammergericht in Berlin vornehmen ließ. Akten waren jedoch 1946 nicht mehr auffindbar. Die Vernehmung der beiden Eheleute sowie von deren Hausmädchen und einer weiteren Person, die bei der Verhaftung anwesend war, ergaben ein Bild, das eine zweifelsfreie Wahrheitsfeststellung nicht zuließ. Der Verdacht konnte nicht erhärtet werden.

Nach den Aussagen der Befragten war Selma Fleischer zwei Beamten der Gestapo durch einen Zufall in die Fänge geraten. In der G.-Wohnung und deren Geschäft sei nach einer anderen Jüdin gefahndet worden, als sich Selma Fleischer dort wieder einmal aufhielt. Nach der Darstellung der Verdächtigten rührte deren Bekanntschaft mit Selma Fleischer daher, daß sie eines Tages im Jahr 1942 in deren Geschäft aufgetaucht sei, um dort Bücher aus Beständen von Juden zu verkaufen. Sie habe sich den Eheleuten anvertraut und sei daraufhin von diesen zunächst tageweise, dann auf längere Zeit und schließlich für ein dreiviertel Jahr in deren Wohnung aufgenommen worden. Als sich die Eheleute überwacht fühlten, legten sie ihrem Logiergast, der sie weiter mit Büchern versorgte, aber ihnen auch Lebensmittel verkaufte, dringend nahe, anderswo unterzukommen. Selma Fleischer habe daraufhin ihr Quartier verlassen, die Buchhändler aber doch wiederholt aufgesucht, zuletzt an jenem verhängnisvollen Tage.

Die Mitteilung der Generalstaatsanwaltschaft beim Kammergericht beantwortet so viele Fragen, wie sie offen läßt. So muß die Frage, ob Selma Fleischer einem Zufall zum Opfer fiel oder einer Denunziation, letztlich offen bleiben. Merkwürdig bleibt, daß den Personen, die über Monate Selma Fleischer Quartier gewährt hatten, 1943 außer einer Vernehmung am Ort und einer zweiten im Gestapo-Büro in der Berliner Burgstraße keinerlei Nachteile erwuchsen. Merkwürdig bleibt, daß die Buchhändlersfrau sich mit Selma Fleischer sogar in Augsburg während deren Aufenthalt getroffen und zuvor im Bregenzer Wald eine Möglichkeit zu erkunden gesucht hatte, wie die Illegale über die Schweizer Grenze gelangen könnte. Und dies erscheint um so merkwürdiger, als sich die befragten Eheleute 1946, folgt man dem Schreiben des Gerichts, zu ihrer Entlastung in keiner Weise darauf beriefen, daß sie Selma Fleischer solange Unterschlupf gewährt hätten, und auch die Anschuldigung nicht empört zurückwiesen. Der vernommene Buchhändler bestritt lediglich energisch, daß er sich an den Gegenständen der Selma Fleischer bereichert habe, die diese in seiner Wohnung zurückgelassen hatte. Sie wären samt einem größeren Geldbtrag den Gestapo-Beamten ausgehändigt worden.

So bleibt die Verhaftung der Jüdin aus Beuthen, die ein Jahr als eines dieser »U-Boote« in Berlin lebte, in ihren Einzelheiten unaufklärbar. Die Frau, die ihren Ehemann in schwerster Zeit hatte begraben müssen, deren kranker Sohn in einer sogenannten Nervenheilanstalt endete, deren weitere Verwandte »auf Transporte« verfrachtet worden waren, von denen sie annehmen mußte, daß sie in den Tod führten, die von allen Nachrichten über die beiden Enkelsöhne und ihren Sohn im Ausland abgeschnitten wurde, hatte ihre aus Glauben, Zuversicht und Verzweiflung erwachsenen Lebenskräfte wohl weitgehend aufgebraucht, als sie eine Insassin des KZ Theresienstadt wurde. Auch vor ihrem Leben verstummt die Frage, warum sich »die Juden« nicht gewehrt hätten.

II.

Die Kenntnisse über einen zweiten Zweig der oberschlesischen Fleischer-Familie gehen auf Briefe zurück, die eine Nichte Selma Fleischers aus Gleiwitz schrieb. Sie richteten sich an zwei Adressaten: zum einen und zumeist an ihre Augsburger Tante Hedwig Mühlheim, zum anderen an ihren Bruder Leopold, in der Familie Poldy genannt. Er hatte sich nach Berlin begeben, um seine Ausreise aus Deutschland energischer betreiben zu können, kehrte aber noch einmal in seine Heimat zurück, um von Vater, Mutter und den Geschwistern Abschied zu nehmen. 1937, eben noch rechtzeitig, entkam er nach Südamerika und lebte von da an in Argentinien. Der Briefwechsel mit ihm litt immer mehr unter den Einwirkungen des Krieges.

Nanny Fleischer, die im Jahre 1905 geborene Briefeschreiberin – sie hieß mit Vornamen wie ihre in Berlin lebende Cousine (Nanny Behrendt) –, hat das Leben, Leiden und den Untergang ihrer Familie überliefert und zugleich Nachricht von einigen ihrer Geschwister und von deren Familien hinterlassen, die als

»Halb-« und »Vierteljuden« und in sogenannten »Mischehen« überlebten. Dieses zweite Briefkonvolut vermittelt nicht jene Tatsachendichte wie die Briefe Selma Fleischers. Doch die Umrisse der Geschehnisse werden deutlich erkennbar. Sie geben uns ein Bild von dem Leben jüdischer Handwerker und Arbeiter in den Jahren, da sich die faschistischen Verfolgungen 1938 zum Pogrom steigerten und seit 1941 in die Deportation zu den Vernichtungsstätten mündeten.

Das männliche Oberhaupt dieses Gleiwitzer Familienzweiges war Berthold Fleischer, ein Schlossermeister. Er arbeitete in einer eigenen Werkstatt, die sich in seinem Haus befand. Er bildete Lehrlinge aus, zu denen zeitweilig auch seine Söhne gehörten. Mit seiner Ehefrau Gertraud, die nach später erlassenen Gesetzen und Verordnungen der Faschisten als »Arierin« galt, so daß ihre Gemeinschaft dann in die bürokratische Kategorie »Mischehe« geriet, hatte Berthold Fleischer fünf Kinder. Zwei von ihnen waren Knaben, drei Mädchen. Sie waren in den Jahren 1900 bis 1912 geboren und hatten später sehr verschiedene Lebenswege eingeschlagen.

Nannys Geburtstag ist genau bekannt: Es war der 18. Juli 1905. Während ihre älteren Schwestern, Thea und Amalie, genannt Malchen, sich nach dem Ersten Weltkrieg in jungen Jahren verheirateten und Kinder bekamen, blieb die schließlich sechsfache Tante Nanny lange Zeit ledig. Etwa fünf Jahre hatte sie außerhalb des Elternhauses als Kinderfräulein gearbeitet, dann kehrte sie in das Haus von Vater und Mutter zurück. Dort war sie deren Stütze im Alltag, zumal eine fortschreitende und immer wieder akute Herzkrankheit der Mutter, dann aber die eskalierenden Judenverfolgungen zu immer stärkeren Belastungen führten.

Von ihnen ist in den Briefen aus den Jahren 1937 und 1938 indessen wenig zu erfahren. Nanny verbietet sich beinahe jede Klage, deshalb läßt sich aus ihnen nur indirekt schließen, daß das Leben für die Juden im Deutschen Reich immer schwerer zu ertragen war. Hauptthema bildeten die Pläne mehrerer Familienangehöriger, ins Ausland zu fliehen. So wenig Nanny die Politik der N?ziführer kommentierte, so klar spricht aus ihren Briefen die Erkenntnis, daß es auf absehbare Zukunft in

Deutschland für Juden kein lebenswertes Dasein mehr geben werde.

Dabei waren nicht alle Mitglieder dieses Familienzweiges gleichermaßen bedroht. Die Kinder aus der Ehe des Juden Berthold und der Christin Gertraud galten den nazistischen Rassebürokraten als »Halbjuden«. Ob sie den »Volljuden« zugezählt wurden, hing von ihrer Beziehung zum Judentum ab. Diese wurde wiederum daran bemessen, ob sie sich zur jüdischen Religion bekannten und der Jüdischen Gemeinde angehörten. Das traf jedenfalls für Nanny zu, wenn auch aus ihren Briefen kaum eindeutig zu entnehmen ist, in welchem Grade sie und ihr Vater sich an Glauben und Synagoge gebunden fühlten. Vieles deutet darauf hin, daß der Schlossermeister in Glaubensdingen ein liberaler Mann gewesen ist, der mit seiner Frau die Kinder nach ihrer jeweiligen Fasson leben und selig werden ließ.

Beide älteren Töchter hatten Nichtjuden geheiratet, sich offenkundig von der Gemeinde gelöst und ihre Kinder − Thea hatte eine Tochter mit Namen Ruth, Malchen fünf Kinder, die sie nach dem frühen Tod ihres Mannes 1938 allein ernähren und betreuen mußte − christlich erzogen. Das blieb indessen für die Beziehungen innerhalb der Familie und zwischen den Generationen folgenlos. Die Töchter besuchten die Eltern und ihre Schwester Nanny regelmäßig, und Malchens Kinder hielten sich häufig im Hause der Großeltern auf. Das entlastete die verwitwete Mutter, die nahe Gleiwitz eine Zahnarztpraxis betrieb und sich bemühte, der Kinderschar auch eine gute Ausbildung zuteil werden zu lassen. Die sozial sichersten, eben gutbürgerliche Verhältnisse, hatte die Tochter Thea erlangt, deren »arischer« Ehemann trotz seiner Verbindung mit einer »Halbjüdin« bis zum Prokuristen einer Firma aufstieg und im Kriege mit Erfolg vom Wehrmachtsdienst reklamiert werden konnte − jedenfalls in der Zeit, für die Informationen vorliegen, also bis Mitte des Jahres 1942.

Die beiden Söhne Gertrauds und Bertholds, Wilhelm, der ältere, der Willy gerufen wurde, und Poldy, hatten in der väterlichen Werkstatt den Beruf des Schlossers gelernt. 1938 befand sich Willy aber als politischer Häftling im Zuchthaus Brandenburg-Görden. Seine Zeitstrafe wäre 1938 oder 1939 »abgesessen« gewesen, doch hoffte der Gefangene vergeblich auf Freilassung. Nanny unterhielt Kontakt mit ihrem Bruder, doch sind weder Willys Briefe aus dem Gefängnis noch die von seiner Schwester an ihn erhalten geblieben. Nannys Briefe an ihre Tante und ihren Bruder Poldy geben jedoch Aufschluß darüber, daß Willy in Erwartung seiner Entlassung darauf drängte, seine Flucht aus Deutschland vorzubereiten.

Poldy verließ als erster und, wie sich entgegen allen Plänen von Willy und Nanny erweisen sollte, als einziger Deutschland. Zuvor heiratete er, früher als ursprünglich beabsichtigt, weil dies die Paßformalitäten erleichterte und er gemeinsam mit seiner Braut, nun seiner Ehefrau, nach Südamerika ausreisen wollte. Das zuerst in Betracht gezogene Ziel Brasilien mußte aus Gründen, die nicht bekannt sind, aufgegeben werden. Doch gelangten die Jungvermählten, nachdem die Überfahrt wegen einer Erkrankung noch einmal aufgeschoben wurde, via Le Havre und von da per Schiff Anfang 1938 nach Argentinien und waren damit vor allen Nachstellungen der deutschen Judenverfolger sicher. Poldy fand alsbald Arbeit, ließ sich auch einmal von seinem Vater über Tausende von Kilometern eine eingehende fachliche Beratung geben und hätte in der Fremde offenbar einen guten Start gehabt, wäre seine Ehe nicht alsbald zerbrochen. Glücklicherweise gab er den daraufhin gehegten Plan auf, nach Deutschland zurückzukehren.

Nanny schrieb an ihren Bruder, er solle alle Möglichkeiten ausfindig machen und nutzen, um nun auch Willy aus Deutschland herauszubekommen, den sie als das am meisten gefährdete Familienmitglied ansah. Doch weder waren Poldys Bestrebungen in Argentinien erfolgreich, noch kam Willy – wie schon erwähnt – frei. Vermutlich brachte man ihn in ein Konzentrationslager oder ein Gefangenenarbeitslager. Von dort konnte er die briefliche Verbindung mit seiner Familie aufrechterhalten. Aus ihr geht hervor, daß der Häftling Fleischer wie seine Leidensgenossen bei Schwerstarbeit ebenso schlecht verpflegt wie bekleidet wurde. Thea und Malchen halfen dem Bruder dadurch, daß sie ihm monatlich Geld in das Lager überwiesen. Anders als sein Vater und seine Schwester Nanny erlebte Willy die Zerschlagung der Nazidiktatur und den Tag der Befreiung.

Unter dem Eindruck des Pogroms vom 9./10. November 1938 entschloß sich Nanny, auch ihre eigene Flucht aus Deutschland zu betreiben. Sie wollte nach Großbritannien, obwohl sie wußte, wie schwer schon die Trennung von dem jüngsten Sohn den Eltern und namentlich dem Vater gefallen war, der doch immer noch geglaubt haben mochte, daß seine Söhne Haus und Werkstatt übernehmen und weiterführen würden. Statt dessen folgte nach der Auswanderung Poldys und dem Pogrom die zwangsweise Schließung aller von Juden betriebenen Handels- und Handwerksbetriebe, also auch der Schlosserwerkstatt Berthold Fleischers. Die Räumlichkeiten wurden, nachdem das Inventar auf den Boden geschafft worden war, einem Maler vermietet. Der Schlossermeister indessen verdingte sich in seinem Beruf bei anderen, offenbar »arischen« Firmen. So war wenigstens für den Unterhalt der Familie gesorgt. Zu dem steuerte auch Nanny bei, die bei einem ihrer Onkel, der Lehrer war, und dessen Frau als Hausgehilfin zu arbeiten begann.

Merkwürdig mutet an, daß sich in den Briefen von Nanny Fleischer nach Augsburg nicht eine Bemerkung über den Beginn des Krieges und auch nicht über die Kriegsereignisse der folgenden Jahre findet. Eine denkbare Erklärung könnte darin bestehen, daß es angesichts der Lage der Briefeschreiberin ein Gebot der Vorsicht war, sich über alle als heikel angesehenen Themen lieber auszuschweigen; eine andere würde lauten, Nanny habe sich bis dahin nie mit Politik befaßt und war einfach außerstande, sie anders zu kommentieren als in ihren Wirkungen auf ihren und ihrer Familie Alltag.

Noch über den 1. September 1939 hinaus hoffte Nanny Fleischer, aus Deutschland zu entkommen. Nachdem sich eine freundschaftliche Beziehung zu einem Mieter im elterlichen Haus gelöst hatte, machte ihr überraschend ein Mann einen Heiratsantrag, der ihr schon einmal vergeblich eine Offerte gemacht hatte. Diesmal war Nanny nach einigem Überlegen bereit, Josef Bobrowski zu heiraten, der von Beruf Destillateur und damals vierzig Jahre alt war. Nichts deutet darauf hin, daß Nanny ihre Entscheidung auch nur einen Moment davon abhängig gemacht hätte, daß Josef ein Jude war. Sie, die »Halbjüdin«, war ohnehin zum Judentum »sortiert« worden.

Der Heiratsantrag und seine Annahme ereignete sich in jenen Wochen, in denen Nanny mit Energie auf ihre Ausreise nach Großbritannien hinarbeitete. Sie hoffte, eine Einreiseerlaubnis als Hausmädchen zu erhalten und damit eine der wenigen Möglichkeiten zu nutzen, als unbemittelter Flüchtling in den Inselstaat zu gelangen. Denn ansonsten hatten nur die keine Schwierigkeiten mit der Einreise, deren reiche oder zumindest begüterte Verwandte oder Freunde bereit waren, für den Unterhalt der Emigranten aus Deutschland aufzukommen.

Nanny hatte sich mit ihrem Bräutigam, der selbst nach Großbritannien wollte, gerade verlobt, als sie am 7. August 1939 die Papiere in Händen hielt, die ihr die Aus- und Einreise ermöglichen sollten. Jetzt mußte sie sich noch einen Paß besorgen und darin das Visum von der Britischen Botschaft eintragen lassen. Nanny und Josel, wie die Braut ihren Mann nannte, wollten noch in Deutschland im Kreise der Verwandten und Bekannten heiraten. Der Tag war schon bestimmt, als die Braut die Vermählung kurzerhand absagte. Mit der Heirat wäre sofort jenes nur für Ledige gültige Permit verfallen, das ihr das Tor nach England öffnen sollte. Indessen, und ohne es zu wissen, befand sich Nanny in einem Wettlauf mit den Plänen der deutschen Machthaber. Hitler hatte den Kriegsbeginn auf den 26. August 1939 festgelegt und dabei das Risiko einkalkuliert, daß Polens Verbündete Großbritannien und Frankreich an dessen Seite treten würden.

Am 1. September 1939 überfielen die deutschen Truppen Polen, und zwei Tage darauf erklärten Großbritannien und Frankreich dem Deutschen Reich den Krieg. Die Britische Botschaft in Berlin schloß; Visa waren ebenso unerreichbar geworden wie Schiffspassagen zur britischen Insel. Obendrein sollte kein Jude, der als wehrfähig galt, Deutschland verlassen, vermuteten die Nazimachthaber in ihm doch nicht zu Unrecht einen potentiellen Kämpfer auf seiten ihrer Feinde, wenn nicht einen Rächer für alles, was Juden in Deutschland im Zeichen des Hakenkreuzes angetan worden war. Da alle Erwägungen, die zur Verschiebung der Hochzeit geführt hatten, mit dem Kriegsbeginn hinfällig geworden waren, ließen sich die Brautleute im November 1939 standesamtlich trauen.

Nanny Bobrowski verließ nach der Heirat ihr Elternhaus und zog zu ihrem Mann, der etwa um diese Zeit seine Arbeitsstelle als Ziegeleiarbeiter verlor. Während der Wintermonate 1939/40 verdiente er zu der Unterstützung, die der Familie von der jüdischen Hilfsorganisation gewährt wurde, etwas Geld durch Schneeschippen und Ausfahren von Kohle hinzu. Nanny hatte ihre Arbeit bei der Lehrerfamilie schon im Sommer, als sich ihr Fluchtplan zu verwirklichen schien, aufgegeben. Doch hätte sie ihr auch weiter kaum nachkommen können, denn nun hatte sie zu der kränklichen eigenen Mutter häufig auch die ihres Ehemanns zu umsorgen und zu pflegen.

Nanny sah ihre andauernde extreme Belastung, wie Zeilen in ihren Briefen bezeugen, als eine Art Prüfung an. Im Elternhaus hatte sie Sparsamkeit lernen müssen. In keinem ihrer Briefe finden sich Klagen über die für Juden verschlechterte Versorgung mit Lebensmitteln. Möglicherweise halfen die beiden Schwestern die kargen Rationen aufbessern. Jedenfalls unterstützten Thea und Malchen die Eltern finanziell, als der Vater nicht mehr regelmäßig verdienen konnte, weil seine physischen Kräfte weitgehend aufgebraucht waren. Zuvor hatte er noch eine Genehmigung erwirkt, mit seinen Werkzeugen Schlosserarbeiten ausschließlich für Juden zu verrichten. Immer wieder berichtete die Tochter nach Augsburg, wie schwer der alternde Mann mit dem veränderten Leben fertig wurde. Weit zurück lagen die Wochenenden, da er mit der Tochter sonntags auf dem Fahrrad Ausflüge aufs Land unternahm oder mit seinen Lehrlingen auf einen »Betriebsausflug« gegangen war.

Berthold Fleischer konnte am Leben seiner drei Töchter ermessen, wohin die nazistischen Rassefanatiker Menschen getrieben hatten, die noch vor Jahren in dem Bewußtsein in Deutschland gelebt hatten, hier eine sichere Heimat zu haben. Während Nanny 1941 aus der ohnehin ungesunden Behausung heraus mußte, um für andere Juden Platz zu machen, die aus besseren Wohnungen gewiesen worden waren – sie zog wieder in das Haus ihrer Eltern –, besaß Thea eine geräumige Wohnung. Ihre Tochter Ruth absolvierte das Gymnasium, und zeitweilig gehegte Befürchtungen, man werde sie wegen der »halbjüdischen« Mutter womöglich nicht zum Abitur zulassen, erwiesen sich als unbegründet. Mit den angeblich reinen »Arierinnen« ihres Geburtsjahrgangs wurde sie auch zum Reichsarbeitsdienst herangezogen, den sie im nahen Sudetenland abzuleisten hatte. Die Zahnarztpraxis der anderen Tochter Bertholds, Amalie, ging gut, seit sie die Versuche abgewehrt hatte, sie von der Kassenzulassung auszuschließen. Ihr ältester Sohn lernte Kaufmann, wie Nanny schrieb, in der Kolonialwarenbranche und bestand die Kaufmannsgehilfenprüfung. Danach kam auch er, für ein paar Wochen nur, zum Arbeitsdienst, denn schon wartete der Einberufungsbefehl zur Wehrmacht. »Vierteljuden« waren jedenfalls als Kanonenfutter willkommen. Ihre Tochter Susi konnte Malchen auf ein Internat in Wien geben, wo sie von der Mutter besucht wurde. Kurze Ferien verbrachten die beiden einmal in Mariazell in der Steiermark.

Die inneren Bindungen der Familie Fleischer zueinander gingen nicht verloren. Das zeigte sich besonders deutlich, als Nanny Bobrowski schwanger wurde und am 11. August 1941 eine Tochter gebar. Vater und Mutter waren in der Wahl des Namens für ihr Kind nicht frei, sondern mußten sich nach einer Namensliste wirklich oder vorgeblich jüdischer Namen richten. Das Kind wurde Lane genannt. Nanny hatte in einem Brief an ihre Augsburger Tante keinen Hehl daraus gemacht, daß sie der Gedanke an eine Mutterschaft in dieser Zeit beschwerte. Doch dann freute sie sich auch wieder auf ihr Kind, und vielleicht verdrängte die Sorge um eine möglichst vollständige Babyausstattung die bedrohlichen Gedanken. Tante Hedwig Mühlheim steuerte dazu das meiste bei. Die beiden Schwestern kauften ihr einen neuen Kinderwagen. Die Hochschwangere kam mit Hilfe der »arischen« Feuerwehr in ein »arisches« Krankenhaus, wo sie in ihrem Zustand nicht abgewiesen werden konnte. Doch nach der Entbindung verwies man sie in ein abgesondertes Zimmer, damit die schwangeren und stillenden »Arierinnen« nicht mit einer jüdischen Mutter und deren Kind in Berührung kamen. Das entsprach den Vorschriften.

Als Nanny Bobrowski die kleine Lane spazierenfahren konnte, hatte sie sich den »Judenstern« anzuheften und in aller Öffentlichkeit sichtbar zu tragen. Das gleiche galt für ihren Ehemann und für ihren Vater. Diese drei waren die »Sternträger« in der engeren Familie, und das bedeutete angesichts der Anfeindungen, denen »Arier« ausgesetzt waren, wenn sie sich mit Juden auf offener Straße sehen ließen, daß die Beziehungen zu den anderen Familienmitgliedern von nun an auf Haus und Wohnung beschränkt gewesen sein dürften.

Aus einem Brief, den Nanny Bobrowski im März 1941 nach Augsburg schrieb, spricht zum ersten Mal ihre Sorge, ob die Juden länger in Gleiwitz würden leben dürfen. Es mag sein, daß Nanny eine Vorahnung von Kommendem und Schlimmerem beschlich. Denkbar wäre auch, daß sie das Schicksal der Juden kannte, die in dem nahegelegenen polnischen Gebiet gelebt hatten, das jetzt teils zur Provinz Schlesien gehörte, teils dem Generalgouvernement zugeschlagen worden war. Im Verlauf der »Germanisierungsmaßnahmen« hatten die Eroberer diese Juden bereits ostwärts »abgeschoben« und in Ghettos gepfercht. Jedenfalls ist es möglich und − mehr noch − wahrscheinlich, daß die Juden in Deutsch-Oberschlesien durch das, was ihren benachbarten Leidensgenossen geschehen war, über ihr eigenes weiteres Schicksal schon zu einer Zeit beunruhigt waren, als in Berlin bzw. im Führerhauptquartier die Entscheidung über den Beginn der Deportation und die Massenvernichtung der Juden aus dem »Großdeutschen Reich« erst noch bevorstand. Im September 1941 war sie definitiv getroffen. Im Oktober rollten die ersten Züge mit jeweils 1000 Juden »nach Osten«. Ihre Ziele waren Litzmannstadt, das polnische Lódz, an der Grenze des Reichswarthegaus und des Generalgouvernements, und die Ghettos in Riga, Minsk und Kowno. Ende November wurden Juden aus Deutschland bei Riga direkt aus den Eisenbahnwaggons vor die Gewehrläufe der Einsatzgruppen der Sicherheitspolizei und des Sicherheitsdienstes getrieben und niedergeschossen.

Anders als Selma Fleischer in Berlin, die nicht daran zweifelte, daß die Deportationszüge die Reise in den Tod bedeuteten, glaubte Nanny Bobrowski offenbar noch an eine Überlebenschance. An einem Tag bereitete sie sich gedanklich auf die Trennung von ihrer Tochter vor; an einem anderen sorgte sie sich wieder darum, wie Lane mit ihr und ihrem Ehemann den Transport überstehen würde.

Dann kam der Tag, an dem Nanny und Josef sich mit ihrer Tochter Lane an einem Sammelplatz einzufinden hatten, von dem sie zu einem jener Todeszüge gebracht wurden, den das Reichssicherheitshauptamt in Berlin bei der Deutschen Reichsbahn bestellt hatte. Er fuhr am 23. Juni 1942, fast exakt ein Jahr nach dem Beginn des Krieges gegen die Sowjetunion und nahezu auf den Tag genau ein Jahr, nachdem die Judenmassaker, welche die Mörder die »Endlösung der Judenfrage« nannten, auf dem eroberten sowjetischen Territorium begonnen hatten. Es ist nicht bekannt, ob die Endstation des Zuges, den die Bobrowskis zu besteigen hatten, das nahe Auschwitz oder ein anderes Vernichtungslager war.

Die drei ließen den Vater und Großvater zurück, der als in einer Mischehe lebender Jude vom Abtransport ausgenommen blieb, solange seine Frau lebte. Sie verstarb noch im selben Jahr, und ihr Tod gab den Judenmördern die willkommene Gelegenheit, nun auch den Witwer in die Vernichtungsaktion einzubeziehen. Berthold Fleischer kam nach Auschwitz. Zwei überlieferte Briefe an seine Tochter Thea bezeugen zweifelsfrei, daß er im Frühjahr 1944 noch am Leben war. Erst kurz vor der Befreiung soll er auf dem Abtransport von Auschwitz nach Westen umgebracht worden sein.

III.

Diese Einleitung kann nicht enden, ohne daß der Frau gedacht wird, die in den Jahren sich bis zum mörderischen Exzeß steigernder Judenverfolgung unwandelbar zu ihren geschundenen Verwandten hielt.

Hedwig Mühlheim, geborene Fleischer, war diejenige der neun Geschwister, die es, bevor die Nazis in Deutschland an die Macht gelangt waren, am weitesten aus ihrer Heimat weggeführt hatte. Im Bayrischen, wohin sie nach einem Aufenthalt in der Hansestadt Bremen gelangte, lebte sie mit einer nicht sehr zahlreichen eigenen Familie in über lange Zeit gesicherten Verhältnissen. Sie betrieb mit ihrem Ehemann Otto, einem evangelischen Christen, ein gutgehendes Schuhwarengeschäft im Zentrum Augsburgs. Der Zeitpunkt, an dem sie es aufgeben mußten, ist nicht überliefert. Es deutet manches darauf hin, daß dies

*Das Schuhwarengeschäft von Hedwig und Otto Mühlheim
in der Wertachstraße im Zentrum Augsburgs.*

schon in den ersten Jahren der faschistischen Diktatur geschah, als die NSDAP mit der Losung »Deutsche, kauft nicht bei Juden« immer weitere Teile der Bevölkerung unter Druck setzte, um sie von Einkäufen in Geschäften abzuhalten, die von Juden betrieben wurden. Jedenfalls hatte Hedwig Mühlheim ihre Arbeit im Einzelhandel schon beenden müssen, als sie in immer engeren Kontakt mit ihren in Oberschlesien lebenden Verwandten trat, um deren Los zu erleichtern. Ihr Ehemann Otto verdiente zu dieser Zeit den Lebensunterhalt für seine Familie dadurch, daß er Bier für eine Brauerei ausfuhr, deren Umsätze allerdings als Folge des Krieges zurückgingen. Der einzige Sohn des Ehepaars, Hermann, war in einem kaufmännischen Beruf tätig. Er hatte sich mit einer aus der Nähe von Augsburg stammenden Frau, Elisabeth, in der Familie meist Betty genannt, verheiratet, die Katholikin war. Diese Verbindung gab den Ausschlag dafür, daß der Sohn einer Jüdin und eines evangelischen Christen zum Katholizismus übertrat. Der in den Briefen wiederholt erwähnten Tochter von Hermann und Betty Mühlheim, Irmgard, wurde eine künstlerische Begabung nachgesagt. Eine Zeitlang sorgten sich Eltern und Großeltern darum, ob sie diese würde ausbilden können, galt sie doch nach den im Reichsinnenministerium aufgestellten Kriterien als »Vierteljüdin«.

Hedwig Mühlheim war 1939 noch vor Kriegsbeginn mit ihrem Ehemann, ihrer Schwiegertochter und Enkelin in ihre oberschlesische Heimat gereist und hatte die Familien ihrer Geschwister in Gleiwitz und Beuthen besucht. In den folgenden Jahren verwandte sie einen erheblichen Teil ihrer Kräfte darauf, den immer stärker Verfolgten in Oberschlesien und in Berlin alle nur erdenkliche Hilfe zuteil werden zu lassen. Sie schickte ihnen Nahrungsmittel, verschiedenste Kleidungsstücke und Gebrauchsgegenstände, mit denen sie die wachsende Not zu lindern verstand. Ebenso wichtig waren die Pakete und Päckchen aus Augsburg den Empfängern als Zeichen liebevoller Zuwendungen und Verbundenheit. Die als Jüdin geltende, in einer »Mischehe« lebende Frau ging mit dieser Haltung ein Risiko ein, dessen Ausmaß nachträglich kaum bestimmt werden kann. Am größten war es im Hinblick auf die aufrechterhaltene Beziehung zu Selma Fleischer seit dem Zeitpunkt, da diese sich der Deportation entzogen hatte, untergetaucht war und also auf der Fahndungsliste der Gestapo stand. Daß Hedwig Mühlheim in dieser Situation bereit war, ihre Schwägerin zeitweilig bei sich zu beherbergen, wenn sie ihr auch nicht dauernd Unterschlupf bieten konnte, zeugt von einem Mut, den in Deutschland nur wenige besaßen.

Der Entschluß, zu den am ärgsten verfolgten Verwandten zu halten, wurde von ihrem Ehemann Otto, der selbst nicht frei von Existenzsorgen war, nicht nur geduldet, sondern hatte dessen Zustimmung. Schwiegertochter Elisabeth, so lassen die Briefe erkennen, beteiligte sich ebenfalls an den Hilfsaktionen der Schwiegermutter, hielt sich aber aus dem Briefverkehr heraus, so daß auf die wiederholten Bemerkungen von Nanny Fleischer-Bobrowski, ihre Cousine möchte ihr doch einmal schreiben, eine Reaktion ausblieb. Das mag mit der Haltung ihres Mannes etwas zu tun gehabt haben, von dem bekannt ist, daß er an dem Familienbesuch in Oberschlesien nicht teilgenommen hatte. Von Hedwig Mühlheim wußte Selma Fleischer aber bestimmt, daß seine Beziehungen zu Mutter und Vater gestört waren. Ob dies auch auf dessen Ablehnung der Kontakte zu den als »Volljuden« geltenden Verwandten, die sich den »Stern« anheften mußten, zurückging, kann nicht mit Sicherheit gesagt werden. Die Enkeltochter Hedwig Mühlheims, Irmgard, hatte in diesem Punkte eine eigene Entscheidung noch nicht zu treffen. Sie wurde katholisch erzogen und nahm 1938 an der Kommunion teil.

Hätte sich Hedwig Mühlheim allein von den Rücksichten auf ihre eigene engere Familie in Augsburg leiten lassen und sich dem Anpassungsdiktat der Machthaber gebeugt, dann hätte sie, die sich in einer relativ privilegierten Stellung befand und das Judenzeichen nicht zu tragen brauchte, sich von ihren Verwandten absondern, jede Beziehung zu ihnen abbrechen müssen. Ihr Verhalten blieb aber diesen Geboten gerade entgegengesetzt. Es bedeutete einen Teil jenes Widerstehens, das den Menschen im Menschen behauptet, selbst dann, wenn das Ziel, die Überlebenshilfe für andere, nicht erreicht werden kann. Obwohl die Briefe Hedwig Mühlheims nicht erhalten sind, begegnet dem Leser der an sie gerichteten Briefe von Bruder,

Schwägerin und Nichten ein grundgütiger Mensch, den die faschistische Macht nicht zu beschädigen vermochte, eine Frau, die nach ihren eigenen Prinzipien lebte und nicht nach denen, die man ihr aufzuzwingen versuchte.

So berichtet die Sammlung der nun folgenden Briefe von erinnernswerten Menschen und ihrem denkwürdigen Leben.

I.

**BRIEFE
AUS BEUTHEN
BERLIN
THERESIENSTADT**

Die jungen Eheleute Selma und Hermann Fleischer

Meine sehr Lieben!

Deinen l. Brief, l. Hedel, haben wir erhalten, und freuen wir
uns schon heut auf Deinen l. Besuch. Es ist doch selbstverständlich, daß ich Dich sofort benachrichtige, sobald jemand
den Anfang macht. Ich glaube, das werden wir wohl sein. Wir
warten nur auf die Anforderung von Herbert (1). Hoffentlich
kommt dieselbe recht bald. Wenn wir auch mit schwerem Herzen weggehen, da wir doch leider unseren Jungen hierlassen
müssen, aber was bleibt uns denn anderes übrig? Arbeiten darf
man nicht (2), Kapitalien haben wir nicht, also, wer soll uns
etwas geben? Man wird doch dazu gezwungen. Schwere Arbeit
kann Hermann doch sowieso nicht leisten, denn die Hand ist
doch nicht besser geworden, trotzdem sieht Hermann bedeu-
tend besser aus. Diesen Monat ist es mir − Gott sei Dank!
− gelungen, etwas nebenbei zu verdienen, also wird es noch
auf ein paar Monate reichen. Außerdem habe ich mein Eßzimmer und Schlafzimmer verkauft. Wir hausen nur noch in
geborgten Sachen, aber es geht ganz gut. Es ist immer wieder
ganz gemütlich. Also, l. Hedel, mache dem Evchen ein rotes
Kleid, aber ziemlich groß, denn sie ist breit und stark. Du
mußt dasselbe aber dann an meine Adresse schicken. Wenn Du
viel Zeit hast, möchte ich auch gern ein Andenken von Dir
haben, und zwar einen Pullover in mode (3), aber nur ganz
dünn mit ¾-Ärmeln. Du brauchst Dich aber nicht so anzu-
strengen. Alle Auslagen bezahle ich selbstverständlich. Wir
sind wieder vollkommen erledigt nach der heutigen Sache (4).
Was werden bloß die Witkowitzer machen? Und Berti? Er hat
sich kaum nach der ersten Sache (5) erholt. Es ist ganz furchtbar, was daraus werden wird. Schreibt uns wenigstens recht
bald, um wenigstens von einer Seite etwas zu hören. Die Hoch-
zeiten sind nun vorüber. Wally hat sich ja sehr gut verheiratet.
Heimann ist ein sehr feiner netter Mensch. Was macht Irmchen? Tanzt sie noch soviel? Und Hermann mit Frau? Wir
sprechen so oft von Euch. Mit Gleiwitz kommt man ja wenig
zusammen. Willy kommt öfter. Er möchte auch zu gern heraus, jedenfalls nach Palästina. Er wartet nur auf seine Pen-
sionierung. Und Du, l. Otto, führst also Deinen Posten
weiter. Schade, daß die Reise soviel Geld kostet. Ich wäre

wirklich gern einmal zu Euch gekommen. Also, meine Lieben, grüßet mir vielmals Hermann mit Frau, Irmchen, ob sie sich noch meiner erinnert, und sei Du, l. Heldel, und Otto recht, recht herzlich gegrüßt von

Schwägerin Selma

1 *Gemeint ist die Übersendung von Einreisepapieren zur Flucht.*
2 *Die Verordnung zur Ausschaltung der Juden aus dem deutschen Wirtschaftsleben vom 12. 11. 1938 bestimmte die Schließung von Geschäften und Handwerksbetrieben (RGBl. 1938 I, S. 1580).*
3 *Bräunlich.*
4 *Wahrscheinlich bezieht sich die Anspielung auf die Zerschlagung der Tschechoslowakei und den Einmarsch der Wehrmacht in Prag.*
5 *Gemeint ist Selma Fleischers Neffe Dr. Berthold Guttmann, der als Arzt in Mährisch-Ostrau tätig und bereits durch die Besetzung des Sudetenlandes im Oktober 1938 in den faschistischen Zugriffsbereich geraten war.*

———

Meine sehr Lieben!   **Beuthen, OS, den 1. 10. 1939**
Ich bin wirklich undankbar, aber man kommt ja zu nichts. Nun will ich Euch nur mitteilen, daß wir – Gott sei Dank! – wohl und munter sind, was man bei Hermann so munter nennen kann. Man muß aber so schon zufrieden sein. L. Hedel, ich danke Dir für alles, und Du brauchst Dich nicht zu überstürzen, es kommt doch so genau nicht darauf an. Was macht Ihr nun? Geht es noch weiter? Wir sind wohl bald am Ende unserer Kunst, was dann wird, wissen wir nicht, aber man darf nicht verzagen. Der Oberste wird schon helfen. Es ist doch leider so, daß Hermann gar nichts arbeiten kann. Wie geht es Dir, l. Otto? Und was machen Hermann mit Frau? Irmgartel muß doch bald ein Fräulein sein, nicht? Von unseren Enkelkindern (1) hören wir jetzt gar nichts. Auch von Herbert nichts. Hoffen wir, daß bald alles wieder seinen geregelten

Gang geht. Nun, meine sehr Lieben, vergeltet nicht Böses mit Bösem. Schreibt recht bald und seid alle, alle recht herzlich gegrüßt von

Eurer Schwägerin Selma,
Krakauer Straße 44

1 Den im Ausland befindlichen Söhnen von Nanny.

———

Meine sehr Lieben!   Beuthen, den 31. 10. 39
Vielen Dank für Eure Gratulation! Ich habe mich sehr gefreut, daß Ihr so daran gedacht habt. Man legt ja heute auf den Tag keinen solchen Wert, aber freuen tut es einen doch. Hoffentlich geht es Euch beiden gesundheitlich wieder gut, und mit dem anderen muß man eben zufrieden sein. Wir sitzen doch schon fast ein Jahr ohne jede Einnahme, es muß aber gehen. L. Hedel, mit dem Pullover hat es keine solche Eile, nur möchte ich den alten tragen, welchen ich Dir zum Maßnehmen geschickt habe, denn den hellen muß man doch schonen. Er leistet mir schon jetzt gute Dienste. Seit 14 Tagen ist Hermann an einer Rippenfellreizung erkrankt. Heute geht es − Gott sei Dank! − schon besser. So hat man dauernd etwas anderes. Nanny war für ein paar Tage zu Hause und haben uns sehr gefreut. Von den Kindern haben wir gute Nachrichten, nur von Herbert keine. Nanny in Gleiwitz ist noch nicht verheiratet. Wally hat sich sehr gut verheiratet, es geht ihr sehr gut. Er ist ein sehr anständiger Mensch. Goldberger aus Witkowitz mußte weg. Malchen ist ganz außer sich. Also, meine Lieben, lasset wieder von Euch hören. Grüßt Hermann mit Familie und seid Ihr beide recht herzlich gegrüßt von

Schwägerin Selma

———

Meine sehr Lieben!   z. Zt. Berlin, den 7. 12. 39
Ihr werdet Euch wundern, von mir Nachricht aus Berlin zu erhalten. Leider mußte ich mit Hermann hier ins Krankenhaus

fahren. Es ging einfach nicht mehr. Erschrick nur nicht, aber die Diagnose ist eine sehr schlechte. Er hat etwas auf der Lunge, wird täglich bestrahlt. Zwar versprechen sich die Ärzte davon nur eine Besserung, aber man muß doch alles tun, was einem nur gesagt wird. Er bleibt bis Ende des Monats hier. Nun könnt Ihr Euch meine Verfassung denken. Hermann weiß natürlich nicht, was ihm fehlt. So bleibt einem nichts erspart. Ich danke Euch für den Pullover. Ich habe denselben nur noch nicht angehabt. Vor allem vielen Dank für das Päckchen, das habe ich nötig gebraucht. Mir bleibt nichts erspart. Ob man denn so schlecht gewesen ist, muß man sich wirklich fragen. Also meine Lieben, grüßet vielmals Hermann mit Frau und Irmgard und seid Ihr beide recht herzlich gegrüßt von

Schwägerin Selma
Berlin W. 30, Neue Winterfeldtstraße 19, b. Behrendt

———

Meine sehr Lieben! **Beuthen, den 7. 1. 40**
Ich nehme doch an, daß Ihr meine Karte aus Berlin erhalten habt, jedoch habe ich mich gewundert, nichts von Euch zu hören. Hermann war 6 Wochen in Berlin im Krankenhaus, und sind wir erst seit ein paar Tagen zu Hause. Er ist sehr krank, und muß ich Euch mitteilen, daß der Zustand leider sehr ernst ist. Er hat einen Tumor auf der Lunge und wurde nur mit Spritzen und Bestrahlungen behandelt. Ihr könnt Euch vorstellen, wie mir zumute ist. Immer ein freundliches Gesicht zu machen. Er selbst weiß nicht, wie krank er ist. Deshalb bitte ich Euch, nichts davon zu erwähnen. Ich danke Euch nochmals für den Pullover und gesandtes kleines Päckchen, letzteres habe ich nötig gebraucht. Wie geht es Euch sonst? Hoffentlich alles gesund, denn jetzt sieht man erst, was ein Stückchen Gesundheit wert ist. Lasset recht bald von Euch hören und seid alle, alle recht herzlich gegrüßt von

Schwägerin Selma

———

Meine sehr Lieben! Beuthen, OS, den 11. 1. 40
Das Paketchen haben wir erhalten. Es kam alles sehr gut an,
und danken wir Euch für alles recht herzlich, nur kürzt Ihr
Euch doch darum, was uns sehr leid tut. Dem Hermann geht
es nur sehr langsam besser, aber das ist eine tückische Krankheit. Ich muß die Zähne zusammenbeißen und nur guten Mutes
sein, denn er darf nicht wissen, wie krank er ist. L. Hedel,
schütte Dir doch Dein Herz aus und schreibe uns ausführlich.
Wie geht es Euch? Hoffentlich alle, hoffentlich alle gesund?
Denn Kranksein ist etwas Furchtbares. Eben kam von Malchen
Nachricht, Emil ist fort, und Frieda hat alles verkauft. Berti
praktiziert nicht mehr. Sonst ist alles gesund. Also nochmals,
habt recht vielen Dank. Hermann soll doch sehr kräftig essen?
Recht, recht herzlichen Dank und viele herzliche Grüße
Schwägerin Selma

———

Meine sehr Lieben! **Beuthen, den 29. 2. 40**
Ich will Euch heute nur sehr kurz herzlich für das gesandte Paket
danken. Leider hat es der l. Hermann nicht mehr erlebt. Ich bin
noch außerstande, Euch einen ausführlichen Bericht zu geben.
Das könnt Ihr mir doch nachfühlen. Er hat sich so gefreut, als
das letzte Päckchen von Euch ankam. Nun ist er nicht mehr.
Nach seinem Leiden war es eine Erlösung, aber für uns ist es
furchtbar. Was ich machen werde, weiß ich noch nicht, aber hier
bleibe ich auf keinen Fall. Ich werde wohl nach Berlin zu den
Kindern gehen müssen. Nun, meine Lieben, habet nochmals
vielen Dank und seid alle, alle recht herzlich gegrüßt von
Tante und Schwägerin Selma

———

Meine sehr Lieben! **Beuthen, den 18. 3. 40**
Meine Karte werdet Ihr wohl erhalten haben. Ich kann mich
noch immer zu nichts aufraffen, denn ich habe immer noch alles
so vor Augen und kann es eben nicht fassen, daß es leider wahr
ist, daß der l. Hermann nicht mehr da ist. Es ging alles so rasant

schnell — so ein gesunder, kräftiger Mensch, aber nachdem es feststand, daß es so eine tückische Krankheit ist, war ihm der Allmächtige doch noch gut, daß es so schnell ging. Er selbst hatte noch große Hoffnung und wußte nicht, daß es so schlimm um ihn steht. Ich selbst habe ihm die größte Pflege angedeihen lassen. Am Tage war ich allein, und in der Nacht hatte ich eine Pflegerin. Bis 14 Tage vor dem Tode ist er immer noch nachmittags aufgestanden, hat sehr viel Besuch gehabt, deshalb hat mich das dann so mitgenommen, weil alles so plötzlich kam. Er hatte nämlich Lungenkrebs, also könnt Ihr Euch vorstellen meinen Schreck, als mir das die Ärzte gesagt hatten. Das Blut hat sich nur so aus dem Munde gegossen, und bei jeder Bewegung und Husten hatte er natürlich große Schmerzen. Er hat aber alles mit Geduld ertragen und mich immer gebeten, ich soll nicht böse sein, daß er mir soviel Arbeit macht. Ich hätte gern noch mehr getan, wenn es nur Erfolg gehabt hätte. Er hatte aber keinen Lebensmut mehr. Die Verhältnisse und der Junge in der Anstalt (1) und als noch Dein Brief, l. Hedel, kam, das alles konnte er eben nicht ertragen. Nun bin ich allein, nachdem man 41 Jahre zusammengelebt hat. Auch das hat doch sehr an ihm genagt, er glaubte mich doch einmal anders zurückzulassen. Ich bleibe natürlich nicht hier, denn wovon soll man dann alles bestreiten. Ich gehe am 1. Mai nach Berlin zur Nanny und werde auch mit ihnen auswandern, wohin und wann, das weiß ich noch nicht. Ich nehme an, daß Ihr noch weiter mit mir in Verbindung bleiben werdet. Malchen ist auch ganz außer sich. Berti hat ihr das verheimlicht, aber durch Deinen Brief hat sie es erfahren. Nun, meine Lieben, danke ich Euch nochmals für gesandtes Päckchen. Schade, daß Hermann es nicht mehr gesehen. Er hat sich über das letzte so gefreut. Auch Hermann u. Betti danke ich bestens. So, nun habet Ihr einen ungefähren Bericht. Grüßet vielmals Hermann, Betti, Irmgard und du, l. Hedel, — und l. Otto herzlich gegrüßt von **Schwägerin Selma**

1 *Gemeint ist der Sohn Leopold (Poldi), der sich in einer Pflege-anstalt befand. Siehe auch Brief vom 13. 5. 41.*

Die Geschwister Herbert, Nanny und Poldy Fleischer.
Beuthen 1911.

Meine sehr Lieben! Berlin, den 10. 6. 40

Ich bin nun schon 6 Wochen hier und komme erst heut dazu, Euch, meine Lieben, zu schreiben. Ihr könnt Euch ja denken, daß mir das alles nicht so leicht gefallen. Ich habe mich sehr aufgerieben. Zelte abbrechen, wo man ½ Jahrhundert gewohnt hat, war nicht so einfach. Ich war noch 14 Tage bei Willy und zuletzt noch bei Poldi, das hat mir natürlich den Rest gegeben. Aber ich sehe wieder, der Mensch ist stärker als Eisen. Es geht mir – Gott sei Dank! – gut. Die Kinder sind sehr aufopfernd. Ich bewohne ein schönes Zimmer, leider kann man mir doch die Hauptsache nicht ersetzen. Aber umgekehrt muß man dem l. Hermann die Ruhe gönnen, er hört und sieht nichts mehr. Ihm bleiben alle Aufregungen erspart. Leider hören wir nichts von den l. Kindern. Hermann hätte sich doch deshalb schon allein umgebracht. Nun, meine Lieben, wie geht es Euch? Dir, l. Hedel, gesundheitlich? Hoffentlich doch gut! Was machen Hermann mit Frau und Irmgard? Muß doch schon ein großes Mädel sein? Du, l. Otto, bist Du noch fleißig? Man muß ja glücklich sein, wenn man noch etwas zu arbeiten hat. Es ist ja auch noch ein Glück, daß mein Schwiegersohn Arbeit hat und noch verdient. Am 12. wird Malchen 70 Jahre, doch schon ein schönes Alter. Ich habe eigentlich lange von ihnen nichts mehr gehört, aber auch heut geschrieben. Wie gern wäre ich zu ihr gefahren, aber leider geht eben alles nicht. Nun, meine Lieben, lasset bald wieder etwas von Euch hören. Ich denke so oft an die schöne Zeit, als Ihr alle hier gewesen. Leider haben wir die Zeit zuwenig genutzt. Nun schicke ich Euch ein Bild vom l. Hermann. Es ist nicht besonders, aber ich habe schon das beste herausgesucht. Grüßt die Familie Hermann und seid Ihr beide recht, recht herzlich gegrüßt von

Schwägerin Selma

Bäckers haben das Permit für Schanghai bekommen.

———

Meine sehr Lieben!   **Beuthen, OS, den 12. 12. 1940**
Lange habe ich nichts von mir hören lassen, jedoch müßt Ihr
nicht glauben, daß ich Euch vergesse — im Gegenteil —, meine
Gedanken sind oft bei Euch. Ich war zwei Monate in OS — zum
größten Teil in Gleiwitz. Leider war ja mein Aufenthalt ein sehr
trauriger. Ich habe dem l. Hermann einen Stein setzen lassen,
und war die Einsegnung eine große Feier. Ich wußte das nicht,
das hat die Gemeinde gemacht. Der Rabbiner hat wunderbar
gesprochen, und Menschen waren da wie zu einer ganz großen
Beisetzung. Jetzt hat man erst gesehen, wie beliebt er war und
was er für die Gemeinde geleistet hat. Sie sind so anständig und
geben mir monatlich 50,00 dafür, daß Hermann ihnen 25 Jahre
gearbeitet hat, d. h. in Gemeinde-Sachen als Vorsteher. Ich lege
Euch ein Bild bei — wo der Stein liegt, das Grab ist vollständig
verdeckt, so daß sich niemand über Pflege kümmern muß. Es
ist ein für allemal immer in Ordnung. Willy und Frieda waren
sehr nett und wollten mich gar nicht weglassen, aber einmal
muß ich doch wieder zurück. Auch in Beuthen wurde ich überall sehr gastfreundlich aufgenommen. Man hat so recht gesehen, was doch ein guter Name macht. So schnell wird Hermann
Fleischer in Beuthen nicht vergessen werden. Bei Poldi bin ich
auch gewesen, aber das kostet immer Nerven. Leider sieht man
keine Besserung. Von Herbert höre ich nichts, man weiß nicht,
woran das liegt. Heut hatten wir von unseren Kindern sehr gute
Nachricht, aber leider von Ende September, jedoch klammert
man sich an jeden Strohhalm. Jetzt danke ich zwar spät, aber
doch für die so gut gemeinten Wünsche zu meinem Geburtstage. Es war ein sehr trauriger Tag, da es gerade ein Jahr gewesen war, als Hermann krank wurde. Auch jetzt die Tage er-
innern mich so sehr, weil doch im vorigen Jahr Hermann hier
im Krankenhaus gelegen hat. Aber schließlich muß man sich
sagen, ihm ist wohl, was auf uns noch wartet, wissen wir
nicht! —
Nun, l. Hedel, will auch ich Dir zu Deinem Geburtstage recht
herzlich gratulieren und alles Gute wünschen, vor allem nur
Gesundheit, denn Du siehst doch, wie schnell es einen überfällt.
Wie gern hätte ich Euch wieder einmal gesehen, gesprochen;
jedoch im Augenblick ist das eine Unmöglichkeit! Malchen

wollte mich so gerne dort haben. Es ist aber leider unmöglich. Was macht Irmgard? Hermann mit Frau? Hoffentlich ist alles gesund. Mir geht es – Gott sei Dank! – gut. Die Kinder sind weiter nett und aufmerksam. Ich bin größtenteils allein, mache, was ich will. Da ich mit Geld nicht so abhängig bin, ist das ja sehr schön. Das Kleidchen, l. Hedel, welches Du Evchen gemacht hast, ist wunderbar. Ich habe hier rote Wolle und möchte Eva ein Röckchen mit Jacke machen – kannst Du mir nicht ein Muster schicken? Und Du, l. Otto, besuchst noch weiter Deine Kunden? Also meine Lieben, lasset bald von Euch hören. Grüßet alle und seid Ihr recht herzlich gegrüßt von

Schwägerin Selma

Meine sehr Lieben! **Beuthen, OS, den 8. 2. 1941**
Gartenstr. 14

Euren Brief habe ich erhalten, und freut man sich doch, wenn es allen einigermaßen geht. Bei uns hat sich viel ereignet. Nanny muß seit gestern in einer Metallfabrik arbeiten. Es war trotz aller Mühe und Eingaben nichts zu machen. Sie steht um ¼6 Uhr früh auf, geht um 6 Uhr weg und kommt am Nachmittag um ½5 Uhr nach Hause. Ist also Fabrikmädchen geworden. Weit gebracht, was? Ich bin also den ganzen Tag allein, was mir natürlich auch nicht sehr angenehm ist. Aber man muß ja heut mit allem zufrieden sein, wenn man nur noch ein Dach über dem Kopf hat, und darum bangt man heut auch schon, denn hier werden sehr vielen Juden die Wohnungen gekündigt, innerhalb 14 Tagen muß man räumen (1). Ich habe schwere Tage hinter mir, hat sich doch jetzt alles gejährt – der Tod vom l. Hermann. Aber wenn man das alles hört, muß man sich sagen, ihm ist wohl. Hier sind noch verschiedene Einschränkungen für Juden. Wir bekommen keine Fische, kein Obst, keine Nüsse, keine Süßigkeiten (2). Gemüse auch nur, wenn Überfluß ist, also alles sehr schön. Wenn man nicht so anständige Leute hätte, wäre es wirklich nicht auszuhalten. Dann gibt es verschiedene Haussuchungen. Eine Bekannte sitzt schon die 4. Woche, weil man bei ihr Apfelsinen gefunden hat und sie sich nicht ausweisen konnte, woher dieselben kamen, da sie dem Kaufmann doch nicht schaden wollte. Sollten wir einmal in solch eine Lage kommen, dann sage ich bloß, ich habe dieselben von meinem Schwager aus Augsburg bekommen, da derselbe ein Arier ist. Ich schreibe Euch das, damit Ihr im Bilde seid. Ich hoffe, daß Du, l. Otto, damit einverstanden, denn Du hast ja dadurch keinen Schaden. Ich hoffe jedoch, daß es nicht soweit kommen wird. Was macht Ihr sonst? Du, l. Hedel, hast doch viel zu stricken? Ich werde Dir die rote Wolle einschicken, jedoch kann ich Dir ja keine Vorschriften machen, denn ich weiß ja nicht, wie weit die Wolle reicht. Mir geht es − Gott sei Dank! − ganz gut. Ich bin glücklich, daß ich von Beuthen meinen Zuschuß (3) bekomme, so bin ich doch von niemandem abhängig. Sie sind ja sehr anständig und schicken mir monatlich 50,00 Mark, das ist doch sehr viel Geld. Nur macht mir doch Poldi großen Kummer. Nun bekam ich die Nachricht, daß er von Lublinitz nach Leubus gekommen ist, aber von ihm höre ich nichts. Ich habe schon an die Anstalt geschrieben, aber keine Antwort erhalten. Könnt Euch denken, daß mich dies sehr aufreibt. Von Herbert hatte ich seit ¾ Jahren die erste Nachricht. Es geht ihm − Gott sei Dank! − gut. Die Kinder gedeihen, sind schon große Jungen. Auch wir haben von den Kindern gute Nachricht. Heinz hat sein Examen mit Auszeichnung bestanden, will noch bis Juli sein Abitur machen und dann auf die Hochschule gehen. Er wird Ingenieur machen, wenn ihm so alles glückt und alles dort drüben auf Staatskosten. Er ist − Gott sei Dank! − ein sehr fleißiger, begabter Schüler. Nur vor den Fliegern haben wir Angst (4). Ich wollte schon nach OS fahren. Da aber Nanny jetzt den ganzen Tag nicht zu Hause, wird es wohl nicht gehen. So, nun habt Ihr von uns genug gehört. Wie geht es Dir, l. Otto? Immer noch fleißig? Fällt Dir sicher auch schon schwer, immer auf der Landstraße, was? Ob es nochmals anders wird? Ob wir uns alle noch einmal wiedersehen? Man zehrt nur an Erinnerungen. Denkt Irmgard noch an uns? Oder weiß sie nicht mehr, daß sie in OS gewesen ist? Grüßet mir Hermann, seine Frau und Irmgard und sei Du, l. Hedel, und l. Otto recht herzlich gegrüßt von

Schwägerin Selma

Heut vergesse ich die Einlage nicht.

1 Im Reichsgesetz über Mietverhältnisse mit Juden vom
  30. 4. 1939 wurde der Kündigungsschutz für Juden aufgehoben und die Juden unter Sondermietrecht gestellt (RGBl.
  1939 I, S. 864).

2 Seit Kriegsbeginn erhielten Juden besondere Lebensmittel-
  karten mit geringeren Rationen. Zudem wurde es Geschäfts-
  leuten verboten, Juden nicht bewirtschaftete Lebensmittel zu
  verkaufen.

3 Gemeint ist die Jüdische Gemeinde in Beuthen.

4 Seit dem 1. September 1939, dem Beginn des Krieges, heul-
  ten in Berlin die Sirenen. Bis zum 8. Februar 1941 wurde
  59mal Fliegeralarm gegeben.

Meine sehr Lieben!   **Berlin, den 13. 5. 41**

Schon lange nehme ich mir vor, an Euch, meine Lieben, zu
schreiben, aber ich bin so mutlos, daß einem alles vergeht. Der
Tod von meinem l. Poldi (1) hat mich sehr mitgenommen, und
sage ich mir immer, warum gerade mich so ein Schicksal betroffen. Wir waren doch beide wirklich nicht so schlecht, daß wir
das verdient haben. So vieles wäre anders gekommen, wenn er
gesund gewesen, denn er war wirklich ein gutes, begabtes Kind.
Aber heute soll man darüber wirklich nicht nachdenken. Nur
gut, daß der l. Hermann nicht auch noch das erlebt hat. Heute,
meine Lieben, schicke ich Euch ein gutes Bild vom l. Hermann
mit, damit werdet Ihr Euch freuen. Das ist eine Aufnahme in
unserem Garten. Wenn die Kinder hier nicht so aufmerksam zu
mir wären, könnte man das alles gar nicht ertragen. So versuchen sie, mir alles zu ersetzen. Von Herbert hatten wir von Febr.
gute Nachrichten. Es geht ihm gut, und war er über den Tod
des Vaters ganz außer sich. Er hat immer noch damit gerechnet,
uns hinkommen zu lassen. Sonst hört man hier ja wenig Erfreuliches. Von Bäckers bekomme ich jede paar Tage einen Brief. Es
ist auch furchtbar traurig, daß sie nicht herauskommen. Aber
einmal wird auch das werden. Man muß noch Gott danken,
daß man gesund ist. Jetzt haben wir oft Besuch, und das Aufbleiben der Nächte reibt noch den letzten Rest der Nerven auf.

Von den Kindern haben wir — Gott sei Dank! — gute Nachrichten. Heinz macht im nächsten Monat das Abitur. Hoffentlich gelingt es ihm! Nanny geht fleißig in die Fabrik, und ich mache den Haushalt allein. Habe also allerhand zu tun. Daß Du Dich, l. Otto, noch so plagen mußt, ist ja auch furchtbar — nur um das Stück Brot. Wer hätte das gedacht! Wir haben es uns anders vorgestellt. Aber nur nicht verzagen. Nun, liebe Hedel, wirst Du wohl die Wolle inzwischen erhalten haben. Ich möchte am liebsten ein Röckchen mit einer extra Jacke. Maße habe ich so: Oberweite 70, Länge 65, Ärmellänge 44, Halsweite 28. Jetzt wirst Du ja so ungefähr wissen. Aus Hindenburg habe ich ein Bild von der Geburtstagsfeier erhalten. Tante sieht ja schon reichlich schlecht darauf aus. Wie geht es Irmgard? Wird auch bald eine junge Dame sein, so wird man mit lauter Zores (2) langsam alt. Aber Ihr seid wenigstens noch mit den Kindern zusammen? So, meine Lieben, schüttet man sich ein bißchen sein Herz aus, das so oftmals überläuft. Grüßet mir Eure Kinder und seid Ihr beide recht herzlich gegrüßt von

Eurer Selma

1 *Selmas Sohn war in die Nervenheilanstalt Leubus verlegt worden. Die Umstände seines Todes sind unbekannt. Mit hoher Wahrscheinlichkeit gehörte er zu den ermordeten Opfern der »Euthanasie«.*
2 *Durcheinander, Ärger.*

———

Meine sehr Lieben!   **Berlin, den 8. 6. 41**
Deinen Brief, l. Hedel, habe ich erhalten und mache nur das Kleidchen, wie Du es am besten findest. Ich sage: das Kleidchen mit kurzen Ärmelchen und dafür, wenn es geht, am Jäckchen lange Ärmel. Du wirst es schon schön machen, denn Deine Sachen sind ja alle goldig. Dann mußt Du dasselbe aber an mich senden, denn es soll doch von mir sein. Ich habe heute ein kleines Päckchen abgeschickt, gib das kleine Fläschchen Irmgard! Sehr richtig habt Ihr getan, Irmgard aufzuklären, denn über kurz oder lang hätte sie es doch erfahren (1). Jedenfalls

sieht man doch, daß sie eine gute Gesinnung hat. Es ist doch alles so traurig, ja, ja, wer hätte sich das gedacht! Du hast ja auch recht, und ich denke auch so oft an Euch und an Otto, der sich so auf der Landstraße herumtreiben muß, nur um das Stück Brot zu verdienen. Ich habe ja allerhand gehört, was sich bei Euch ereignet hat, aber hier nicht minder. Hunderte von Leuten mußten innerhalb von acht Tagen aus den Wohnungen (2). Gott sei Dank! Wir nicht, da wir in einem jüdischen Haus wohnen. Aber die armen Menschen wußten nicht, wohin. Alle mußten zusammenrücken und Leute aufnehmen. Ich wußte ja, daß Euch das Bild gefallen wird. Wir haben es gefunden, das war eine kleine Aufnahme, die Nanny bei uns im Garten gemacht hatte, das war noch vor 33. Aber so hat der l. Hermann doch ausgesehen. Ich kann mich ja noch nicht über den Verlust von Poldi beruhigen. Ihr könnt Euch doch denken, daß wir gerade auf ihn unsere ganze Hoffnung aufgebaut haben, und jetzt so ein Ende! Manchmal denke ich, das kann man nicht überleben. Ja, ja, meine l. Hedel, so hat jeder sein Leid. Gott sei Dank geht es mir gesundheitlich ganz gut. Ich bin so schlank wie Nanny, kannst Du Dir das vorstellen? Ich freue mich immer, wenn ich von Euch Post bekomme. Auch die Gleiwitzer schreiben regelmäßig. Tante aus Hindenburg hat mir geschrieben. Sie hat sich über Dein Paket sehr gefreut. Ich habe ihr 10,00 Mark geschickt. Nächsten Monat schicke ich ihr wieder etwas. Dora ist doch leider krank, hat ja auch furchtbare Füße. Trude hat sich wieder erholt, was man gar nicht mehr gedacht hat. Nun, meine Lieben, lasset wieder ein Lebenszeichen von Euch hören! Grüßet alle und seid Ihr beide recht herzlich gegrüßt von Schwägerin

Selma

Von Ernst und Nanny recht viele Grüße!

1   *Vermutlich hatte Hedwig Mühlheim ihrer Enkeltochter von ihrer jüdischen Abkunft und den Verfolgungen ihrer Verwandten erzählt.*

2   *Der Druck auf die jüdischen Mieter, insbesondere in großen Wohnungen Berlins, verstärkte sich im Zusammenhang mit*

den Abrißplänen des Generalbauinspektors der Hauptstadt
Albert Speer, der Platz für die größenwahnsinnigen Staats-
neubauten im Zentrum schaffen wollte.

Meine sehr Lieben!   Berlin, den 6. 7. 41

Also, das Päckchen habe ich erhalten und danke Dir, l. Hedel,
recht, recht herzlich. Es ist einfach reizend gemacht und wird
bestimmt passen. So schön hätte ich es nicht machen können.
Ich werde mich noch revanchieren; denn umsonst kann man das
nicht verlangen. Ich hatte auch jetzt gar keine Zeit dazu; denn
das Heranschaffen von Lebensmitteln ist doch hier sehr schwer.
Zwar dürfen wir ja nur von 4 bis 5 Uhr nachmittags einkaufen (1), aber ich schaffe es doch nicht in so kurzer Zeit, und da
ich − Gott sei Dank! − doch nicht so aussehe, gehe ich auch
zu anderer Zeit. Also, l. Hedel, Lebensmittel − wie Grieß,
Graupen bekommen wir, nur keinen Reis und gar keine Zusatz-
zuwendungen, also auch keinen Zusatzzucker. Obst bekommen
wir schon lange nicht, aber augenblicklich gibt es ja nur Ver-
derbliches, was einen Transport nicht aushält. Das Bild habe
ich aus Gleiwitz nicht bekommen, und hast du recht, wie Ernst
dem l. Hermann ähnelt. Ja, ja, gut, daß der l. Hermann das
alles nicht erlebt. Ich glaube, er würde mit uns nicht tauschen.
Trotzdem darf ich gar nicht nachdenken, denn dann bin ich zu
nichts fähig. Man hat sich doch sein Alter anders gedacht. Ich
habe aber wirklich noch nicht zu klagen, denn ich mache doch,
was ich will, als wenn es meine Häuslichkeit wäre. Nanny geht
jetzt früh ¾6 und kommt erst am Abend 6 Uhr nach Hause;
dann ist sie so müde und kann natürlich nichts mehr machen.
Ich glaube Dir gern, daß der Verdienst jetzt gering ist, denn hier
gibt es doch auch wenig Bier. Was wird nur noch aus der ganzen
Sache werden? Bäckers sitzen auch fest (2): wenig Verdienst und
kein Geld − was dort noch werden soll, weiß ich auch nicht.
Wie geht es Euch sonst gesundheitlich? Was machst Du, l.
Otto? Schade nur, daß wir uns das so wenig vorgenommen
haben. Viel öfter hätten wir zusammenkommen sollen. Nun,
meine Lieben, ich schreibe wieder, wenn ich aus Gleiwitz hören

werde, wie das Kleidchen paßt und gefällt. Jetzt schmücke ich mich mit fremden Federn, aber, l. Hedel, es bleibt in der Mischpoke, sagt man. Nun habe nochmals recht vielen Dank. Grüßet Hermann mit Frau und Irmgard und seid Ihr beide recht, recht herzlich gegrüßt von **Eurer Schwägerin Selma**

Hoffentlich ist Irmgard wieder wohlauf, und die Sache hat keine ernsten Folgen. Jedenfalls wünsche ich gute Besserung und recht baldige Genesung. Anbei das Bild zurück.

1 *In der Anordnung des Polizeipräsidenten von Berlin über Einkaufszeiten für Juden vom 4. 7. 1940 wurde für den Einkauf von Lebensmitteln von und für Juden in Berlin die Stunde von 4.00 Uhr bis 5.00 Uhr nachmittags festgesetzt.*
2 *Nach dem Überfall auf die UdSSR war auch der schwerbenutzbare Fluchtweg durch die Sowjetunion bis nach Wladiwostok versperrt. Mit Erlaß des Reichssicherheitshauptamtes vom 23. 8. 1941 wurde angeordnet, daß die Auswanderung von Juden mit sofortiger Wirkung zu verhindern sei.*

———

Meine sehr Lieben! **Berlin, den 18. 9. 41**
Lange habe ich nichts von Euch gehört. Hoffentlich ist alles gesund, was ich auch von uns betätigen kann. Wir haben leider den Kopf so voll, und weiß ich ja genau, daß ihr an all den Vorkommnissen regen Anteil nehmt. Hier ist man in großer Aufregung, da man nicht weiß, wie sich alles auswirken wird (1). Hoffen wir das Beste, und alles jetzt gerade, da die Feiertage (2) heranrücken. Sonst geht es ja — Gott sei Dank! — einigermaßen, trotzdem mir Beuthen meine Zuwendung gestrichen hat (3). Sie können einfach nicht mehr. Es muß eben auch ohne dem gehen. Ich bin hier sehr beschäftigt, da doch Nanny arbeitet und ich alles allein machen und besorgen muß. Deshalb trifft mich alles sehr, da ich doch überall etwas bekommen habe in der Annahme, daß ich kein Jude bin. Jetzt fällt natürlich alles weg. Denn ich kann mich dort nicht mehr blicken lassen (4). Es muß aber auch so gehen. Wie geht es Euch? Was macht Her-

mann mit Familie? Was macht Irmgard? Denkt sie noch an Tante Selma? Ich danke wirklich, daß der l. Hermann nicht mehr da ist, denn was blieb ihm alles erspart, nur Poldi kann ich ja nicht so überwinden, und manchmal denke ich, es geht nicht mehr weiter. Was noch alles mit uns gemacht wird, wissen wir ja nicht; deshalb habe ich an Euch eine große Bitte. Ich habe einen Koffer mit Wäsche gepackt und möchte denselben gerne zu Euch schicken. Er soll bei Euch bleiben, bis wir darüber disponieren. Nicht genug, daß hier die Fliegergefahr sehr groß ist, weiß man doch nicht, ob man nicht eines schönen Tages vor die Tür gesetzt wird (5). Ich warte aber, l. Hedel, auf eine Antwort von Dir, ob ich den Koffer abschicken soll, das müßte aber bald geschehen. So habe ich immer Wünsche. Du, l. Otto, hast wohl auch jetzt große Ausfälle durch die Bierknappheit, und wir können vor Abzügen nicht aus den Augen sehen. 50% werden abgezogen (6), also was bleibt einem noch? Aber nur gesund, diesmal vergesse ich das Bild nicht. Es ist wirklich eine große Ähnlichkeit. Nun, meine Lieben, grüßet bei Hermann und seid Ihr beide recht herzlich gegrüßt von

Schwägerin Selma

1 *Gemeint ist die am 19. 9. 1941 in Kraft getretene Verordnung über die Kennzeichnung der Juden, nach der es Juden, die das sechste Lebensjahr vollendet haben, verboten wurde, sich in der Öffentlichkeit ohne einen Judenstern zu zeigen (RGBl. 1941 I, S. 547).*

2 *Gemeint sind die höchsten jüdischen Feiertage des Jahres.*

3 *Gemeint ist die Rente der Jüdischen Gemeinde.*

4 *Siehe Anm. 1.*

5 *Mit der Notwendigkeit, die »arischen« Deutschen, denen die Wohnungen zerstört worden waren, unterzubringen, erhöhte sich das Interesse der Nazibürokratie an der Zusammendrängung der Juden in »Judenhäuser« noch weiter.*

6 *Gemeint ist die Summe der Steuern, die den Juden von den Löhnen abgezogen wurde.*

Meine sehr Lieben!   **Berlin, den 27. 9. 41**

Sehr gefreut haben wir uns über die schnelle Antwort und danken Euch bestens. Ich habe also gestern den Koffer an Euch abgeschickt, wußte allerdings nicht den Bahnhof. Derselbe ist als Frachtgut nach dem Hauptbahnhof gegangen. Ich habe aber geschrieben Nr. 18, ich glaube aber, ihr wohnt doch Nr. 19. In der Aufregung habe ich das vergessen. Ich sende Euch anbei den Duplikat-Frachtbrief ein. Interessiert Euch bitte dafür. Der Koffer ist noch mit einer Leine gut verschnürt, denn er ist doch ziemlich schwer, da doch nur Wäsche drinnen liegt. Ihr seid uns aber doch nicht böse, daß wir Euch inkommodieren, aber man will doch sein letztes erhalten. Meine L., natürlich können wir alles an Lebensmitteln gebrauchen, aber, l. Hedel, Du kannst ruhig die Marken abschneiden, und ich kaufe mir die Teigwaren hier; denn die Marken haben überall Gültigkeit. Warum will denn Hermann umsiedeln? Glaubt er, daß es im Protektorat (1) besser ist? Ich finde nicht, daß der Beruf von Irmgard schlecht ist. Wenn sie Talent hat, kann sie doch mal etwas Großes werden? Sie ist gut gewachsen und hübsch, also kann auch noch mal eine Filmdiva aus ihr werden, und das ist doch nicht schlecht. Wir tragen unseren neuen Schmuck (2), und ist alles ruhig verlaufen. Für mich natürlich bringt derselbe viele Hindernisse, aber man muß auch damit fertig werden. Daß Du, l. Hedel, strickst, ist ganz vernünftig, aber zu billig. Hier stricken viele, lassen sich für ein Kleid 50 Mark und für eine Jacke 25–30 Mark geben, also Du machst es zu billig. Ich habe auch noch Wolle zu einem Kleid liegen, und wenn Du einmal nichts zu tun haben wirst, schicke ich Dir welche, damit Du mir den Rock machst, aber keine Eile. Ich kann mir denken, daß Du, l. Otto, wenig verdienst in dieser Bierknappheit. Aber uns werden ja 50% vom Einkommen gekürzt, also kommt es auf eins heraus. Von Malchen und Adolf hatte ich auch Brief. Jetzt kann ich gar nicht mehr nach Beuthen fahren (3), auch Willy nicht. Ich habe aber dort noch so gute Freunde, die kümmern sich schon um das Grab des l. Hermann. L. Hedel, verzage nur nicht, mit Gottes Hilfe erleben wir doch noch andere Zeiten. Wir wollen uns doch noch im Leben sehen.

Diese Hoffnung gebe ich noch nicht auf. Nun danke ich Euch vielmals für alles. Grüßet Hermann mit Familie und seid Ihr herzlichst gegrüßt von

Schwägerin Selma

1 *Gemeint ist der Westteil der Tschechoslowakei – Böhmen und Mähren.*
2 *Gemeint ist der »Judenstern«.*
3 *Die Verordnung über die Kennzeichnung der Juden verbot den Juden, den Bereich ihrer Wohngemeinde ohne eine schriftliche Erlaubnis der Ortspolizeibehörde zu verlassen.*

Meine sehr Lieben!   Berlin, 5. 10. 41 (1)

Vor allem recht vielen Dank für die Gratulation und vor allem für die beigelegten Marken. Hier kann man alles gut gebrauchen, da wir doch nur vom Abgezählten leben. Ein Glück, daß die Marken überall gültig sind, aber jedesmal brauchst Du mir nicht zu schicken, es genügt einmal im Monat, damit man nur einen Zusatz hat. Heute habe ich an Euch einen Koffer und einen Bettsack abgeschickt. Den Bettsack, l. Hedel, mache leer und schicke mir den Sack zurück, denn wenn man uns hier abschiebt nach dem fernen Osten (2), brauche ich den Sack. Die Daunendecke nimm ruhig in Gebrauch, die Sofakissen lege auf, und die 2 Kopfkissen wirst Du wohl auch noch unterbringen. Die Wolle hebe auf! Hier herrscht große Aufregung. Es sind schon über 5000 Menschen abgeschoben, also könnt Ihr Euch die Stimmung denken mit 50 Kl. (3) Gepäck. Die Leute sind schon 3 Wochen weg. Es kam noch von keinem eine Nachricht, also weiß man auch nicht, wohin dieselben gekommen sind. Wenn wir auch infolge der Stellung meines Schwiegersohnes (4) noch nicht dran sind, muß man aber auf alles vorbereitet sein. Einfach aus der Wohnung raus, und wird alles beschlagnahmt, also muß man retten, was man kann. Du mußt Dich damit, l. Hedel, vertraut machen, wenn wir Dir einmal schreiben, verkaufe dieses und uns das Geld dann dafür einschicken, wenn es gehen wird. Hoffen wir das Beste. Hoffentlich seid Ihr uns des-

63

halb nicht böse, aber man wendet sich doch lieber an die Seinigen als an fremde Leute. Die Daunendecke habe ich von einem Oberbett machen lassen. Anbei die Schlüssel von den Koffern und Bettsack. Den Bettsack mit Schlüssel schickt uns wieder zurück. Anbei noch 5 Mk. Wenn Du ein paar Äpfel bekommen könntest, wäre uns sehr erwünscht. Wir bekommen gar kein Obst. Wenn mir nicht mal jemand aus Gnade einen Apfel oder eine Birne gibt, weiß ich nicht, wie dieselben schmecken; dabei bin ich doch eine große Obstesserin, aber man wäre schon zufrieden, wenn man nur Ruhe hätte. Was ist denn bei Euch los! Auch dasselbe oder Ruhe (5)? In OS ist aber alles ruhig, nur müssen alle sehr zusammenrücken. Von den Kindern erwarten wir täglich Nachricht, aber es kommt doch alles so spärlich. Wenn man doch bloß rauskönnte, ganz gleich – wohin, aber es wird doch alles so erschwert. Von Malchen hatte ich auch einen Brief. Sie war wieder einmal sehr krank. Kein Wunder bei diesen Aufregungen. Gott sei Dank, daß der l. Hermann von all dem nicht mehr weiß. Er hätte sich furchtbar gegrämt. Solche Patrioten (6) sollen so behandelt werden. Von Irmgartel werdet Ihr ja noch viel Freude haben. Sie ist wirklich ein gutes Kind. Schwiegertöchter muß man in Kauf nehmen, l. Hedel, das ist nicht anders. Und noch in solch einer Zeit. Wie hast Du es Dir überlegt, l. Otto? Nur am Alten festhalten; denn alles Neue taugt heute nichts. Man ist nirgend auf Rosen gebettet. Und kein unreines Wasser ausgießen, bevor man kein reines hat. Nun seid Ihr so ungefähr im Bilde. Schreibt wieder, wenn der Koffer und Sack ankommt. Seid mir nicht böse, aber Not bricht Eisen. Indem wir Euch nochmals für alles recht herzlich danken, grüßt Euch herzlich

Schwägerin Selma

An Irmgard viele herzliche Grüße. Ob sie mich noch kennt? Von meinen Kindern recht herzliche Grüße.

1 *Die Briefschreiberin hat sich im Datum geirrt. Wahrscheinlich ist der Brief vom 5. 11. 41. Erste Deportationen gab es erst Mitte Oktober.*
2 *Ende September ergingen die offiziellen Mitteilungen an*

Funktionäre der jüdischen Zwangsvereinigungen über die unmittelbar bevorstehenden Deportationen. Erste Deportation am 18. 10. 1941.

3 Ungebräuchliche Abkürzung für kg.

4 Er war Mitarbeiter der Reichsvereinigung der Juden in Deutschland.

5 Im Klartext wird gefragt, ob auch in Augsburg die Deportation der Juden eingesetzt hat.

6 Gemeint sind jüdische Soldaten und Offiziere, die am Ersten Weltkrieg teilnahmen.

———

Meine sehr Lieben! Berlin, den 12. 10. 41

Über Deinen Brief, l. Hedel, haben wir uns sehr gefreut. Du bist doch wirklich ein guter Kerl, ganz Schwester meines l. Hermann, der auch immer für alle dagewesen ist. Es ist aber augenblicklich ganz schlimm, man weiß noch nicht, was überhaupt kommen wird, aber bestimmt für uns nichts Gutes. Deshalb möchte ich Euch ja sehr bitten, ob wir nicht noch etwas schicken können. Ich habe doch noch die Daunendecke mit Plumeau und Kopfkissen, das möchte ich doch nach Möglichkeit erhalten. Dann haben wir doch noch Kleidungsstücke, nur weiß ich nicht, soll ich das in eine Kiste packen, oder soll ich noch einen Koffer schicken? Schlüssel, l. Hedel, schicke ich Dir für alle Fälle ein, denn wir sind doch nur Menschen. Der l. Otto soll alles wissen, denn wenn man uns irgendwohin verschlägt, kann man dann evtl. von dem Erlös leben, man muß doch heut mit allem rechnen. Seid aber nicht böse, daß wir Euch so belästigen, aber an wen soll man sich denn wenden? Gut, daß das alles dem l. Hermann erspart bleibt, denn für ihn wäre es doppelt schwer. In Beuthen wohnen schon zu 4 Personen in einem Zimmer. Es ist alles trostlos. Nun danke ich Euch auch für die gutgemeinten Wünsche. Gebe Gott, es ginge nur ein Teil in Erfüllung. Ich wünsche mir, daß mein Geburtstag schon vorüber, denn das ist für mich ein sehr trauriger Tag. Nun danke ich auch für die Marken, welche uns gute Dienste leisten. Schicke mir, l. Hedel, kein Obst, behalte es nur für Dich, denn

Du bekommst ja auch nicht zuviel, behalte das Geld für weitere Spesen. Daß Ihr an Irmgard soviel Freude habt, man ist direkt eifersüchtig, denn leider geht uns doch alles verloren. Aber bestimmt wird Irmgard angenommen werden, denn sie hat ja nur ein Großelternteil (1), also das ist kein Hindernis. Von Herbert höre ich leider gar nichts, das liegt auch nur an der Schwiegertochter, so ist das aber nicht zu ändern, l. Hedel, das Stricken ist noch nicht das Schlimmste, nur darfst Du es nicht so billig machen. Ich werde mein Kleid vorläufig gar nicht machen, denn wozu? Also seid uns ja nicht böse. Gott wird Euch alles lohnen. Du, l. Otto, gehe nur nicht aufs Eis tanzen? Wohin willst Du denn auf Deine alten Tage? Man soll Bäume in dem Alter nicht verpflanzen? Aus Augsburg heraus für keinen Fall. Nun habt nochmals für alles vielen Dank. Grüßt Irmgartel schön und seid Ihr beide herzlichst gegrüßt von

Schwägerin Selma

Von Ernst und Nanny viele Grüße allerseits.

1 *Gemeint ist, daß von ihren beiden Großeltern nur eine der Großmütter Jüdin war, die Enkeltochter demnach den Faschisten als »Vierteljüdin« galt.*

———

Meine sehr Lieben!   **Berlin, den 24. 11. 41**
Heute nur ganz kurz, da ich in großer Eile bin. Ich hatte, glaube ich, vergessen zu schreiben, daß die Hausjacke für Dich, l. Otto, sein soll, dieselbe ist von Hermann, und kannst Du dieselbe mit gesund tragen. Sie ist frisch gereinigt und wird Dir auch passen. Nun, l. Hedel, wenn Du den Bettsack abschickst, dann sei so gut – im ersten Koffer liegt oben auf ein wollenes zertrenntes Hemd vom Hermann, dasselbe brauchen wir, da Nanny in ihrem Mantel ein Zwischenfutter braucht, also kannst Du es uns mitschicken. Heute habe ich an Euch ein Päckchen mit verschiedenen Kleinigkeiten abgeschickt. Ich nehme an, daß Du all das gebrauchen kannst. Gebe ein Täschchen Blumen Irmgard, denn Damen putzen sich doch gerne. Hoffentlich ist es uns

beschieden, noch den Winter hier zu verleben, denn die Leute sollen frieren und hungern − ist das nicht schrecklich? Noch weiß man nicht, wo alle geblieben sind. Am 28. und 30. gehen wieder Transporte (1), aber dann ist für Dezember Stillstand. Hoffen wir das Beste. Ich danke auch für die Marken, aber, l. Hedel, beraube Dich nicht so, denn immer muß es nicht sein. Seid nicht böse, daß wir Euch soviel Arbeit machen, aber gut, daß die Sachen dort sind, denn nun haben wir eine Liste bekommen − es darf nichts mehr aus der Wohnung herausgenommen und nichts mehr verkauft werden (2). So sehen wir jetzt aus. Ich habe noch in der vorigen Woche Schlafzimmer und 2 Teppiche verkauft. Nun gehört uns nichts mehr − alles ist uns nur geliehen. Hoffen wir auf Gott, vielleicht ist er uns näher, als wir wissen. Nun, meine Lieben, seid alle, alle recht herzlich gegrüßt von

Schwägerin Selma

1 *Am 27. 11. 1941 ging ein Transport von Berlin nach Riga.*
2 *Es sollte verhindert werden, daß die von der Deportation bedrohten Juden ihr Eigentum verkaufen, um in Besitz von Bargeld zu kommen.*

————

Meine sehr Lieben!   Berlin, den 7. 12. 41
Entschuldiget nur, daß ich erst heut schreibe, wir haben Euren Brief vom 30. am 2ten früh und das Paket am 2ten Mittag erhalten, also sehr schnell. Wir haben nämlich 2 sehr aufregende Wochen − man kann sagen − 3 hinter uns, denn meinem Schwiegersohn ist nach 14tägiger Krankheit seine Mutter gestorben, und am Donnerstag war die Beerdigung. Sie war zwar fast 82 Jahre alt, aber noch ganz rüstig hier in einem Heim und kam alle Sonnabende zu uns. Nun mußte ich alle Tage zu ihr, was 1 Stunde Fahrt hin u. 1 Stunde zurück gewesen ist, also für mich eine ziemliche Hetze. Nun ist ihr wohl und hat auch ausgelebt. Nun also zu Euch: erstens vielen Dank für das Paket, die Milch war ja hervorragend, denn wir bekommen doch keine, nicht einmal Magermilch − nur durch große Protektion

bekomme ich 2x in der Woche ¼ l. – also kommt uns das wie gerufen. Gemüse, l. Hedel, bekomme ich, da wir hier im Hause so ein Geschäft haben und ich manchmal in der Dunkelheit hereinflitze und dann etwas bekomme. Nur Obst natürlich nicht. Wir sind Euch ja so dankbar für alles – auch wenn die Äpfel nicht so schön sind. Nur Zwiebeln sind knapp, und bekomme ich hin und wieder eine einzige. Aber nur möchte ich Euch nicht so viele Umstände machen. Nun, meine Lieben, nach Gleiwitz habe ich nichts geschrieben und schreibe es auch nicht. Nun zu Deinen Fragen. Nanny arbeitet in einem Rüstungsbetrieb und hofft natürlich im Falle (1) reklamiert zu werden. Ernst arbeitet noch im Hilfsverein und wird wohl, wenn sich dort alles auflösen sollte, da doch von anderer Seite die Auswanderung viel schneller geht – von der Reichsvertretung übernommen werden – also auch durch die Stellung sind wir etwas geschützt. Hoffen wir das Beste!

Im Januar gehen wieder 7 Transporte (2), und noch haben die ersten nicht geschrieben. Es soll ihnen furchtbar gehen. Von Heinz und Peter haben wir – Gott sei Dank! – wieder Nachricht und zwar über Amerika. Dort ist ein Lehrer, welcher früher Heinz unterrichtet hat, d. h. in England, und mit dem steht Heinz in Briefwechsel, und der gibt uns alles weiter. Gott sei Dank geht es ihnen gut. Heinz ist schon in Stellung und verdient seinen Unterhalt selbst. Kümmern tut sich um die Kinder die Loge (3), denn durch diese Organisation sind sie damals herausgekommen. Peter ist bei netten Leuten, aber ganz fremden und fühlt sich aber nach allem doch ganz wohl. Heute ist Peter schon 10 Jahre alt und schon bald 3 Jahre vom Hause weg. Noch ist man glücklich, daß sie weg sind. Heinz hat noch nebenbei Universität belegt und besucht die Abendkurse. Er will doch also mit Gewalt etwas werden. Koffer, meine Lieben, brauchen wir nicht, da wir noch genügend davon haben. Jetzt noch eins, wir müssen jetzt angeben, was wir seit dem 15. Oktober verkauft oder weggegeben haben. Von an Euch gesandten Sachen geben wir natürlich nichts an (4). Sollte irgend jemand darauf kommen und eine Rückfrage kommen: Ich habe Euch nur an mich geliehene Sachen, welche ich während der Krankheit meines Mannes geliehen hatte – Decken,

*Ernst und Nanny
Behrendt mit ihren
Söhnen Peter (im
Vordergrund) und
Heinz.
Beuthen 1939.*

Betten, Jacke, Kissen zurückgeschickt. Es wird ja nichts kommen, aber damit Ihr im Bilde seid. Rückmarken braucht Ihr nicht beizulegen. Ich lege 10 Mark bei. Wenn Ihr uns noch im Laufe des Monats etwas schickt, wären wir sehr dankbar. Ein paar Nüsse, etwas Mohn, den ich so gerne esse. Nun für heute Schluß. Nochmals für alles vielen Dank. Grüßt Euch recht herzlich

Schwägerin Selma

Von den Kindern viele Grüße.

1 *Gemeint ist ihre Aufnahme in eine Deportationsliste. Vorerst wurden die Juden, die in der kriegswichtigen Produktion beschäftigt waren, samt ihren Familien von der Deportation zurückgestellt.*
2 *Im Januar 1942 erfolgten drei Transporte: 13. 1. 1942, 19. 1. 1942, 25. 1. 1942; alle von Berlin nach Riga.*
3 *Vermutlich handelt es sich um die Loge Bne Briss. (B'nai B'rith).*
4 *Siehe Anm. 2 im Brief vom 24. 11. 41.*

Meine l. Hedel!   **Berlin, den 14. 12. 41**
Die heutigen Zeilen sind besonders für Dich bestimmt. Wir gratulieren Dir alle recht, recht herzlich zu Deinem Geburtstage und wünsche nur, der Allmächtige möchte sich erbarmen und noch alles zum Guten führen, damit wir uns noch in Freuden wiedersehen und alle wieder gemütlich um einen Tisch sitzen können. Was ich Dir noch alles wünsche, weißt Du ja, vor allem aber nur Gesundheit, um alles ertragen zu können. L. Hedel, wir haben hier soviel Häkelgarne und Seiden. Ich schicke Dir das alles in einem Päckchen, vielleicht hast Du dafür Verwendung, denn wir haben zu nichts mehr Lust. Die gesandte Wolle lasse nur ruhig liegen, vorläufig für uns nichts machen. Im Januar werden wieder ein paar tausend herausgeschmissen (1), und man weiß noch nichts von den ersten. Also, l. Hedel, verlebe Deinen Geburtstag recht an-

genehm, lasse Dich reich beschenken. Grüße alle und sei Du und Otto recht herzlich gegrüßt von

Schwägerin Selma

Liebe Tante Hedel! Zu Deinen Geburtstag, gratuliere ich Dir auch im Namen meines Mannes recht herzlich und wünsche Dir weiter alles Gute. Alles Wesentliche hat Dir ja meine Mutter geschrieben. Herzlichste Grüße Dir und den Deinen von

Deiner Nanny

1 *Im Januar 1942 wurden ca. 3000 Juden deportiert.*

––––––

Meine sehr Lieben!   **Berlin, den 12. 1. 42**
Ich komme erst heut dazu, Dir, l. Hedel, Deinen Brief zu beantworten, denn man kommt doch aus den Aufregungen nicht heraus. Es gehen diesen Monat von Berlin ⌐ Transporte (1) ab, davon der erste morgen − könnt ihr Euch die Aufregung denken? Jetzt kommt wieder eine neue Sache. Juden müssen alles an Pelzen abgeben, auch Muffe (2). Ich habe nun, meine Lieben, heut an Euch ein Paket abgesandt: den Mantel von Nanny, meinen habe ich schon lange verkauft, und etwas Fell, sei so gut, l. Hedel, motte die Sachen gut ein, vielleicht hast Du einen Koffer, welchen Du nicht brauchst, so kommt man aus den Aufregungen nicht heraus. Noch muß man glücklich sein, daß mein Schwiegersohn bei der Gemeinde und Nanny in einem Rüstungsbetrieb arbeitet. Dadurch sind wir vor allem geschützt, denn es ist doch furchtbar, bei dieser Kälte ins Ungewisse hinausgeschickt zu werden. Nun, meine Lieben, wir können Euch nicht genug dankbar sein, wenigstens ist bei Euch eine kleine Zuflucht. Das letzte Päckchen war für Dich, l. Hedel, bestimmt − vielleicht kannst Du von dem Garn etwas machen − und die kleinen Sachen und Taschentücher für Irmgard. Ich habe dieselben so zusammengesteckt. Den Perpendikel zu der Uhr habe ich leider nicht, ich habe schon überall gesucht, vielleicht bekommt man bei einem Uhrmacher unter alten Sachen so etwas. Ich bin Euch ja so dankbar, wenn Ihr uns etwas schicken wollt, aber nur gegen Bezahlung. Zitronen

bekomme ich, auch Blaukraut, aber keinen Blumenkohl, keine Zwiebeln, und selbstverständlich wird Wurst gegessen. Wir zahlen auch 8−10 Mark für 1 Pfund, wenn wir etwas bekommen. Du darfst aber nicht Deine Ration schicken, das nehmen wir nicht an. Wir nehmen auch Speck, aber immer schreiben, was es kostet, und ein Päckchen schicken mit Einschreiben und Porto berechnen. Wir sind für alles dankbar. Ich habe schon für Zucker 1−50 Mark gezahlt. Was soll man machen? Gibt es nicht bei Euch Kaffee, auch wenn er teuer ist? Wenn man 10 Stunden täglich arbeiten muß, braucht man eine Anregung. Nun zu Euch. Was wirst Du nun, l. Otto, machen? Eigentlich müßtest Du doch jetzt eine Anstellung bekommen, da doch so viele Leute fehlen (3). Daß Ihr mit den Kindern so auseinander seid, ist doch sehr schade, das ist doch das einzige, was man heut noch hat, daß Hermann dagegen nichts tun kann, denn an Euch liegt es doch wirklich nicht. Ihr seid doch zwei solch prächtige Menschen, mit Euch muß man sich doch vertragen. Ich bin die Tage sehr traurig, denn morgen ist es ein Jahr, als Poldi starb, das heißt, als sie ihn − haben. So was kann man doch nicht vergessen. Bald jährt sich auch der Todestag vom l. Hermann. Was ist ihm alles erspart geblieben. Er würde gewiß nicht mehr mit uns tauschen. Malchen habe ich inzwischen geschrieben, und mit den Bäckern stehe ich doch in reger Korrespondenz. Nun, meine Lieben, habt für alles recht vielen Dank und schreibe sofort, was etwas kostet. Ich schicke postwendend Geld. Schreibt recht bald und seid beide recht herzlich gegrüßt von

Eurer Selma

Von Nanny und Ernst viele herzliche Grüße. Ich hatte doch vergessen. Für die Einlage vielen herzlichen Dank − nur kürze Dich nicht, l. Hedel, denn ich glaube, Du brauchst es auch.

1 *Siehe Anm. 2 im Brief vom 7. 12. 41.*
2 *Laut Anordnung vom 10. 1. 1942 mußten die Juden alle in ihrem Besitz befindlichen Pelz- und Wollsachen abliefern.*
3 *Infolge von weiteren Einberufungen zur Wehrmacht, um deren Verluste im Osten auszugleichen.*

Meine sehr Lieben! Berlin, den 20. 1. 42
Heut, also Dienstag, kam das Paket — wie wir uns gefreut
haben, das war so richtig mit Liebe gepackt. Wir sagen Euch
den allerbesten Dank, nur möchte ich nicht gern, daß Ihr
dadurch zu kurz kommt. Für uns könnt Ihr ruhig etwas mehr
ausgeben. Ich schicke Euch sofort Geld ein. Wenn Ihr jetzt
augenblicklich etwas klamm seid, kann ich Euch auch etwas
aushelfen. Du brauchst mir, l. Hedel, nur zu schreiben. Anbei
20 Mark — wenn sich Dir eine Gelegenheit bietet, kaufe nur —
wir haben für alles Verwendung. Solche Genüsse wie im Paket
bekommen wir hier natürlich nicht. Deshalb können wir Euch
nicht genug dankbar sein. Augenblicklich herrscht ja hier
furchtbare Aufregung — nicht genug, daß diese Woche schon 2
Transporte mit 2000 Menschen weggegangen sind, mußten wir
doch alle Wollsachen, Pelze abgeben. Diese Kälte, und wohin
die armen Menschen kommen, weiß man nicht. Noch hat man
von all denen, die fortkamen, nichts gewußt. Wie behagt es Dir,
l. Otto, in der neuen Stellung? — Oder trittst du erst am 1. ein?
Wir können noch glücklich sein, daß wir durch meinen Schwiegersohn ein bißchen geschützt sind, aber auch durch Nanny, da
sie in einem Rüstungsbetrieb arbeitet und ganz tüchtig ist. Seid
mir nicht böse, daß wir so viele Anliegen an Euch stellen, aber
Ihr seid doch unsere einzige Rettung. Nun, l. Otto, habe ich
noch eine Bitte: hast Du nicht mit jemandem Fühlung mit
Zigarren? Ein Verlangen, was? Du weiß doch aber, wenn man
ein Raucher ist und nichts bekommt. Du kannst ruhig den Preis
überschreiten. Es schadet nichts, wenn Du für Stck. 50—60 Pfg.
ausgibst. Nun genug davon. Hoffentlich seid Ihr beide gesund.
Arbeit, l. Hedel, schadet nichts. Ich arbeite den ganzen Tag.
Jetzt muß ich ein Zimmer abgeben (1), also noch mehr Arbeit.
Nun habt nochmals recht vielen Dank und seid beide recht,
recht herzlich gegrüßt von **Schwägerin Selma**

Von Ernst und Nanny viele herzlich Grüße und noch besonderen Dank.

1 *Die Familie mußte einen jüdischen Untermieter aufnehmen.*

Meine sehr Lieben! **Berlin, den 8. 2. 42**
Heut komme ich erst dazu, l. Hedel, Deinen Brief zu beantworten. Inzwischen werdet Ihr wohl Gewünschtes erhalten haben. Du brauchst Dich mit der Rückgabe nicht so zu beeilen. Vielleicht könnt Ihr dann später etwas dafür kaufen, aber nicht auf einmal, damit es Euch nicht schwerfällt. Jedenfalls braucht Ihr Euch nicht zu beeilen. Ich hatte diese Woche viel zu tun. Wir mußten ein Zimmer abgeben. Nun, l. Hedel, Knoblauch habe ich bekommen, ebenso Paprika. Aber Stumpen und Zigaretten sind natürlich jederzeit willkommen, denn Rauchwaren gibt es doch nicht. Straßenbahn können wir noch fahren, müssen aber stehen (1), auch gut. Nun haben wir wieder etwas Neues. Von morgen ab bekommen Juden keine Semmeln und kein Weizenmehl. Ich bin ganz ohne Mehl, weil ich doch alle Woche Barches backe und mein Mehl verbrauche. Wie ich das jetzt machen werde, weiß ich nicht. So wird man immer mit etwas anderem überrascht. Wann wird es nur anders werden? Noch muß man zufrieden sein, daß man noch hierbleiben kann. Nun ist Otto schon in der neuen Stellung. Hoffentlich wird es ihm gefallen. Was macht denn Hermann? Er ist doch auch mit Bier gefahren? Gestern waren es 2 Jahre, als Hermann starb. Ihm ist wirklich wohl, was ist ihm alles erspart geblieben. Tante Hindenb. ist sehr krank – wohl nicht mehr viel zu hoffen. Nun, meine L., schreibet wieder und seid beide herzlichst gegrüßt
von **Schwägerin Selma**

Ernst und Nanny viele herzlich Grüße.

1 *In den Richtlinien für die Durchführung der Verordnung über die Kennzeichnung der Juden vom 10. 10. 1941 wurde festgelegt, daß Juden nur dann Anspruch auf Sitzplätze haben, wenn diese nicht für andere Reisende benötigt werden.*

———

Selma und Hermann Fleischer mit ihren Kindern

Meine sehr Lieben!   **Berlin, den 11. 2. 42**

Eben kam das Päckchen fabelhaft gut an. Die Freude war natürlich groß; denn diesen Luxus hat man sich doch schon lange
nicht geleistet. Wir danken Euch recht, recht herzlich, und Blumenkohl bekommen wir nur zum Sehen – wie alle anderen
kaufen, aber – Gott sei Dank! – ist man noch gesund und
muß auch so zufrieden sein. Hoffentlich erleben wir noch die
Zeit, wo wir Euch alles mit doppeltem Dank zurückerstatten
können. Das Mehl, welches im letzten Paket lag, ist fabelhaft.
Wenn es davon noch gibt, kann es auch 3fach kosten, spielt
keine Rolle. Nur nicht Eure Ration, denn das wollen wir nicht.
Hier wird wieder Milch angemeldet, natürlich ohne uns, aber
daran sind wir ja schon gewöhnt. Nun genug von der Fresserei.
Wie geht es Euch sonst? Was macht, l. Otto, Deine neue Stellung? Hoffentlich gefällt es Dir weiter gut. Ich wollte so gern
nach Gleiwitz fahren. Mein Schwager Loebinger ist gestorben,
und ich bekam keine Reisegenehmigung (1). Es wurde mir
gesagt, das wäre keine Verwandtschaft, also was soll man da
sagen. Tante hat sich auch empfohlen, und so geht einer nach
dem anderen. Meine arme Schwester ist nun ganz allein und hat
großen Kummer mit der Tochter, die kam mit dem 2. Transport
von Prag nach Litzmannstadt (2) und keine Nachricht, ob sie
noch leben mit einem 4jährigen Jüngelchen. Alles furchtbar.
Die Söhne sind: einer in England und der andere in Palästina.
So sieht die Sache für uns aus. Mit den Zigaretten habt Ihr
große Freude hervorgerufen, nur mein Schwiegersohn hat keine
Zigarre, aber damit scheint es doch sehr schwer zu sein. Nun
nehmet nochmals allseitigen besten Dank und seid von uns
allen recht herzlich gegrüßt von

Schwägerin Selma

1 *Siehe Anm. 3 im Brief vom 27. 9. 1941.*
2 *Die ersten Deportationszüge mit jeweils 1000 Juden verlie-*
   ßen Prag am 16., 21., 26. und 31. Oktober 1941 und fuhren
   nach Litzmannstadt (Lódz).

———

Meine sehr Lieben!   Berlin, den 21. 2. 42

Vor allem habet recht vielen Dank für das wunderbare Paket.
Es kam gestern an und heut Dein Brief. Wir haben uns sehr
gefreut, habe ich immer die Empfindung, daß Ihr Euch kürzt,
und das wollen wir natürlich nicht. Die Wurst ist hervorragend,
und was Du, l. Otto, mit den Zigarren für eine Freude gemacht
hast, kannst Du Dir gar nicht denken, und das Obst — überhaupt alles. Wir sind Euch ja so dankbar, wie Ihr Euch das
nicht denken könnt. Den hast du sicher Deinen gegeben, eine
Delikatesse. Wir sind für alles dankbar, auch wenn Du Kunst-
honig bekommst. Gebe ruhig etwas mehr aus, schadet nichts.
Nur gib nicht Deine Karten her, denn Du brauchst es doch auch
selbst. Auf die neuen Karten bekommen wir auch keine Teigwaren, alles, was mit Weizenmehl zusammenhängt. Ich wollte so
gern nach Gleiwitz fahren, da mein Schwager Loebinger gestorben ist, habe aber leider keine Reiseerlaubnis bekommen. Jetzt
bin ich mit meiner Schwester allein geblieben von den vielen
Geschwistern. Arme Schwester. Sie ist nun ganz allein. Die
Söhne im Ausland und die Tochter leider von Prag mit Mann
und Kind abtransportiert. Das hat wohl meinem Schwager den
Rest gegeben. So ist das, nichts als Leid und kein Ende. Wir
haben außer dem abgegebenen Zimmer 2 große, also für uns ja
noch reichlich, nur daß wir das nicht gewohnt sind, eine fremde
Person, aber man gewöhnt sich an alles. Hoffentlich wirst Du,
l. Otto, in Deiner neuen Stellung recht lange bleiben können,
denn alles ist ja nicht so hirnverbrannt. Hauptsache, es gefällt
Dir und reicht zum Leben. Nanny arbeitet fleißig 10 Std. täglich, bißchen viel, aber nicht zu ändern. Ernst ist weiter bei der
Gemeinde — hoffentlich recht lange, denn dadurch sind wir vor
Abtransport geschützt. Nun ist auch unsere Tante in Hindenburg nicht mehr da, was Dora jetzt machen wird, weiß ich
nicht. Ihr ist ganz wohl, hat mit 81 Jahren ausgelebt. Wir werden das Alter nicht erreichen. So geht einer nach dem anderen.
Wir hatten diese Woche große Freude, da wir von Heinz einen
Brief bekamen durch die Schweiz. Wir haben denselben abgeschrieben und schicken Euch eine Abschrift. Bei Gelegenheit
kannst Du dieselbe zurückschicken. Das ist ja sehr schade, daß
Ihr so mit dem einzigen Jungen auseinander seid, das ist doch

77

das einzige, was man noch hat. Haltet Euch nur Irmgartel, denn das ist doch eine Sonne im Haus. Sie hat bestimmt eine gute Stimme. Nun, meine sehr Lieben, nehmt ruhig unser Heizkissen in Gebrauch, wenn es zu Eurem Stromkreis paßt, es kommt ihm ja nichts ab. Wir haben hier noch ein altes und auch eine Bettflasche, also es geht noch. Wir helfen uns so gegenseitig mit Bekannten aus. Wenn ich nicht noch Deine Pullover hätte, aus denen komme ich nicht heraus. Nun nochmals für alles recht vielen Dank. Das war eine richtige Weihnachtsüberraschung. Nun seid beide recht, recht herzlich gegrüßt von **Schwägerin Selma**

Einen besonderen Gruß an Irmgartel.
Von meinen Kindern recht herzliche Grüße und besonderen Dank. Noch habe ich vergessen: Berthold wird 67. Wann hat denn Otto Geburtstag? Wenn Du eine ... (1) Wurst bekommst, das wäre ja ideal, dann aber bitte ein Einschreibpäckchen, das geht am schnellsten. Nochmals Gruß

Meine sehr Verehrten. Sie haben auch mir eine große Freude bereitet, für die ich Ihnen wirklich sehr dankbar bin. Ich wünsche weiter alles Gute und begrüße Sie vielmals.
Ihr Ernst Behrendt

1 *Ein Wort unleserlich.*

––––––

Meine sehr Lieben! **Berlin, den 23. 3. 42**
Ihr könnt Euch nicht vorstellen, was Euer Paket für eine Freude hervorgerufen hat. Ihr seid doch wirklich reizend. So mit Liebe war das Paket gepackt. Wir können Euch nicht genug danken, denn es ist doch wirklich ganz schlimm. Wenn zwei Personen für den ganzen Tag weggehen. Nur möchten wir nicht gern, daß Ihr Euch wehe tut. Blumenkohl können wir uns nur ansehen, die Kohlrüben und Kohl kommt einem schon oben heraus. Wie kann man sich denn Euch gegenüber revanchieren? Und mit den Zigarren, l. Otto, kannst Du Dir nicht denken, was für eine

Freude! Jedenfalls danken wir Euch recht, recht herzlich für alles. Das Mehl kam wie gerufen, denn ich möchte mir davon Mazzes backen lassen, denn ich hänge doch noch an dem alten Zopf (1). Nun, l. Otto, haben wir doch gehört, daß Du Geburtstag hast. Wir haben es in einer Zeitung gelesen. – Nun wir gratulieren Dir alle recht, recht herzlich und wünschen nur, daß wir noch mal alle vereint an einem Tisch sitzen können und uns alles in Freuden erzählen. Ja, l. Otto, wir haben uns unser Alter anders gedacht, aber nur nicht verzagen, nur gesund bleiben, das wünschen wir Dir herzlich. Anbei, l. Hedel, 5,00, stelle dafür dem l. Otto auf den Geburtstagstisch einen schönen Blumentopf, denn ohne Blumen kein Geburtstag. Leider haben wir doch nichts anderes. Ich sende Euch noch dieser Tage ein kleines Päckchen. Darin sind noch zwei gute Nadeln und ein Kettenring mit einem Herzchen. Diesen Ring schenke ich Irmgartel als Andenken an Tante Selma. Das Kästchen mit den Nadeln hebe auf. Bindfaden lege ich bei. So, nun verlebt den Geburtstag recht angenehm, denkt auch ein klein wenig an uns. Hoffentlich werden Euch die Kinder auch besuchen und seid alle, alle recht herzlich gegrüßt von

Schwägerin Selma

Von den Kindern viele herzliche Grüße und Gratulation.

1 *Ungesäuertes Brot, das anläßlich der Pessach-Tage gegessen wird.*

––––––

Meine sehr Lieben!   Berlin, den 2. 4. 42
Beide Briefe erhalten, und kann ich Euch über uns nur Gutes berichten. Wir sind ja – Gott sei Dank! – durch Nanny und die Hauptsache durch Ernst, da er doch bei der Reichsvertretung ist, gedeckt. Hoffen wir, recht lange. Ja, ja, meine Lieben, wir machen das hier schon 6 Monate so durch (1). Diese Woche sind wieder sehr gute Bekannte weg, und von den ersten, welche vor 5 Mon. weg sind, ist noch keinerlei Nachricht. Wohin die verschwunden sind, weiß kein Mensch. Ich habe auch à Conto

der Aufregungen das Päckchen erst heut abgeschickt. Das runde Kästchen hebe bitte auf, in dem langen Kästchen liegt der Ring und zwei schöne Hutziernadeln, vielleicht hast Du dafür Verwendung. Gern hätte ich Euch irgend etwas mitgeschickt, aber was, wir haben doch leider nichts; l. Hedel, alles ist willkommen – der Blumenkohl war wunderbar gleich, wenn er auch teuer ist, denn wir bekommen doch gar keinen. Makkaroni hast Du sehr gut gemacht, denn Nanny ißt dieselben furchtbar gern, und ich bekomme eine Mahlzeit ab; man weiß ja schon nicht mehr, was man ihnen, wenn sie von der Arbeit kommen, zu essen geben soll. L. Otto, an die Wurst hatte ich jetzt vor freudiger Aufregung über das Paket vergessen – wie kannst Du noch fragen – prima. Wir wissen nicht, wie wir Euch danken sollen – vielleicht kommt noch einmal der Tag, wo auch für uns die Sonne scheinen wird. Über die Milch freuen wir uns sehr, denn das sind alles Genüsse, welche wir uns nur ansehen dürfen, aber alles wäre noch zu ertragen – nur nicht mit dem Rucksack ins Ungewisse hinaus, aber vorläufig sind wir – Gott sei Dank! – gesichert. In OS ist ja vorläufig Ruhe (2). Ich hatte gestern Brief von Willy. Dora hat mir auch geschrieben, was wird sie nur alleine machen und wovon leben? Tante hat doch noch allerhand bekommen? Stellung gibt es doch heut keine (3), denn welcher Jude hat denn noch eine Wohnung? Nun, meine Lieben, habt für alles recht vielen Dank. Euch gute Feiertage wünschend, grüßt Euch beide herzlich

Schwägerin Selma

Von Nanny und Ernst viele herzliche Grüße. Einen herzlichen Gruß an Irmgartel!

1 *Gerechnet seit dem Bekanntwerden des Beginns der Deportationen September/Oktober 1941.*
2 *Oberschlesien war bis zu diesem Zeitpunkt von Deportationen nicht erfaßt worden.*
3 *Gemeint ist eine Anstellung als Haushaltshilfe.*

Meine sehr Lieben! **Berlin, den 27. 4. 42**

Deinen Brief, l. Hedel, erhalten, und geht es uns doch allen so, daß wir nicht genügend Marken haben, aber ich hatte schon vor Deinem Brief alles weggegeben und werde Dir von den neuen in der nächsten Woche welche schicken, denn gerade mit Brot bin ich nicht schlecht bestellt, da wir dasselbe nicht brauchen. Wenn Dein Brief früher gekommen wäre, dann hätte ich dieselben Dir geschickt, zwar sind meine Marken mit »Jude« gezeichnet (1), aber das sieht man kaum, oder Du kannst es Dir von anderen besorgen lassen. Du kannst alles, was Du uns schickst, besser bezahlen, denn nur so erreicht man etwas. Soll ich nicht wieder etwas Geld schicken? Ich möchte nicht, daß Du Dich verausgabst. Gibt es nicht etwas Margarine? Hier nicht für teures Geld. Für Butter habe schon 25 gezahlt, aber was soll man machen, essen muß man, wenn man arbeiten soll. Jetzt kommt aber für uns ganz was Schlimmes, denn vom 1. Mai dürfen wir nicht mehr fahren (2), weder Straßen- noch Untergrundbahn noch Omnibus, also müssen wir alle Wege laufen, was das wieder für mich bedeutet! Nanny wird auch zur Arbeit laufen müssen, da man erst ab 7 km fahren darf, also Nanny muß dann morgens und abend 5½ km laufen, das sind 1½ Stunde hin, 1½ Stunde zurück; ist das nicht furchtbar, noch 1 Stunde früher aufstehen, also um 5, und eine Stunde später zu Hause, als um 7−½ 8, wenn es gutgeht. Das soll man alles ertragen? Nun, meine Lieben, nur Euch nicht kürzen. Ernst freut sich schon sehr auf das Rauchbare. Wir danken Euch für alles im voraus. Dora kann leider niemand helfen; denn es hat doch alles mit sich zu tun. Sie ist doch allein, also doch auch nicht so schlimm, und Haushalt versteht sie doch, also muß sich doch für sie eine Beschäftigung finden. Lasset bald wieder von Euch hören und seid beide herzlich gegrüßt von

Schwägerin Selma

L. Otto, Du bist gewiß in Deinem Betrieb zu überanstrengt?

1 *Im März 1940 wurde der Aufdruck J auf den Lebensmittel-karten der Juden eingeführt.*
2 *Laut Anordnung vom 24. 4. 1942, die am 1. Mai in Kraft*

trat, war es den Juden verboten, öffentliche Verkehrsmittel
zu benutzen. Eine Benutzungserlaubnis konnten u. a.
Juden, die sich im Arbeitseinsatz befanden und mehr als
eine Stunde Fußweg zum Arbeitsplatz zurücklegen mußten,
erhalten.

———

Meine Lieben! Berlin, den 1. 5. 42
Deinen Brief soeben erhalten, und will ich Dir gleich antworten. Also vor allem: Gott sei Dank hat Nanny die Fahrtgenehmigung (1) bekommen, aber natürlich nur für die Arbeit, aber das will doch schon viel sagen. Ernst muß laufen, aber er hat höchstens 25 mtr., also das ist noch zu ertragen. Nur ich bin kaltgestellt, was sehr bedauerlich ist, denn ich habe mir noch immer etwas besorgt, jetzt ist alles erledigt. Aber es wird schon alles gehen dank Eurer Hilfe, wenn man nur noch in seinen 4 Wänden sitzen kann. Nun, l. Hedel, gebe ich Dir einen Rat. Schicke das Paket dringend ab, und zwar an meine Nachbarin Frl. Grete Andrak Maszek W. 30 Neue Winterfeldt 19. Das ist ein sehr nettes gefälliges Fräulein, alleinstehend – meine Nachbarin, mit der ich sehr gut stehe. Das ist die beste Lösung. Schicke mir nur Süßstoff mit, denn ich suche schon welchen mit Licht. Backpulver – wenn es gibt – und Natron. Was ich so alles möchte, was? Ich kann Euch das nachfühlen, in einer Stadt mit dem einzigen Sohn zu wohnen und nicht mit ihm zusammenzukommen. Aber es liegt auch viel an ihm, denn er braucht doch nicht über alles Rechenschaft abzulegen. Irmgard steht bestimmt unter Mutters Druck. Was soll das arme Kind machen? Wem gehorchen? Wenn sie etwas älter sein wird, wird sie sich vielleicht auch durchsetzen und machen, was sie will. Bei diesen Zeiten noch solche Aufregungen. Wir hatten wieder von den Kindern gute Nachrichten. Gott sei Dank dafür. Nur von Herbert höre ich nichts. Aber das ist augenblicklich der Lauf der Welt. Es wird auch noch der Tag kommen, wo Eurem Hermann die Augen aufgehen werden, nur wird es zu spät sein. Von Malchen hatte ich einen Brief, nun sind sie doch im Altersheim gelandet. Das Beste, was sie machen konnten.

In der nächsten Woche geht wieder ein Transport heraus (2). Diese armen Leute, alles ins Ungewisse. Nun, meine sehr Lieben, wißt Ihr Bescheid. Habet für alles recht vielen Dank und seid herzlich gegrüßt von

Schwägerin Selma

Von Nanny und Ernst viele herzliche Grüße.
Lege doch bitte in das Paket mein helles Kostüm hinein, da ich es zum täglichen Einkauf brauche.

1 Siehe Anm. 1 im Brief vom 27. 4. 42.
2 Im Mai 1942 erfolgte keine Deportation.

―――――

Meine Lieben! (1)
Meine Mutter berichtet Euch ja immer ausführlich über alles, aber dieses Mal muß ich Euch selber für alles danken. Ihr habt wirklich keine Mühe gescheut und an alles gedacht, um uns eine Freude zu machen, was Euch ja auch gelungen ist. Wie es uns geht, wißt Ihr ja. Ich habe sehr viel Arbeit, bin von morgens 6.00 Uhr bis abends 6.00 Uhr von Hause weg und bin nur froh, daß ich nichts mehr in der Wirtschaft zu machen habe. Von unseren Jungens hatten wir wieder sehr gute Nachrichten von Ende März, so daß wir sehr beruhigt sind, daß sie nicht hier sind. Ich hoffe, daß Ihr gesund seid und es Euch einigermaßen gutgeht, was wir ja auch von uns sagen können. Allerherzlichste Grüße

Eure Nanny

1 Undatiert. Wahrscheinlich 10. Mai 1942.

―――――

Meine sehr Lieben!   **den 24. 5. 42**
Ich komme erst heute dazu, Dir, l. Hedel, Deine l. Zeilen zu beantworten. Es hat sich inzwischen schon wieder soviel ereignet; denkt Euch, Willy mit Familie aus Gleiwitz ist plötzlich weg, und meine Schwester hat auch schon gepackt. Ich bin die

ganze Woche so aufgeregt, könnt Ihr Euch doch denken. Aus Beuthen sind alle meine guten Bekannten weg, wohin — wissen wir noch nicht. Das arme Evele — schade um das arme Kind. Ob Bäckers noch da sind, weiß ich nicht. Auch Magdeburg ist sehr brenzlig. So hat man dauernd etwas. Einen sehr traurigen Muttertag hatten wir. Tröstet Euch, Hermann mit Familie wird schon zur Einsicht kommen, wenn es zu spät sein wird. Wir freuen uns auf die angekündigten Spargel, l. Hedel, soviel Du nur bekommst, auch Rhabarber, denn das sind Sachen, welche sich halten. Wenn Du mich fragst nach Wünschen? Schicke, was Du bekommst, alles können wir gebrauchen. Gibt es nicht noch getrocknete Schnittbohnen? Wenn Du Zitronen bekommst, also ich kann Dir keine Vorschriften machen — alles, was Ihr entbehren könnt und genügend bekommt. Wir sind ja so glücklich, daß wir wenigstens Euch haben. Ich gebe dir hier noch eine zweite Adresse. Frau Lubow, Berlin W 30 — Neue Winterfeldtstraße 19 II. Etage. Die Dame ist im D. Volksb. (1) angestellt und sehr nett, tut alles für uns. Wir sind — Gott sei Dank! — durch Nanny und Ernst geschützt. Es ist wirklich eine Wohltat, daß sie fahren kann, denn arbeiten muß sie ja genug, denn sie ist doch in allem eine Kanone. Wie geht es Dir, l. Otto? Nur seid glücklich, daß Ihr vor all diesen Sachen Ruhe habt. Wer weiß, wohin die armen Leute wieder hinkommen. An Malchen schreib ich auch. Poldi soll auch von Prag weggekommen sein. Also, liebe Hedel, wir erwarten mit Sehnsucht das Angekündigte. Anbei 20 Mark, denn du kannst doch nicht noch Gelder auslegen. Nun für alles recht vielen Dank. Grüßt Euch beide recht herzlich **Schwägerin Selma**

Ernst freut sich schon über die angekündigten Zigarren. Lassen beide bestens grüßen.

1 *Ungewöhnliche, nicht zu entschlüsselnde Abkürzung. Möglicherweise handelt es sich um den Deutschen Volksbund, der im November 1921 gegründet wurde und eine Organisation im polnischen Oberschlesien war.*

Meine sehr Lieben! Berlin, den 28. 5. 42
Wir danken Euch viel-, vielmals für die seltenen Genüsse. Wir bekommen doch keine Spargel. Wenn Du, l. Hedel, wieder bekommst, dann schicke doch ein dringendes Päckchen bis 4 Pfund. − Wären Euch dafür sehr dankbar. Wünsche kann ich wirklich nicht äußern, wir sind für alles dankbar. Wenn du ein paar Zitronen bekommt. Über die Marie (1) war ich so erfreut. Heute geht es hier wieder schrecklich zu − man holt einfach die Männer weg − wohin und wozu weiß niemand Wie soll das noch alles enden? Bäckers sind vorläufig noch da, aber wie lange? Meine arme Schwester ist gestern weg, was die alles mitmacht? Nannys Mann in Gleiwitz arbeitet doch wohl, dann kommen die doch so schnell nicht weg. Man soll wirklich die Toten nicht beweinen − was ist dem l. Hermann alles erspart geblieben? Das hätte er ja alles sowieso nicht durchmachen können. Ich bedaure ja immer nur den Jungen, der mit seinen jungen Jahren ins Gras beißen mußte. Nun, meine Lieben, Ihr seid jetzt nur noch unser einziger Stützpunkt. Ich wünschte nur, Euch das alles noch vergelten zu können. Ein Päckchen mit Spargel kannst Du auch an meine Adresse abschicken, wenn Du willst. Also, wenn du zuwenig Geld hast, schicke ich im nächsten Brief wieder etwas. Meinen Brief mit Inhalt hast Du, l. Hedel, wohl erhalten. Das hat sich mit dem Paket gekreuzt. Dir, l. Otto, recht vielen Dank für die Rauchwaren, aber nur Dich nicht kürzen. Also lebet wohl und seid recht, recht herzlich gegrüßt von   Schwägerin Selma

Gibt es einmal ein Glas Konfitüre − aber nicht Eure −, kann etwas mehr kosten. Von Nanny und Ernst viele herzliche Grüße − wir sind sehr aufgeregt. In jetziger Zeit immer Absender schreiben.

1 *Wie aus dem Zusammenhang späterer Briefe deutlich wird, handelt es sich um Margarine.*

———

Meine sehr Lieben! **den 3. 6. 42**

Ich schreibe in aller Eile. Wir sind so furchtbar aufgeregt; denn hier hat sich etwas Grauenhaftes abgespielt. Es wurden 500 jüdische Männer abgeholt, davon 250 erschossen, die anderen ins Lager u. auch 50 davon evakuiert. (1) Könnt Ihr Euch unsere Stimmung denken. Es soll in der Sowjetausstellung etwas passiert sein, was man Sabotage nennt und darauf diese Maßregel. Bäckers sind noch da, auch Nanny und Berthold. Ich habe ja nur noch diese einzige Schwester. Das ist die Loebingern, wo mein Schwager im Februar starb. Wohl allen denen. Nun, meine Lieben, das Paket kam an, und danken wir bestens. Die Spargel waren leider nicht mehr so gut, aber das lag an den Schoten. Trotzdem möchte ich Dich, l. Hedel, bitten, wenn Du wieder Spargel bekommest, schicke doch ein dringendes Päckchen ... (2) Pfd. nur Spargel. Über die Zigarren hat sich Ernst sehr gefreut, die waren so nach seinem Geschmack. Auch der Süßstoff, alles Sachen, die wir nicht bekommen. Die Zitronen kamen wie gerufen. Rhabarber ist das einzige, den ich hin und wieder bekomme. Ja, ja, meine Lieben, wie lange noch, und wir alle sind nicht mehr da; denn wenn das so gemacht wird. Ich kann gar nicht schreiben, so steckt es in einem. Gegen solche Sachen steht wirklich jeder Kummer zurück. Gott sei Dank hatten wir gestern von den Kindern (3) wieder so gute Nachricht, das ist noch unser einziger Trost; ob man sich einmal wiedersehen wird? Von Eurem Jungen ist das ja unverantwortlich. Ich möchte ihm einmal die Leviten ordentlich lesen. Schreibe mir doch seine Adresse. An Malchen muß ich diese Woche schreiben. Sie hat doch Geburtstag und mein l. Mann auch. Man darf nicht nachdenken. Nun habt für alles recht vielen Dank und seid beide recht herzlich gegrüßt von **Schwägerin Selma**

Ernst und Nanny grüßen bestens, und Ernst dankt noch besonders.

1 *Im Frühjahr 1942 veranstaltete das faschistische Propagandaministerium im Berliner Lustgarten die antisowjetische Ausstellung »Das Sowjetparadies«, die Mitglieder der jüdischen Widerstandsgruppe Herbert Baum am 13. 5. 1942*

*niederzubrennen versuchten. Wenige Tage danach begannen
die Verhaftungen der unmittelbar an dem Attentat Beteilig-
ten. Weitere 500 unbeteiligte Berliner Juden fielen ebenfalls
der Gestapo in die Hände, davon wurden 250 am selben
Tage in den SS-Kasernen in Berlin-Lichterfelde erschossen,
die anderen wurden in Konzentrationslager verschleppt. In
drei Hauptverfahren gegen Mitglieder der Widerstandsgruppe wurden 22 Todesurteile ausgesprochen.*

2 *Mengenbezeichnung unleserlich.*
3 *Gemeint sind die Enkelkinder, deren Briefe über das neu-
trale Ausland nach Berlin gelangten.*

———

Meine sehr Lieben! **den 22. 6. 42**

Das Paket kam gut erhalten an, und danken wir Euch recht
herzlich. Alles ist für uns so wichtig, und wie Du, l. Hedel,
immer das Richtige triffst. Der Süßstoff ist doch nicht zu bezahlen und die Gurke? Das sind alles Sachen, die wir uns nur ansehen dürfen; aber alles wollen wir ertragen, wenn man nur hierbleiben kann und ein Dach über dem Kopf hat. Wir hatten ja
diese Woche wieder reichlich Aufregungen. Aus der Reichsvertretung, wo Ernst arbeitet, sind plötzlich 50 Leute mit dem
Transport mitgekommen. Gott sei Dank hat es Ernst nicht
betroffen – l. Hedel, ich brauche von Dir keine Abrechnung,
schreibe nur, das Geld ist alle, und dann bekommst Du frisches.
In den nächsten Brief lege ich wieder etwas hinein. Wir sind
Euch für alles dankbar, denn man weiß wirklich nicht mehr,
was man kochen soll. Nur das Trockengemüse hat mich bis
jetzt herausgerissen. Die Gurken im Gläschen waren wunderbar – gestern haben wir die letzten verbraucht. Ja, ja, Beuthen
ist ganz leer geworden, sogar den Inspektor und Gärtner vom
Friedhof hat man mitgenommen, und Ihr habt recht, wer weiß,
was aus den Gräbern wird. Leider noch weder vom Willy noch
von meiner Schwester ist Nachricht da. Das arme Evele, wie
wird es ihnen nur ergehen? Mein Schwager ist doch im Februar
im Krankenhaus in Breslau gestorben und auch dort beerdigt.
Ja, ja, in Hindenburg sind alle weg, auch Dora, die ist schon

mit dem ersten Transport weg. Josef, seine Frau mit Kindern und Enkeln und Luschius' Frau. Es ist nicht auszudenken, und immer geht es weiter. Jetzt schaffen sie hier alle Altersheime heraus, also auch 90jährige Kranke auf Bahren. (1) Bald werden wir die einzigen sein, die noch dageblieben. Bäckers sind noch da, aber wie lange, das weiß man nicht. Die Spargel sind noch nicht da, aber höchstwahrscheinlich morgen. Ich danke Dir im voraus, dann habe ich doch wenigstens wieder eine oder auch 2 Mahlzeiten, auch wenn sie nicht so schön sind. Wie soll ich mich bloß revanchieren. Ich weiß es wirklich nicht. Für die Z. (2) ist auch Ernst so sehr dankbar, auch wenn es noch so wenig sind. Heut hatte ich von Malchen einen langen Brief. Sie sind doch sehr zufrieden und glücklich. Gott sei Dank! – hat sie doch noch die Kinder da, außer Poldi – von dem hört sie auch nichts. Nun, meine Lieben, habt für alles recht vielen Dank. Seid beide recht herzlich gegrüßt von

Schwägerin Selma

Ernst und Nanny grüßen herzlich und danken tausendmal. Vielleicht können wir doch noch alles in Freuden wiedergeben.

1 *Der erste Theresienstadt-Transport mit Berliner Juden, die über 65 Jahre waren, ging am 2. 6. 1942.*
2 *Zigarren.*

———

Meine sehr Lieben! den 28. 6. 42
Am Sonnabend mit vielem Dank das Päckchen erhalten. Es kam wie gerufen. Ernst war ganz unglücklich, da er nichts zu rauchen hatte und ich nichts zu kochen. Heute haben wir uns ein wunderbares Gemüse gemacht. Blumenkohl mit Mohrrüben. Wie wir so von Euch gesprochen haben, könnt Ihr Euch denken. So schnell kam das Päckchen. Ernst wird sich noch selbst bedanken. Nur machen wir Dir, l. Hedel, soviel Arbeit, aber der liebe Gott wird es Dir schon vergelten. Jetzt sind wir ja außer Berthold schon die einzigen, alles ist weg, man darf gar nicht daran denken, wie schrecklich das ist. Noch immer von

Willy keine Nachricht. Wir hatten diese Woche auch einen großen Schreck. Bei Ernst im Büro (1) wurden 50 Leute herausgeholt und innerhalb von 2 Tagen abgeschoben. Ernst kann sich
von dem Schreck noch nicht erholen. Uns hätte das ja nicht so
leicht getroffen, denn durch Nanny sind wir ja auch gedeckt,
aber jedenfalls hatten wir Laufereien. Gott sei Dank! – ist das
Gewitter an uns vorbeigegangen! Von Malchen hatte ich einen
langen Brief. Dort ist noch alles still. Hoffentlich bleibt es so.
Solche aufregende Zeit, wann wird das ein Ende nehmen? Wie
geht es, l. Otto, im Betrieb? Hoffentlich weiter gut! Jetzt müssen wir alle elektrischen Geräte abgeben; Staubsauger, Bügelei-
sen, Heizkissen, usw. (2). So sehen wir aus. Und eine zwangsweise Spinnstoffabgabe (3). Sie rupfen uns schon gut aus. Jetzt
habe ich noch einen Koffer hier bei uns im Hause eingestellt,
einen habe ich schon in Beuthen, und 2 Stck. liegen schon im
Ausland. So hat man seine Sachen verstreut. Aber nur gesund
sein und etwas zu essen haben. Ich bin Euch ja so dankbar, vielleicht erlebe ich noch die Zeit, um Euch alles wiedergeben zu
können. Gibt es nicht etwas . . . (4) und Backpulver; man hat
doch nichts zu essen. Ich backe dann jede Woche einen Kartof-
fel-Kuchen. Nanny ist wenigstens mit Bäckers zusammen. Habt
nochmals für alles vielen Dank und seid recht herzlich gegrüßt
von   **Schwägerin Selma**

Anbei 10 Mark

1 *Der Reichsvereinigung der Juden.*
2 *Laut Anordnung vom 19. 6. 1942 hatten die Juden die in
    ihrem Besitz befindlichen elektrischer und optischen Geräte,
    Fahrräder, Schreibmaschinen und Schallplatten entschädi-
    gungslos abzuliefern.*
3 *Einer Anordnung vom 9. 6. 1942 zufolge mußten Juden alle
    entbehrlichen Kleidungsstücke abliefern.*
4 *Ein Wort unleserlich.*

———

Meine Lieben, 28. Juni 1942

daß es in einer Zeit, in der man den Kindern die Schulen schließt (1), eine Wöchnerin aus Beuthen 6 Tage nach der Geburt mit ihrem Säugling in einen Transportzug setzt, den alten Menschen den Spaziergang verbietet — daß es in solcher Zeit auch Menschen mit sittlichen Grundsätzen der Nächstenliebe und religiöser Gesinnung gibt, läßt diese Not der Zeit in der Hoffnung auf bessere Zeiten ertragen. Ich danke jedenfalls recht herzlich und wünsche alles Gute. Mit besten Grüßen

Ernst Behrendt

1 *Nach einem Erlaß mußten bis zum 30. 6. 1942 sämtliche jüdischen Schulen geschlossen werden.*

———

Meine sehr Lieben! den 11. 7. 42

Eben Deinen Brief, l. Hedel, erhalten, und hast Du vollkommen recht. Wir haben beide Pakete erhalten und danken Euch vieltausendmal. Ich wußte gerade nicht, was kochen, habe sofort den Blumenkohl gemacht, war wunderbar. Irmgartel danke ich besonders herzlich, ist doch rührend, ja, ja, Du hast recht, wer weiß, wie lange noch. Ich bin diese Woche ganz durchgedreht, denn mir sind gestern meine letzten Bekannten abgereist, und hatte ich dadurch sehr viel Gelaufe und Aufregungen. Nun werde ich mehr Zeit haben. Deshalb habe ich nicht geschrieben. Es ist doch furchtbar — noch immer keine Nachricht. Ich weiß nicht, wo meine Schwester hingekommen — ebenso Willy und die anderen. Ob man überhaupt etwas hören wird, ist auch fraglich. Es kann möglich sein, daß auch ich drankomme, denn es werden alle über 65 herausgeschickt. (1) Aber mein Schwiegersohn wird schon dafür sorgen, daß ich noch dableibe — was möchte auch ohne mich hier sein? Wer würde etwas besorgen und zurechtmachen, die Wohnung in Ordnung halten? Aber danach wird ja nicht gefragt. Hoffen wir das Beste. An Malchen schreibe ich eben auch. Es ist alles so furchtbar, man darf gar nicht nachdenken. Jetzt sind aus Beuthen alle heraus. Der Friedhof soll geschlossen sein. Wer weiß, was aus den Gräbern

wird? Wie wohl ist es dem l. Hermann? Denke Dir, wir hätten jetzt heraus müssen? Mit dem kranken Mann? Denn danach wird doch nicht gefragt. Also, meine Lieben, habt für alles vielen Dank! Anbei 10 Mark. Irmgard danke ich nochmals, sobald ich etwas bekomme, schicke ich ihr etwas. Es schmeckt alles glänzend. Seid von mir und den Kindern recht herzlich gegrüßt
Eure Schwägerin Selma

1 *Mit Transporten nach Theresienstadt. In das Sonder-KZ wurden laut Weisungen der Gestapo gebracht: Juden im Alter über 65 Jahre und ebenso gebrechliche Juden über 55 Jahre, jeweils mit ihren Ehepartnern, Träger von hohen Weltkriegsauszeichnungen. Kleinere Kontingente stellten Juden aus nicht mehr bestehenden »Mischehen« sowie alleinstehende »Mischlinge«, die zu den »Geltungsjuden« sortiert worden waren.*

Meine sehr Lieben!   den 20. 7. 42
Das Paket kam prompt am Freitag an, gerade habe ich überlegt, was kochen. Die Gurken waren fein und die Zwiebeln, ich hatte nicht eine einzige. Die Trockenbohnen bleiben als eiserne Reserve. Wirsing haben wir hier genug, brauchst Du nicht zu schicken. Überhaupt alles ist wunderbar, nur mehr Fett müßte man haben. Aber es geht auch so. Ja, ja, meine Lieben, immer noch keine Nachricht, wo die armen Menschen hingekommen sind. Wir haben alles schon reichlich überlegt. Es wird alles zur gegebenen Zeit an Euch abgeschickt – was nur irgend an Wert ist. Bald werden wir Euch unsere Trauringe einschicken; denn es wird schon gesungen, daß jetzt dieselben drankommen. (1) Ich hätte doch beinahe vergessen. Der Salzhering – das war etwas ganz Feines. Wie lange haben wir schon keinen gegessen. Also für alles recht herzlichen Dank. Sonst ist ja bei uns alles beim alten. Gefährdet bin ich am meisten, da man alle über 65 herauswirft, und leider treffe ich doch auch darunter, aber hoffentlich nicht so schnell. Wann wird es einmal anders, ob wir das noch erleben? Im nächsten Brief lege ich wieder eine Ein-

lage bei. Von Berthold hatte gestern Brief. Er jammert sehr über Nanny. (2) Ist aber auch furchtbar. Nun, meine Lieben, habt für alles recht vielen Dank. Seid von mir und den Kindern recht herzlich gegrüßt von **Eurer Schwägerin Selma**

Alles freut sich, wenn ein Paket kommt.

1 *Mit der Verordnung vom 21. 2. 1939 wurden Juden ver-*
   pflichtet, alle Gegenstände aus Gold, Silber, Platin sowie
   Edelsteine und Perlen abzuliefern; ausgenommen waren ein-
   zig die Eheringe.
2 *Nanny Bobrowsky wurde mit Mann und Tochter am*
   23. 6. 42 deportiert.

Meine sehr Lieben!   Berlin, den 26. 7. 42
Eben Brief erhalten, und sind wir – Gott sei Dank! – noch alle beieinander. Hoffentlich noch recht lange! Es geht ja nur um mich, denn Nanny und Ernst sind ja geschützt, aber bis unter die letzten schiebt mich Ernst noch hinaus. Ich bin eben 1 Jahr zu alt, dagegen läßt sich nichts machen. L. Hedel, Du kannst immer ruhig an uns das Paket schicken, aber wenn Du nicht willst, dann an Grete Andrak Maszek, auf unserer Etage meine Nachbarin, die sehr nett ist. Jetzt sind wir ganz übel dran – bekomme nur einmal in der Woche Gemüse, und das Neueste darf für Juden erst N. 48 gestempelt werden, wir haben aber schon 51. gestempelt, (1) also wurde mir jetzt gesagt – ich bin erst in 3 Wochen dran, also stelle Dir das vor. Heute koche ich Trockengemüse, und hätte ich nicht welches von Dir, wüßte ich nicht – was. So sehen wir im Sommer aus – was wird der Winter bringen, wenn ich noch da bin, was ich hoffe. Also sei so gut, l. Hedel, Mohrrüben, grüne Bohnen, Blumenkohl, was Du bekommst, nur keine Schoten, denn die halten sich nicht – nur wenn dieselben extra gut verpackt sind. Also sei nicht böse, wenn wir Dich so belästigen, aber Du bist doch meine einzige Rettung. Ich bekomme auch manchmal etwas zu teuren Preisen, aber das reicht nicht aus. Hier ist es nun ganz so – alle Alten

und noch so Kranken kommt alles weg. Noch immer keine Nachricht von unseren Lieben. Auch hier weiß man nichts, wo dieselben hingekommen. Hoffentlich bleiben Malchen und Adolf? Man lebt in einer Aufregung. Gott sei Dank – man ist noch gesund, um das alles nur ertragen zu können. Anbei 10 Mark, damit Du wieder etwas besorgen kannst. Ich weiß nicht, ob ich Dir geschrieben, wie wir uns über den Hering gefreut haben. Nun, meine Lieben, seid nicht böse, daß ich so viele Anliegen habe, aber hoffentlich kommt die Zeit, wo wir Euch alles vergelten können. Nun seid beide recht herzlich von – auch Ernst und Nanny – und mir gegrüßt   **Eure Selma**

1 *Bei der Rationierung von Lebensmitteln wurden bestimmte auf den Karten kenntlich gemachte Nummern zur Belieferung von Waren aufgerufen. Verkauf im Vorgriff war untersagt, aber häufig anzutreffen.*

———

Meine sehr Lieben!   **Berlin, den 3. 8. 42**
Das P. kam prompt am Sonnabend an. War alles wunderbar, nur der Blumenkohl war nicht gut. Heute fängt die neue Woche an, und ich hatte einen guten Tag – bekam Wirsing – und Weißkohl – also wird es wohl besser werden. Für Blumenkohl zahle ich 1–2 Mark das Stück, wenn ich einmal welchen bekomme. Der Hering war eine Delikatesse, und die Marie kam wie gerufen, aber ich fürchte immer, daß Du Dich, l. Hedel, kürzt, und das möchte ich nicht gern. Wenn ich wieder Gemüse brauche, schicke ich einen Brandbrief. Aber sonst schicke alles, was Du bekommen kannst. Ich schicke morgen ein paar Karton Packpapier und Bindfaden. Auch wieder eine Einlage. Der Süßstoff u. Backpulver sind herrlich, sonst hätte ich schon längst keinen Zucker. Immer noch keine Nachricht von unseren Leuten. Es wird auch keine kommen – alles wie verschollen. Man darf gar nicht daran denken. Nanny mit dem kleinen Kind? Ein Glück, daß es Sommer ist. Ich denke auch mit Schrecken daran, wenn es mich treffen wird. Was sagt Ihr, wenn ich zu Euch kommen würde, d. h. nur im Notfalle? Natürlich gemeldet darf ich

nicht werden? Das ist bloß so ein Gedanke von mir, nicht wörtlich zu nehmen. Auch hier hat man schon Eheleute getrennt mit arischen Frauen, aber ohne Kinder. (1) Was soll aus uns allen werden? Malchen hat auch schon 4 Wochen nicht geschrieben. Hoffentlich ist dort alles in Ordnung. Also, meine Lieben, habt für alles recht vielen Dank. Grüßet alle, auch Irmgard, und sei Du, l. Hedel, als auch l. Otto recht herzlich gegrüßt von
Schwägerin Selma

Ernst dankt bestens für die Rauchwaren. Er hat sich sehr gefreut, daß Ihr so aufmerksam seid. Beide grüßen Euch recht recht herzlich. Ich schicke einen Perlbeutel mit, vielleicht kann Irmgard denselben gebrauchen. Auch einen angefangenen Pullover – mache denselben für Irmgard.

1 *Grundsätzlich waren zu diesem Zeitpunkt Juden in »Mischehen« von der Deportation ausgenommen.*

———

Meine sehr Lieben!   **Berlin, den 9. 8. 42**
Brief, Paket und Päckchen erhalten, und können wir Euch nicht genug danken. Ernst hat sich über das Rauchbare sehr gefreut und dankt noch besonders. Das Paket war wieder fabelhaft. Wir bekommen nur einmal in der Woche Gemüse, also wenn Du, l. Hedel, nicht geschickt hättest, hätten wir nur Kohl. Nur der Blumenkohl hält sich nicht, oder man müßte denselben noch besonders einpacken, damit er mit dem anderen nicht in Berührung kommt. Für die Marie danke ich noch besonders, das ist ja eine große Hilfe bei dieser Knappheit, aber nur nicht auf Eure Kosten, das will ich nicht. Heut hat Nanny Geburtstag, und da habe ich ihr mit Deiner Güte, l. Hedel, einen Rührkuchen gebacken. Das ist für uns eine große Feier, denn wir bekommen doch gar kein Weizengebäck, auch keine Semmel. (1) Wenn mir einmal meine Nachbarin 1–2 Semmeln abgibt, ist das eine große Sache, aber man will schon alles hinnehmen, wenn man nur Ruhe hat und vorläufig hierbleiben kann, denn von allen unseren Lieben keine Nachricht; man

weiß also nicht, was aus den armen Menschen geworden ist. Und immer gehen weitere Transporte. Gott sei Dank, daß man noch gesund ist, aber leider ist unser Ernst nicht ganz auf dem Posten. Er hat in letzter Zeit über 10 Pfd. abgenommen, und will der Arzt erst feststellen, woran das liegt. Wir erwarten täglich von unseren Kindern Nachricht. Hoffen wir, daß dort alles in Ordnung. Das Paket mit dem Packmaterial schicke ich erst, l. Hedel, morgen ab. Wenn Du uns nicht eine Gurke geschickt hättest, hier bekommen wir keine. Ich habe schon für eine Gurke 4 Mark bezahlt, nur weil ich dieselbe gern haben wollte. Wie geht es Euch sonst — was machst Du, l. Otto? In Deinem Betrieb hoffentlich alles in schönster Ordnung. Nun habet nochmals für alles recht vielen Dank. Seid von mir u. Kindern recht herzlich gegrüßt von **Eurer Schwägerin Selma**

Von Malchen hatte ich Brief. Sie war leider sehr krank, geht aber wieder besser.

1 *Laut Erlaß des Reichsministers für Ernährung und Landwirtschaft vom 18. 9. 1942 wurden den Juden die Fleisch- und Milchmarken sowie die Berechtigung zum Kauf von Weizenerzeugnissen entzogen.*

––––––

Meine sehr Lieben! den 18. 8. 42
Das Paket kam prompt am Sonnabend an. Wir danken recht, recht herzlich. Der Hering war wieder wunderbar. Überhaupt alles. Wachsbohnen haben wir hier noch nicht bekommen. Hier gibt es nur Kohl, den kann ich nicht mehr riechen. Das Paket an Euch habe noch immer nicht abgeschickt. Ernst hat die ganze Woche gelegen, und hatte ich dadurch mehr zu tun. Er hat in der letzten Woche wieder 5 Pfd. abgenommen, sieht furchtbar schlecht aus, aber der Arzt kann — Gott sei Dank! — nichts finden, nur die Nerven sind es, welche ihm so zusetzen. Ist das ein Wunder! Am Sonnabend sind hier wieder 1000 Menschen abgeschickt worden. (1) Man hat direkt auf der Straße Jagd gemacht. Wer an einem Fenster stehenblieb oder den Stern

nicht fest genug angenäht hatte, wurde mitgenommen. Man war in einer Aufregung. Wann wird das ein Ende nehmen? Von unseren Lieben immer noch nichts, ob alle noch leben? Man zweifelt schon daran. Also, l. Hedel, wenn Du wieder etwas bekommst, vielleicht Pudding – soll Ernst viel essen, da man doch nichts anderes hat. Gibt es nicht wieder ein Backpulver, aber bitte nicht Deine Ration. – Anbei wieder 10 Mark. Schreibe nur, wenn es nicht reicht. Ich bin selbst so aufgeregt, kann gar nicht ordentlich schreiben. Wie geht es Dir, l. Otto? Hoffentlich gesund, das ist doch heut die erste Bedingung. Wann wird nur mit allem Schluß sein? Ob wir das noch erleben? Man zweifelt schon daran. So nun, meine sehr Lieben, habt für alles recht vielen Dank, bleibt gesund und seid recht herzlich gegrüßt von **Schwägerin Selma**

Ernst und Nanny grüßen herzlich. Eben kommt Dein Brief. Ich glaube es Euch – was nicht geht, das geht nicht. (2) Jetzt kommt man aber erst von 70 Jahren nach Theresienstadt. Also sind die Chancen für mich besser geworden. Rote Rüben haben wir hier auch. Blaukraut kannst Du schicken. Es wird mit allem immer schlimmer, das wissen wir ja. Also müssen wir Kopf oben behalten.

1 *Am 15. 8. 1942 ging ein Transport mit 1004 Juden von Berlin nach Riga.*
2 *Die Bemerkung bezieht sich auf die von Selma Fleischer gestellte Frage, ob sie sich für eine gewisse Zeit in Augsburg aufhalten könne.*

———

Meine sehr Lieben! **Berlin, den 30. 8. 42**
Ich verspreche immer Besserung, aber leider geht es nicht immer so. Ich habe Euch noch das letzte Paket nicht bestätigt, und heut kam noch eins an, aber, l. Hedel, gerade zur rechten Zeit. Die Mohrrüben haben gut geschmeckt, und von dem Rotkohl habe ich für Nanny etwas Salat gemacht, damit sie etwas für die Fabrik hat: den ganzen Tag bei 40° Hitze dort zu arbei-

ten ist keine Kleinigkeit. In dem Raum stehen an 40 Maschinen, und das gibt solch eine Hitze, außerdem brennt dort den ganzen Tag die Sonne. Also kam alles wie gerufen. Für alles habt herzlichen Dank. Was hätte ich nur ohne Euch gemacht, aber es ist schon so Gottes Fügung, es hat ja jeder jemanden. Die Marie ist gottvoll, denn wir bekommen doch keine Semmel, kein Weizenmehl, also bettle ich mir immer etwas Grieß und backe mit Kartoffeln einen Kuchen — allerdings, wenn ich von Dir nicht das Backpulver hätte, ginge das auch nicht. Also auch dafür vielen, vielen Dank. Inzwischen wird wohl auch mein Paket mit dem Packmaterial angekommen sein. Vielleicht kannst du den Pullover für Irmgard gebrauchen, auch den Perlbeutel. Sonst gibt es doch nur Trauriges. Gestern habe ich wieder alten Leuten packen helfen, und so geht es immer weiter. Auch von unseren Leuten immer noch nichts; wir werden auch nichts hören. Wer weiß, wie es ihnen geht. Gott sei Dank hat sich bei uns noch nichts geändert. An Malchen muß ich auch noch schreiben. Hoffentlich sind noch dort alle da. Äpfel hatten wir noch keine gesehen, der Mus war prima. Ernst geht es besser, nur soll er gut gepflegt werden. Der Arzt hat nichts gefunden, nur die Nerven, und dadurch hat er soviel abgenommen. Nun nochmals für alles recht vielen Dank. Grüßet die Kinder, auch Irmgartel nicht zu vergessen, und seid Ihr von meinen Kindern und mir recht herzlich gegrüßt   **Eure Schwägerin Selma**

Denkt Euch: zu den Feiertagen darf kein Gottesdienst abgehalten werden.

————

Meine sehr Lieben!   Berlin, den 11. 9. 42
Seid nicht böse, daß ich so unaufmerksam und erst heut 2 Pakete dankend bestätige. Du kannst mir glauben, l. Hedel, ich hätte manchmal nichts zu kochen, wenn nicht Deine Güte. Es ist alles so furchtbar — ich weiß nicht, was ich machen soll. Die Zeit rückt immer näher — bald bin ich an der Reihe. Ich habe hier sehr gute arische Bekannte, die lassen mich nicht weg, wenn also das Schlimmste eintrifft, gehe ich höchstwahrschein-

lich dort hin, denn doch vielleicht immer noch besser als in den Tod, denn etwas anderes ist es doch nicht. Dann kann ich Euch auf 8–14 Tage besuchen, wenn es gehen wird. Soll ich das machen? Oder soll ich das Schicksal aller anderen teilen? Es geht mir dauernd im Kopfe herum – man weiß nicht ein noch aus. Also seid mir deshalb nicht böse. Wir sind ja für alles dankbar – gleich, was es ist. Anbei 10 Mark für Auslagen. Also seid mir nicht böse. Heute abend ist Neujahr, (1) solche Feiertage habe ich noch nicht erlebt – keine Andacht, es wird sogar in den Gemeinden gearbeitet. Hoffen wir auf bessere Zeiten. Also nochmals recht vielen Dank, grüßt Euch beide recht, recht herzlich   **Schwägerin Selma**

Ernst dankt bestens, und beide grüßen Euch herzlich.

1   *Gemeint ist das jüdische Neujahrsfest.*

––––––

Liebe Tante!   4. 10. 42
Du bist sicher beunruhigt, von uns so lange nicht gehört zu haben. Aber das hat alles seine Gründe. Mutter sollte weg, so wie viele andere, (1) hat es aber vorgezogen, vorher unsere Wohnung zu verlassen. Ich weiß nicht, wo sie sich aufhält und was los ist. Ich glaube aber nicht, daß man sich beunruhigen sollte. Ich habe natürlich dadurch einen Haufen Arbeit und weiß noch gar nicht, wie ich damit fertig werden soll. Wenn Du uns weiter so bedenken würdest wie bisher, wären wir Dir sehr dankbar. Da ich nicht weiß, ob Du noch Geld hast, lege ich 10 Mk. bei. – Sonst ist von keinem eine Nachricht gekommen. Letzte Woche kamen einige Briefe aus Th. (2) hier an. Vielleicht, wenn einer von meinen Leuten dort ist, erhält man jetzt eine Nachricht. Du mußt die Kürze bei meinen Briefen entschuldigen, aber es geht jetzt alles in Eile. Wie geht es bei Euch? Hoffentlich gut. Seid allerherzlichst gegrüßt   **Eure Nanny**

Von meinem Mann viele Grüße

1 *Offensichtlich in das Konzentrationslager Theresienstadt.*
2 *Theresienstadt. Die Mehrzahl der Juden aus dem »Protekto-*
   rat Böhmen und Mähren« trat den Weg zu den Vernich-
   tungsstätten über das Ghetto Theresienstadt an (etwa
   90 %), das ein großes Konzentrationslager war. Der erste
   Transport Prag—Theresienstadt fuhr am 24. November
   1941. Im Herbst 1942 erreichte das KZ mit nahezu 60 000
   Insassen die höchste Belegungsstärke und Sterblichkeitsrate.
   Insgesamt hielten sich im KZ von 1941 bis zur Befreiung
   1945 140 000 Juden auf, 74 000 aus dem »Protektorat«,
   43 000 aus Deutschland, 15 000 aus Österreich (der seiner-
   zeitigen Ostmark), 5000 aus den Niederlanden und 466 aus
   Dänemark. Im Ghetto kamen als Folge von Krankheit,
   Unterernährung, psychischen Leiden, Seuchen, Schikanen
   und Hinrichtungen 33 430 Menschen um. Im Oktober 1942
   begannen die Transporte in das Vernichtungslager Ausch-
   witz-Birkenau. Von den 87 000 Menschen, die mit 63
   Transporten deportiert wurden, überlebten ungefähr 3000.

———

Liebe Tante Hedel!   **14. 10. 42**
Deinen l. Brief wir erhalten. Um Deine Schwägerin brauchst Du
Dir nicht zu große Sorgen machen. Es geht ihr sicher besser, als
es ihr in T. (1) gegangen wäre. Ich kann Dir im Moment nicht
mehr darüber schreiben. Ernst geht es leider gar nicht gut, er
geht seit Montag nicht mehr ins Büro, und heute hat er derartige Herzanfälle, daß ich gar nicht weggehen konnte. Ich muß
mir Urlaub nehmen, den ich hoffentlich bekommen werde,
denn Ernst darf sich überhaupt nicht bewegen. Wenn Du für die
Zig. (2) eine bessere Verwendung hast, dann gib sie doch weg,
denn Ernst darf im Moment nicht rauchen. Wenn Mutter da
wäre, könnte ich natürlich beruhigt zur Arbeit gehen. Ich weiß
nicht, wie das werden soll. Es ist eine Menge Arbeit. Ich
komme erst um 6 Uhr nach Hause, dann muß ich einholen,
kochen und die Wohnung etwas sauber machen. Ich kann
natürlich nur das Notwendigste machen. Fleisch haben wir
nicht bekommen. So hat man doch wenigstens für 2 Tage etwas

zum Kochen gehabt. Vor einigen Tagen hatten wir zu unserer großen Freude Nachricht von den Jungens. (3) Heinz hat das erste Universitätsexamen ausgezeichnet bestanden, hat in seiner Stellung Zulage bekommen und arbeitet weiter fleißig. Peter ist ordentlich in der Schule. Er hat ein Fahrrad geschenkt bekommen und fährt überall herum. Ich kann immer nur sagen, was es für ein Glück ist, daß sie dort sind und sich so gut entwickeln. – Aus Th. sind sonst noch keine Nachrichten gekommen. 50 Briefe kamen an, aber durch eine Zensur. Von allen anderen hören wir nichts. Sie sind wie vom Erdboden verschwunden. – Über ein Paket würde ich mich sehr freuen, es wird alles dankend angenommen. Von Gemüse bekommen wir einmal in der Woche entweder Weißkohl, Kohlrüben oder rote Rüben. Also kannst Du Dir denken, was man kochen kann. Ich habe heute etwas Zeit und habe ausführlich geschrieben; Du wirst es mir aber nicht übelnehmen, wenn ich sonst nur ganz schnell schreibe. Wie geht es bei Euch? Was macht Irmgard? Recht herzliche Grüße an Dich und Onkel Otto, auch von meinem Mann **Deine Nanny**

1 *Theresienstadt.*
2 *Zigarren.*
3 *Von den beiden im Ausland lebenden Söhnen.*

———

Meine Lieben!   27. 10. 42
Vielen Dank für die netten Grüße. Es ist alles ausgerichtet worden. Mein Mann ist jetzt bald 14 Tage im Krankenhaus, aber es besteht aller Wahrscheinlichkeit nach keine Gefahr. Es war eine schlimme Zeit, aber man hält ja allerhand aus. Ich bin sehr in Eile, sowie ich dazu komme, schreibe ich ausführlich. Vielen Dank und herzliche Grüße   **Eure N.**

Eure Schwägerin läßt grüßen.

———

Liebe Tante Hedel! 30. 11. 42

Ich habe mich wirklich schon gewundert, wieso man von Euch
nichts hört, aber ich konnte auch nicht schreiben, denn ich
habe mir vor 10 Tagen das rechte Handgelenk verstaucht, so
daß ich nichts machen konnte. Jetzt fängt es an etwas besser zu
werden. Ernst ist immer noch im Krankenhaus. Er hatte einen
Rückfall, und wenn nichts dazwischenkommt, soll er Ende
nächster Woche nach Hause kommen. Dabei hat man in der
vorigen Woche 60 Patienten aus dem Krankenhaus geholt und
dann die Angehörigen dazu, und die sind schon weg. (1) Es ist
augenblicklich ein furchtbarer Zustand hier. Man weiß nicht,
was der nächste Tag bringt, und dazu noch Ernstens Krankheit.
Du kannst Dir einen Begriff machen, wie krank er war, wenn
er jetzt 92 Pfund wiegt. Wie soll man das jetzt einholen und
dauernd die Sorge, was mit einem wird. Am besten hat es Deine
Schwägerin gemacht. Du kannst ganz beruhigt sein. Ab und zu
spreche ich sie. Menschen wie Onkel Otto (2) kümmern sich
um sie, und es geht ihr gut. Ich wünsche, es ginge uns auch so
– Du kannst Dir denken, daß ich jetzt alles gebrauchen kann,
was Du schicken kannst. Denn wenn Ernst nach Hause kommt,
muß ich ihn schnell hochbringen. Alles, was Du geschickt hast,
kann man gebrauchen. Auch Gemüse, wenn es nicht zu schwer
ist. Es kam noch von keinem Menschen eine Nachricht und
wird wohl nicht kommen. Vereinzelt hört man etwas aus Th.,
aber auch nicht viel. Wo die ... (3) hingekommen sind, weiß
man überhaupt nicht. Und jetzt die Kälte! Es ist furchtbar. –
Du hast ganz recht, wenn Du Dich von allem etwas zurück-
hältst. Man kann nie wissen, was daraus entsteht. Seit wann
wohnt denn Onkel Berthold in Schönwald? Schicke mir doch
einmal seine Adresse. Aus Magdeburg habe ich auch schon eine
Weile nichts gehört. Was in Ostrau ist, ob Bert und Frieda noch
da sind, weiß ich auch nicht. Ich habe keine Zeit zum Schreiben. – Hoffentlich bist Du wieder ganz gesund. Denn so eine
Grippe nimmt einen sehr mit. Krank darf man jetzt nicht sein.
Das sehe ich doch jetzt bei uns. Man kann sich nicht rühren
und nichts unternehmen. Jetzt ist Ernst 7 Wochen im Krankenhaus, und wenn er nach Hause kommt, wird es noch eine Weile
dauern, bis er arbeiten kann. Ich fange am Freitag wieder an zu

arbeiten. Jedenfalls habe ich mir jetzt in den freien Tagen alle Wege erledigt, die solange zu machen waren. Von den Jungens hatten wir vor einigen Tagen eine kurze Nachricht, daß es ihnen gutgeht. H. geht seinem Beruf nach und bereitet sich auf das 2. Examen vor, und der Kleine fühlt sich sehr wohl bei seinen Pflegeeltern. H. ist jetzt 1½ Jahre in seiner Stellung und verdient, was er braucht. Im März wird er 18 Jahre alt. Was will man mehr. Wenn die jetzt noch hier wären, es wäre gar nicht auszudenken. Nun habe ich aber genug geschrieben. Vielen Dank für alles und recht herzliche Grüße an Euch beide

Eure Nanny

Schicke doch bitte das Stück schwarzen Pelz, Seal, und außerdem, wenn Du Zeit hast, verschiedene Stopftwiste, die im Koffer sind. Vielen Dank!

Liebe Tante! Wenn Du einen Koffer herschicken könntest, wäre es mir sehr lieb. Wieder an die Adresse von Frl. Andrak. Entschuldige die vielen Belästigungen, aber ich weiß mir keinen anderen Rat. Eben bekam ich eine Karte von meinem Mann, es geht ihm schlechter, er hat Temperatur und muß liegen. Es ist alles furchtbar.

1 *Die Deportation der Juden aus den jüdischen Krankenhäusern verschonte auch die Schwerstkranken nicht. Am 29. Mai 1943 wurde das große Siechenheim in der Auguststraße geräumt, wobei ca. 300 Patienten nach Theresienstadt geschafft wurden. Sanitätspersonal des Heimes begleitete sie.*
2 *Gemeint sind hilfsbereite »Arier«.*
3 *Name unleserlich.*

———

Liebe Tante Hedel!   21. 12. 42
Ich beeile mich sehr, Dir recht herzlich für das Paket zu danken. Es kam alles fabelhaft an, und ich freue mich sehr. Ernst wird ja überrascht sein, wenn ich ihm solch gute Sachen bringen

werde. Er hat alles sehr nötig, und ich hoffe, daß er doch etwas zugenommen haben wird. Mit 89 Pf. kann man nicht viel aushalten, dazu der niedrige Blutdruck und jetzt noch die Diphteriebazillen. Ich kann ihn nur am Fenster sprechen, d. h. ich stehe draußen und er drinnen im Zimmer bei offenem Fenster. Und dazu immer nicht wissen, wie noch alles mit uns wird. Man wird jetzt nicht mehr benachrichtigt, sondern plötzlich abgeholt. Allerdings besteht im Moment ein Schutz für uns, da Ernst noch Gemeindeangestellter ist. Wenn ich abgeholt werde, werde ich zwar von meiner Firma reklamiert und komme dann, wenn die Reklamation durchgeht, in ein Lager, (1) ein früheres Heim. 15 in einem Zimmer, Männer und Frauen zusammen, Matratzen auf der Erde. Das ist ein Zustand. Und von keinem Menschen, die weg sind, hat man ein Lebenszeichen gehört. Ich wünsche Euch angenehme Feiertage und nochmals vielen Dank für alles. Recht herzliche Grüße   **Eure Nanny**

1 *Ein derartiges Lager existierte zeitweilig in der Auguststraße. Seine Insassen hatten zu festgesetzten Stunden Ausgang und durften sich sonst nur zu ihren Arbeitsstätten begeben.*

––––––

Meine sehr Lieben! (1)
Lange habt Ihr von mir nichts mehr gehört, aber, meine Lieben, es geht mir − Gott sei Dank! − bei meinen Freunden gut. Ich bin − Gott sei Dank! − gesund, wenn man auch so vieles entbehren muß, aber wir alle hoffen doch zu oben, daß doch einmal ein Wunder geschehen wird, also klammert man sich und nimmt alles gern in Kauf. Ich bin Euch ja sehr dankbar, daß Du, l. Hedel, weiter so nett und aufmerksam bist. Eines wird Dich schon entschädigen. Jetzt bin ich schon 3 Monate unterwegs (2), die Zeit rinnt − G. w., was aus allen unseren Lieben geworden. Ich hoffe zu Gott, das alles überstehen zu können. Wie geht es bei Euch? Hoffentlich alles gesund, denn das ist heut wirklich wichtig. Ich sehe es jetzt wieder hier. Ernst ist immer noch krank, kommt vielleicht Ende der Woche und kein Mensch zu Hause. Man wird ihm eine Schwester nehmen müs-

sen. Gott sei Dank, daß der l. Hermann das alles nicht mitzumachen braucht. Wie wohl ist ihm und meinem l. Jungen, das sehe ich erst jetzt. Nun, l. Hedel, gratuliere ich Dir recht, recht herzlich zu Deinem Geburtstag. Er wird leider sehr traurig ausfallen, da alle Gratulationen fehlen werden. Aber der Allmächtige lebt noch und wird alles zum Guten lenken. Ich lege eine Kleinigkeit bei, denn schicken kann ich nichts. Ich habe auch keine Gelegenheit. Ich freue mich, wenn ich von Euch etwas höre. Ich bin ja hier mit meinen Nächsten in Verbindung. Eine Bitte habe ich noch, l. Hedel, aber sei nicht böse, wenn wir Dich dauernd belästigen. Schicke uns doch bitte das kleine Kästchen mit dem Ring, Trauring, Nadeln, denn man weiß nie, wie man sich damit helfen kann, und möchte das gern bei mir haben, aber, bitte, eingeschrieben an die Nachbarin, also alte Adresse. Nun, weißt Du nicht, ob Wally noch da ist? Ich weiß es nicht. Verlebe den Tag im Kreise Deiner Lieben und denk auch ein klein wenig an mich. Wie geht es Dir, l. Otto, hoffentlich recht gut? Wie kommt man sich vor? Wie ausgestoßen, aber schadet alles nicht! Hoffentlich sprechen wir noch in Freuden zusammen darüber. Was macht Irmgard? Grüßet alle und seid recht, recht herzlich gegrüßt von **Eurer Schwägerin**

Liebe Tante Hedel!
Vielen herzlichen Dank für alles. Man kann alles fabelhaft brauchen. Ich denke, daß ich Ernst nächste Woche aus dem Krankenhaus nehme, obgleich es ihm noch gar nicht gut geht. Er muß noch sehr viel liegen und darf gar nichts tun, ich muß sogar eine Schwester nehmen. Aber im Krankenhaus war es mir zu gefährlich. Meine Hand ist wieder besser, und morgen fange ich wieder an zu arbeiten. Ich habe Dir doch immer geschrieben, Du brauchst um Deine Schwägerin keine Sorge zu haben. Mit dem Stopfzeug hast Du mich falsch verstanden. Ich schicke dir ein Paket mit Kartons, Schnur und mit dem Beutel. Ich meinte Stopftwist zum Strümpfestopfen, und zwar braun. Es muß verschiedenes dabei sein. Und nun, liebe Tante, gratuliere ich Dir recht herzlich zu Deinem Geburtstag und wünsche Dir alles Gute. Vielleicht können wir dann doch noch einmal alle zusammen feiern. Ich lege Dir 20 Mark bei, für 10 Mark kaufe

Dir etwas Gutes — und den Rest zur Verrechnung. Das letzte Paket muß doch mehr gewesen sein. — Hast du den Koffer schon abgeschickt, aber nicht den ganz großen. Vielen Dank und herzliche Grüße an Dich und Onkel   **Deine Nanny**

1   *Undatiert. Wohl aus dem Dezember 1942. Denn Hedwig Mühlheim hatte im Dezember Geburtstag.*
2   *Gemeint ist die Zeit seit ihrem Untertauchen in die Illegalität.*

———

Meine sehr Lieben,   **23. Dezember 1942, im Krankenhaus** nach meiner sehr schweren Erkrankung, an der ich leider noch viele Monate zu leiden haben werde, ist doch jetzt eine gewisse Besserung eingetreten, so daß ich gern die Gelegenheit benutzen möchte, um ein paar Zeilen an Euch zu richten. Meine liebe Nanny hat mir regelmäßig von Eurer rührenden Hilfsbereitschaft erzählt, die namentlich Du, liebe Tante, an den Tag legst. Ich weiß sehr wohl, daß das nicht unser Verdienst ist, sondern Ausdruck unserer blutmäßigen Verbindung mit den teuren Toten, deren segnendes Andenken uns heute wie oft schon zum Segen wird. Jetzt, in der großen Herzensnot, die wir in diesen furchtbaren Zeiten durchzumachen haben, wissen wir sehr wohl die überaus freundschaftliche und wahrhaft verwandtschaftliche Haltung zu schätzen, für die wir Euch so von Herzen dankbar sind. Ein neues Jahr steht vor uns mit all dem Dunkel, das die Zukunft stets aufweist. Möge es für Euch und uns alle eine glückliche Zukunft werden, in der wir uns Leib und Seele bewahren können für eine Zukunft, die uns mit unseren Kindern vereint. Ich wünsche Euch aus dankbarem Herzen für das kommende Jahr alles Gute und begrüße Euch herzlich
Euer Ernst

Meine Lieben!
Ihr müßt wirklich entschuldigen, daß ich so lange nicht geschrieben habe und sogar Ernstens Brief liegen ließ. Aber ich habe in der vorigen Woche Ernst nach Haus genommen und

dadurch natürlich sehr viel Arbeit. Ich hoffe, daß es Onkel Otto inzwischen wieder besser geht und er vielleicht schon gesund ist. Ich habe in der vorigen Woche ein Paket mit Gläsern etc. an Euch abgeschickt. Der Koffer ist auch wohlbehalten hier angekommen. Vielen Dank für die prompte Erledigung. Gestern hatte ich aus Magdeburg Nachricht. Ich habe auch nach Witkowitz an Frieda Goldberger geschrieben, die Karte kam aber heute zurück. Also sind die auch nicht mehr da. Jetzt will ich an Berti schreiben und sehen, ob er noch da ist. Aus Th. kamen verschiedentlich ganz gute Nachrichten. Wir haben aber direkt noch von keinem etwas gehört. Eurer Schwägerin geht es nach wie vor ganz gut. Ihr braucht beim Schreiben kein doppeltes Kuvert nehmen. Man weiß schon Bescheid, wenn etwas aus Augsburg kommt. Mk. 10,– anbei. Hier wird augenblicklich sehr viel abgeholt. Wir sind aber vorläufig geschützt. Schreibt bald wieder. Recht herzliche Grüße **Eure Nanny**

Meine sehr Lieben,   **28. 1. 1943**
nicht nur, weil ich Zeit habe, will ich Euren lieben Brief vom 16., den wir gestern erhielten, gleich beantworten, sondern um vor allem unsere herzlichen Wünsche um baldigste Genesung der lieben Tante zu übermitteln. Wir wunderten uns schon, von Euch längere Zeit nichts gehört zu haben, schoben es aber auf die erfreulicherweise nun bald behobene Erkrankung des lieben Onkels und auf die am Jahresschluß üblichen Mehrarbeiten. Wir sind um so unglücklicher über das betroffene Mißgeschick und wollen nun von Herzen hoffen, daß der Bruch gut und glatt verheilt. Es ist sicher schwer für eine stets emsig arbeitende Hausfrau, solche erzwungene und schmerzhafte Ruhepause einlegen zu müssen, aber man muß sich ja mit dem Geschick abfinden und noch zufrieden sein, daß es nicht noch schlimmer geworden ist. Jedenfalls hoffen wir, bald wieder von Euch zu hören und werden glücklich sein, wenn die Nachrichten zufrieden lauten würden. Was uns betrifft, so ist zunächst Nanny gesund und tüchtig bei der Arbeit, sei es in der Fabrik oder zu Hause. Sie sieht sogar trotz aller Arbeiten immer gut aus, und

alle Menschen freuen sich mit ihr. Mit mir ist noch kein Staat zu machen, ich nehme zwar bei der sorgfältigen Pflege zu und wiege 53 kg anstatt der 48, mit denen ich aus dem Krankenhaus kam, aber das Herz ist noch sehr schonungsbedürftig, ist sehr schwach und muß vor jeder körperlichen und seelischen Anstrengung geschont werden. Nun liegen die Dinge bei uns im Augenblick so, daß ich als Angestellter der Reichsvereinigung der Juden einen behördlich anerkannten Schein besitze, der uns zunächst vor jeder Abwanderung schützt. Wie lange dieser Schutz noch gewährt wird, ist allerdings unbekannt. Die Arbeit von Nanny in einem anerkannten Rüstungsbetrieb soll auch einen gewissen Schutz gewähren, aber das steht im Augenblick noch nicht fest. Trotzdem dieser für die nächsten Tage und Wochen für uns bestehenden Sicherheit beschäftigen wir uns natürlich sehr eingehend mit dem uns bevorstehenden Schicksal. Ich hätte ja als Inhaber des Verwundetenabzeichens (1) den Anspruch auf Beförderung nach Theresienstadt. Das ist eine Stadt im Protektorat, nahe der deutschen Grenze, unterhalb von Aussig. Früher wohnten dort 6000 Menschen, und die Tschechen haben Kasernen für etwa 26 000 Mann seit 1919 dort gebaut. Die ganze Stadt dient jetzt nur der Unterbringung von Juden, von denen wohl schon 80 000−90 000 (2) hingekommen sein mögen. Sie sind nicht mehr alle da, diejenigen, die nicht tot sind, und die, welche als zu jung nach Polen geschickt wurden, sollen es nicht schlecht haben. Es sind Karten hergekommen, und man darf dann an die schreiben, die sich bereits gemeldet haben. Sonst kann man nicht schreiben und darf natürlich auch nicht hinfahren. Die Verwandten aus Mährisch Ostrau und Witkowitz dürften auch dahin gekommen sein, genau wissen wir es von Berti, denn die Gemeinde hat uns kürzlich auf unsere Anfrage mitgeteilt, daß »Dr. Guttmann seinen Wohnsitz nach Th. verlegt habe«. Ja, so fein haben die Leute geschrieben. Unsere oberschlesischen Lieben haben alle keine Nachricht gegeben, sie sind sicher nach dem Osten gekommen und ist ja mit einer Nachricht von dort leider nicht zu rechnen. Von Zeit zu Zeit hört man Gerüchte, daß sie in Arbeitslagern untergebracht sind, aber eine genaue Nachricht ist weder eingetroffen noch erteilt worden, so viele Stellen wir auch schon angefragt haben. Die Magdeburger sind noch vorhanden, sie wohnen: Heinemann, Magdeburg, Brandenburgerstr. 2a, dagegen haben die Karten von Baumgartens aus Litzmannstadt leider seit Anfang Dezember aufgehört. Die ganze Situation ist so grausig, daß man sich wundert, darüber nicht den Verstand zu verlieren, andererseits hat man alle Geisteskräfte nötig, um zu versuchen, diese Zeit zu überstehen und sich für seine Kinder zu erhalten. Die Aussichten dazu sind, das muß klar gesagt werden, sehr gering. Die wirtschaftlichen Dinge sind ja sehr wichtig, und wir sind Euch für die versprochenen weiteren Unterstützungen sehr dankbar, wobei wir natürlich den Umfang, so sehr wir können, beschränken wollen. Von Gemüse brauchten wir daher höchstens Blumenkohl. Sehr wichtig wäre Trockengemüse und Zwiebeln; Kapern, Kümmel, Paprika, Süßstoff, Backpulver, Margarine, Vanillezucker, Wein (rot oder weiß) sowie Obst sind uns höchst willkommen. Wegen der Preise sind wir durchaus Eurer Meinung, wenn auch das gebräuchliche Niveau hier sicher viel höher ist als dort und wir manches billig finden, wo Ihr Euch schon schaudernd abwendet! Die Briefe und sonstigen Dinge verschwinden sofort nach Erhalt, und wir sind selbstverständlich vorsichtig. Eine wirkliche Freude haben wir an Eurer Schwägerin, die gut aussieht und rührig wie stets ist. Mein Pensum ist nun beendet, meine liebe Frau beansprucht noch den weiteren Platz, seid also von mir auf das herzlichste gegrüßt. Ich wünsch aufrichtig baldige Genesung und alles Gute für die Zukunft.

Euer Ernst

Liebe Tante und lieber Onkel!
Zu dem Brief meines Mannes habe ich fast nichts mehr hinzuzufügen. Es tut mir sehr leid, daß Du, l. Tante, den Unfall hattest. Ich hatte mir das Handgelenk verstaucht und weiß, wie das ist, wenn man nichts tun kann. Vielen Dank für die guten Ratschläge, die wir hoffentlich nicht brauchen werden. Vorläufig ist Ernstens Stellung und seine Krankheit ein Schutz, und dann bemüht sich meine Firma sehr. Allerdings wird täglich abgeholt, und ungefähr alle 14 Tage geht ein Transport. (3) Heute sollte auch einer gehen. Von einem Beuthener Bekannten kam eine Nachricht, daß sie in Riga sind. Vielleicht sind

die Gleiwitzer auch da. Dort geht es ihnen verhältnismäßig gut. Sie stehen unter Militäraufsicht, (4) was ja ganz günstig ist. Berti ist in Th., wird also seine Eltern dort getroffen haben. Neulich war Lotte Schulz geb. Fleischer, Tochter von Tante Olga, bei uns. Sie ist mit einem Arier verheiratet, der eingezogen ist, und hat einen 10jähr. arisch erzogenen Jungen. Es geht ihr also ganz gut. Im Dez. ist die alte Tante Heidel aus Groß Strehlitz, eine Tante von Onkel Willy, nach Th. gekommen. Wenn überhaupt, werden wir ja auch einmal dort landen, da Ernst das Verwundetenabzeichen hat, auf das Rücksicht genommen wird. – Das schöne Weihnachtspaket habe ich Euch umgehend bestätigt. Im letzten Brief lagen 10,– Mk bei. Ich lege wieder 10,– in den Brief, da ich nicht weiß, wie die Verrechnung ist. Euch beiden recht gute Besserung, viele herzliche Grüße **Eure Nanny**

Eine genaue Berechnung braucht Ihr uns doch nicht zu schicken, wenn das Geld nicht reicht, dann schreibt, dann schicke ich wieder welches mit.

1 *Aus dem Ersten Weltkrieg.*
2 *Bis zu diesem Zeitpunkt wurden 11 000 Juden von Berlin nach Theresienstadt deportiert.*
3 *Am 29. 1. 1943 ging ein Transport mit 1000 Juden nach Auschwitz.*
4 *In die Ghettos der eroberten Gebiete der Sowjetunion gezwungene Juden wurden als Arbeitskräfte von den verschiedensten Organisationen und Dienststellen verwendet, u. a. auch von Wehrmachtseinheiten. Diese Verwendung bedeutete in der Regel nur einen Aufschub der Deportation in die Vernichtungsstätten.*

––––––

Meine sehr Lieben!(1)
Ich komme eben herein und finde den fertigen Brief vor, habe aber Deinen, l. Otto, noch nicht gelesen. Ich bin am Wochenende immer Gast, aber nur versteckt. So weit hat man es

gebracht. Gott sei Dank geht es mir aber sehr gut, meine Leute sind zu mir fabelhaft. Ich bin wie zu Hause, nur wißt Ihr ja, meine Lieben, daß ich mich allem anpasse. Es tut mir so furchtbar leid, l. Hedel, daß Du Dir den Arm gebrochen hast – wieso bist Du denn gestürzt? Auch noch so etwas zu dem allem. Wirklich sind nur noch wir da, denn von Wally haben wir schon seit 4 Wochen nichts gehört: L. Hedel, sei nicht böse, aber ich muß Dich wieder belästigen. Ich brauch dringend meine große schwarze Tasche. Ich habe schon alle anderen kaputtgemacht und machen will mir niemand. Wenn es geht, lege das Kästchen in die Tasche. Schicke das p. Einschreiben an unsere Nachbarin. Also den Skunks nicht, da der Winter bald vorüber. 10 Mark sind von mir, kaufe Dir etwas, l. Hedel. Nächste Woche sind es 3 Jahre, seit der l. Hermann von uns gegangen – was hat sich in der Zeit alles abgespielt? Was hätte er alles mitmachen müssen – auch der l. Poldi. Gott, was ist aus allen unseren Lieben geworden? Von niemandem hört man etwas. Auch von Berthold höre ich nichts, denn ich will nicht schreiben. Also, l. Hedel, Dir wünsche ich recht gute Besserung u. baldige Genesung, und Du, l. Otto, hast jetzt alle Hände voll zu tun, denn wer soll denn etwas machen? Wie geht es Irmgartel? Ist sie fleißig und macht Euch sicher viel Freude? Nun lasset recht bald wieder von Euch hören und seid vielmals recht herzlich alle beide gegrüßt von   **Eurer Schwägerin**

1 *Undatiert. Gehört offenbar zum Brief vom 28. 1. 43*

————

Meine Lieben,   **Berlin, den 14. Februar 1943**
Wir bestätigen mit herzlichstem Dank Eure Sendung, die uns sehr gefiel. Daß Ihr es gern tut, wissen wir, und trotzdem sind wir Euch stets aufs neue dankbar dafür. Es freute uns sehr, zu hören und zu sehen, daß es Dir, liebe Tante, mit der Hand wieder besser geht; freilich geht die Heilung nicht ohne Schmerzen ab, aber hoffentlich ist bald alles wieder gut. Ich selbst erhole mich auch ganz gut und nehme an Gewicht zu, so daß ich vielleicht bald wieder an die Arbeit werde denken können. Nanny

ist in diesen Tagen 2 Jahre in der Fabrik, aber wer weiß, wie lange das alles noch gutgehen wird. Soeben hörten wir, daß am 22. 2. auch die Magdeburger zur Evakuierung kommen sollen – die Not nimmt kein Ende. Auch wir haben natürlich am 7. .2 an den sel. Vater gedacht, der wenigstens ohne Sorgen ist. Eine gerade aus Beuthen kommende Dame erzählte uns, daß der Friedhof in Kürze zur Bebauung (!) kommen soll. Daß in dem Brief von uns kein Inhalt war, haben wir inzwischen auch bemerkt und fügen heute den doppelten Betrag bei. Die Tage vergehen sehr ruhig, denn es sind keine Verwandten und Freunde mehr da, die sonst zu Besuch kamen. Wir sehen zu unserer größten Freude Eure Schwägerin jede Woche und finden sie stets bei guter Stimmung und wohl aussehend. Werdet Ihr durch die neuen geschäftsschließenden Bestimmungen (1) auch betroffen? Das sind sehr einschneidende Verordnungen, die das ganze Leben umgestalten werden, und es gibt viele, die diese Umgestaltungen sehr weitgehend und von vielen Folgen begleitet betrachten. Leider wird das alles für uns nicht mehr von Wichtigkeit sein, da es das nur wäre, wenn es sich mit größter Schnelligkeit entwickeln könnte. Man muß jetzt sehr viel dem lieben Gott überlassen und abwarten, wie er es mit uns vorhat. Jedenfalls sind wir Euch sehr dankbar, hoffen, bald wieder von Euch zu hören, und wünschen schnelle Genesung. Mit herzlichen Grüßen von uns allen **Euer Ernst B.**

Ich habe nichts mehr hinzuzufügen als recht herzliche Grüße und vielen Dank **Eure Nanny**

1 *Nach der Niederlage in der Schlacht bei Stalingrad verkündete die deutsche Führung den »totalen Krieg«. Zu den Maßnahmen, die unter dieser Parole ergriffen wurden, gehörte auch die Schließung von Einzelhandelsgeschäften, um Arbeitskräfte für die Rüstung frei zumachen.*

Meine Lieben! 21. 2. 43
Das Päckchen kam sehr schnell und gut an und hat bereits gut geschmeckt. Vielen Dank. Bei uns ist alles unverändert. Ernst geht es weiter besser, ich arbeite und bin dauernd müde, und sonst sind wir noch in unserer Wohnung und hoffen noch recht lange drin zu bleiben. Aus Magdeburg haben wir einen wenig erfreulichen Brief bekommen, wonach sie wohl morgen wegkommen werden, nachdem man ihnen bereits in den letzten Tagen alles weggenommen hat. Das sind dann wohl die letzten, die noch da waren. Wir werden dann den Schluß bilden, wenn wir nicht noch einen Ausweg finden, was wir hoffen. Wir arbeiten jedenfalls sehr daran und hoffen auf Erfolg. (1) Jetzt komme ich wieder mit einer Bitte. Bei meinen Sachen ist ein schwarzes Strickkleid mit heller Weste. Bitte schicke es mir doch bitte her. Das ich bis jetzt getragen habe, ist nicht in Ordnung, und ich muß ein anderes haben. Deine Hand, l. Tante, ist wohl auch wieder besser, so daß Du bald wieder alles damit machen kannst. Schreibt bald wieder. Viele herzliche Grüße von uns allen 3 **Eure Nanny**

1 *Nanny und Ernst trugen sich zu dieser Zeit mit der Absicht, ebenfalls »unterzutauchen«.*

Meine sehr Lieben, **Berlin, den 2. März 1943**
heute ist Heinzis 18. Geburtstag, und Ihr könnt Euch denken, in welcher Stimmung wir sind. Hinzu kommt, daß wir beinahe von den hiesigen Ereignissen mit betroffen gewesen wären: Nanny wurde am Sonnabend früh bei der Aktion gegen jüd. Betriebsarbeiter auch an ihrer Arbeitsstelle eingefangen, ich selbst wurde am Sonntag bei der Razzia auf jüd. Wohnungen mitgenommen. Durch meine Mitarbeiterschaft in der Reichsvereinigung sind wir beide wieder freigekommen. Nanny wurde gerade in derselben Stunde freigelassen, als ich hier das Auto besteigen mußte. Jeder von uns hat eine Nacht in der Levetzow Str. (1) zugebracht und mit den 1500 darin Untergebrachten den Vorgeschmack der Deportation bekommen. Da alles noch nicht

zu Ende ist und eine »gewisse« Ruhe erst in einigen Tagen zu erwarten ist, können wir uns nur auf eine Evakuierung vorbereiten, und so sind wir am Packen, um jedenfalls von unserer Seite alles mögliche zu versuchen, wobei wir natürlich nicht wissen, ob man uns die Sachen beläßt. Die armen Magdeburger sind auch ohne jedes Gepäck in ihr neues Schicksal gezogen – ja und heute nacht waren die Flieger mit Brandbomben über der Stadt, (2) und nun ziehen auch die davon Betroffenen beinahe wie die deportierten Juden aus den verbrannten Wohnungen. Gott straft alle nach dem gleichen Maß, und es ist eine gewisse Beruhigung, daß wenigstens im Himmel die Gerechtigkeit noch besteht. Nanny ist nach all den Aufregungen bewundernswert ruhig, ihre Arbeit hat ja nun ein Ende, und sie braucht vorläufig wenigstens nicht um 5 Uhr aufzustehen. Wie lange das allerdings so gehen wird, kann man nicht wissen. Ich selbst habe auch alles überstanden, aber natürlich sind solche Tage und Nächte nicht gerade gesundheitsfördernd. Nun wißt Ihr, wie es uns geht, und wir fügen nur noch zu, daß es unserer Tante wenigstens gutgeht. Hoffentlich ist bei Euch der gesundheitliche Zustand wieder besser geworden, wobei wir für das zugesandte Paket bestens danken. Nanny kann das Kleid bei der kühlen Witterung gut gebrauchen und hat es gleich angezogen. Seid vielmals herzlich gegrüßt, zerreißt bitte diesen Brief, hoffentlich kann ich bald wieder und mal etwas Erfreuliches mitteilen. Ich wünsche Euch alles Gute!   **Euer Ernst**

Nanny läßt herzlich grüßen. Unsere Tante ist zu Eurer Schwägerin!

1 Im Gebäude der 1938 zerstörten Synagoge befand sich das Sammellager. Von dort wurden die Berliner Juden zur Verladerampe an den Bahnhöfen Grunewald oder Putlitzstraße gebracht und dann weiter mit Zügen in Ghettos und Vernichtungslager.
2 Am 1. 3. 1943, 21.39 Uhr wurde für ca. 2 Stunden der 101. Fliegeralarm ausgelöst. Während dieser Zeit flogen 302 Flugzeuge über Berlin und warfen 342,6 t Spreng- und 322,2 t Brandbomben ab.

Meine sehr Lieben! Berlin, den 27. 6. 43
Ihr werdet wohl recht böse sein, daß ich mich die ganze Woche
nicht gemeldet habe, aber es ging wirklich nicht. Nun will ich
Euch, meine Lieben, recht, recht herzlich danken für die schönen und ruhigen Stunden, welche ich bei Euch verlebt habe (1),
wie gern denke ich daran. Wollte Gott, daß es mir nochmals
vergönnt sein wird, bei Euch zu weilen. Ich denke immer an
alles zurück, aber der alte Gott lebt doch noch, und ich verliere
den Mut nicht. Es geht mir Gott sei Dank gut – noch diese
Woche wohne ich bei Reimann, und von nächster Woche bei
Frieda, welche himmlisch wohnt: ein schönes Zimmer mit Bal-
kon, und Frieda ist ein goldener Mensch. 2 Tage war ich mit
Frau R. in ihrer Sommerwohnung – und Mittwoch, Donnerstag fahre ich wieder heraus. Also so habe ich doch überall gute
Freunde. Wie geht es nun Euch, meine Lieben? Was machst Du,
l. Otto? Immer noch allerlei Tabletten? Ist noch irgend etwas
gekommen? Hoffentlich nicht, und Ihr seid wieder in Ruhe und
Ordnung. Dir, l. Hedel, habe ich ja genug zu schaffen gemacht.
Mit Gottes Hilfe werde ich noch alles mit Dank abtragen, aber
solche Herzenssachen sind nicht zu bezahlen, außer von oben.
Ich habe dir, l. Hedel, einen Morgenrock besorgt – dafür ver-
langt er 2 Pfd. Margarine, sei also so gut und schicke Deine
Karten ein. Ich schicke dann denselben p. Päckchen. Diese
Woche schicke ich auch das versprochene Päckchen, ich konnte
bis jetzt nichts bekommen. Es hat sich hier so vieles verändert.
Du kannst auch statt Margarine Zigaretten schicken. B. wird
dringend gebraucht – ebenso Z. – überhaupt alles. Schreibe
mir nur zu Frau Reimann, Post 57. Mit Grete komme erst am
Dienstag zusammen. Von G. (2) ist sehr schwer etwas herauszu-
bekommen, aber ich muß alles langsam machen und nur mit
Güte. Das ist eine Gesellschaft. Gott sei Dank, daß ich sie nicht
brauche. Ich bin hier gemütlich bei Frieda zum Kaffee. Was
macht Deine Stickerei? Bist gewiß sehr fleißig, was? Bei jedem
Schritt denke ich an Euch. Also nochmals für alles recht vielen
Dank – grüßt Euch beide recht, recht herzlich
Eure Nimuis (3)

Einen Gruß an Frau Hoffmann

114

1   *Die Absenderin hatte sich zuvor kurze Zeit illegal in Augs-*
    burg aufgehalten.
2   *Gemeint ist das Buchhändler-Ehepaar G. Der Name wurde*
    anonymisiert.
3   *Deckname von Selma Fleischer.*

Meine sehr Lieben!   Berlin, den 16. 7. 43

Endlich, l. Hedel, Deinen Brief mit Inhalt erhalten. Ich war
schon so in Sorge, denke Dir, nun bin ich schon 4 Wochen hier
und von Euch die erste Nachricht. Gott sei Dank ist alles in
Ordnung und wohlauf. Von hier brauchst Du nichts befürchten
− die sind froh, wenn man von ihnen nichts haben will − nur
meine Sachen kann ich nicht herausbekommen, ich weiß auch
nicht, was ich machen soll? Verfeinden will ich mich nicht, und
auf alles verzichten − ist doch zu schade. Geschäftlich geht es
auch nicht mehr so, da alle Lieferanten fort sind. (1) Es werden
doch recht viele immer wieder gefunden. (2) Aber man will ja
nur leben und nicht zusetzen. Man kommt eben nur so durch.
Ich bin Euch ja noch recht viel schuldig und weiß nicht, wie ich
es gutmachen kann. Gebe nur Gott, daß es weiter so ruhig
bleibt. Wie gern möchte ich noch an Eurem Tisch sitzen − und
wie gern denke ich an die schönen ruhigen Tage zurück, aber
vielleicht wird es mir noch mal vergönnt sein, zu Euch zu kommen. Hermann schickt mir jede Woche Zi., aber ich schicke
ihm den Gegenwert sofort ein − also wozu er von Dir etwas
genommen hat, weiß ich nicht. Vielleicht braucht er es für die
bewußte Zahlung? Ich werde bei ihm darüber anfragen. Oft
denke ich an den guten Fisch und die gute Buttermilch. Mit
dem Morgenrock werde mir schon Mühe geben. Ich hatte
schon einen, aber kurze Ärmel und ganz dünner Stoff, also nur
für den Sommer, also noch ein bißchen warten. Was machen
die Stickereien? Hast du schon viel abgeliefert? Du bist ja fleißig. Was machen die Beeren? Hier gibt es keine. Bis jetzt war
ich jede Woche mit Frau Reimann im Wochenendhaus, war
wunderschön. Bei Frieda wohne ich herrlich. Sie ist so ein
anständiger Mensch. Ich habe ihr 50,00 Miete bezahlt und

kaufe mir alles für teures Geld und gebe ihr noch 10 Mk. die Woche für alle Mühe ohne noch Zigaret. und was man so bekommen kann. Man sieht hier keinen Blumenkohl, keine Gurken, kein Obst. Lasse mich bitte nicht so lange auf Antwort warten. Bei Lotte bin ich schon gewesen. Sie möchte gerne mit mir zu Euch fahren, wenn sie im September 10 Tage Urlaub bekommt. Wie sieht es Otto mit Deiner Reise? Wann hast Du denn Urlaub? Wie geht es Dir gesundheitlich? Was macht Frau Hoffmann? Grüße von mir. Wann fährt denn nun eure Kiste? Ist das noch nicht heraus? Nun habe ich so ziemlich alles geschrieben. Bis jetzt war 3 Nächte Besuch, aber nur kurz. (3) Das fehlt mir noch. Nun lasset es Euch weiter gutgehen und seid beide recht, recht herzlich gegrüßt von

Eurer Nimis

Hört Ihr etwas von Berthold?

1 *Die Absenderin hatte ihren Lebensunterhalt bis dahin durch Kauf und Verkauf von Gegenständen, vorwiegend Büchern, bestritten, die sie bei Juden kaufte. Mit der Verringerung ihrer Zahl ergaben sich auch für sie immer weniger Verdienstmöglichkeiten.*
2 *Bezieht sich offenkundig auf die Entdeckung von Juden, die, wie sie, illegal lebten.*
3 *Gemeint sind offenbar die Einflüge von Kampfflugzeugen in den Luftraum Berlins. Die Hauptangriffe konzentrierten sich in jenen Tagen auf westdeutsche Großstädte (Köln, Aachen, Bochum).*

———

Meine sehr Lieben! den 25. 7. 43
Ich wundere mich über Euer Stillschweigen. Du, l. Otto, schreibst doch so gern — warum läßt Du nichts von Dir hören? Ich bin heut glücklich; denn ich habe ein gutes Papier bekommen — lasset Euch von Betti erzählen. Ich habe ihr ausführlich geschrieben. Mir geht es — Gott sei Dank! — gut. Frieda ist aufopfernd goldig, mir doch eine ganz Fremde und

so gut. Geschäftlich geht es langsam, aber ich habe noch
nichts zugesetzt – trotzdem alles sehr teuer. Ich fahre diese
Woche wieder für 2 Tage ins Wochenendhaus, dort ist es
immer herrlich. Endlich ist auch gutes Wetter. Ich will Dir
nochmals sagen, von G. (1) ist nichts zu befürchten, also
könnt Ihr ganz beruhigt sein. Sobald ich den Morgenrock
erhalte, schicke ich denselben sofort ab. In der nächsten
Woche schicke ich wieder etwas für Dich, l. Otto. Wie geht
es Dir, l. Otto, gesundheitlich? Was machen die Ferien – und
wie steht es mit Deiner Reise? Habt Ihr etwas von Gleiwitz
gehört? Mit Lotte scheint nicht viel los zu sein. Ich kann sie
schlecht antreffen. Im Hause sagt man mir, sie hätte einen
Freund. Man kann da nicht schlau werden. Was macht Deine
Stickerei? Wie waren die Hosen? Ich denke soviel an Euch
und die schönen ruhigen Zeiten. Wann fährt denn Eure Kiste?
Vielleicht kann man doch wieder einmal zu Euch zurück –
natürlich für 2 Monate bin ich hier noch gut aufgehoben,
dann werden wir weitersehen. Lasse mich doch, l. Hedel,
nicht solange ohne Nachricht. Ich bin dann immer so beunruhigt. Jeden Mittag denke ich an Euch. Nun habe ich mir wieder ein bißchen Luft gemacht. Lebet recht wohl und seid
recht, recht herzlich gegrüßt von   **Tante Minius**

Grüße Frau Hoff. Eben Dein Päckchen erhalten und danke Dir
bestens, aber jetzt bei der Hitze schicke nichts. Ich werde mich
schon so durchdrücken. Was wollte der denn eigentlich? Wieder dieselben Auskünfte? Schreibe mir doch ausführlicher.
Morgenrock bekommst du. Nochmals Gruß!   **M.**

1 Siehe Anmerkung 2 im Brief vom 27..6. 43

––––––

Meine sehr Lieben!   **Berlin, den 30. 7. 43**
Eben komme ich mit Frau Reimann aus dem Wochenendhäus-
chen und finde Deinen Brief. Wie sehr ich mich gefreut, könnt Ihr
Euch denken, wenigstens weiß man doch, daß sie leben. (1)
Natürlich ist es meine Nanny, denn die andere ist weiß Gott –

117

wo. Ich muß mich wegen des Päckchens noch erkundigen. Es dürfen, glaube ich, nur 2 Pfund sein. Hier muß alles durch die Reichsvertretung gehen. Wie es dort ist, weiß ich nicht. Ich schicke jedenfalls ein Päckchen ab. Pumpernickel, Zwieback, etwas Keks, Süßstoff, Suppenwürfel, Würfelzucker, Büchse Milch, alles solche Sachen kann man schicken. Ich will sogar ¼ Wurst, ¼ Speck reinlegen. Auch Haferflocken oder Grieß, Butter kann man jetzt schicken. Ich hatte Dir doch im letzten Brief schon geschrieben, daß ich den Blumenkohl erhalten, aber schicke mir nichts. Ich bekomme hier, wenn ich etwas mehr bezahle, alles − Gurken, Äpfel, Aprikosen − nur Geld muß man haben. Ich werde Dir diese Woche ein Päckchen abschicken, damit Otto etwas hat. Was wollte denn Dein Besuch wegen Dir? Schreibe mir doch darüber! Ich habe 800 dort gelassen, und 700 hatte ich mitgenommen. Ich weiß ja nicht, was Du davon weggegeben hast. 100 habe ich ja vorher Betti gegeben, dann waren es 900 − aber die zählen nicht mit, also nur 800. Meine 700 hier habe ich noch im ganzen, aber vorläufig, wie es weiter wird, weiß ich nicht. Das Leben hier ist sehr teuer. In Deinem Brief lagen aber keine Marken bei. Den Morgenrock bekommst Du. Ich denke soviel an Euch. Ob ich noch mal zu Euch kommen werde? Schreibt mir doch bald. Von Betti habe noch nichts bekommen. Nun sind doch die Ferien bald vorüber. Was sagst Du, l. Otto, zu allem? Augenblicklich haben wir große Hitze, bei Euch wohl auch. Nun seid beide recht, recht herzlich gegrüßt von **Tante Munis**

Von Anni (2) bekam ich heut einen sehr netten Brief mit einigen Abziehbildern, worüber ich mich sehr gefreut habe − so ein anständiger Mensch. Ich will versuchen, den Kindern etwas zu schicken. Vielleicht Spielsachen.

1 *Bezieht sich auf die nach Theresienstadt deportierte Tochter und den Schwiegersohn.*
2 *Offenbar eine Bekannte aus den Tagen ihres Aufenthalts in Augsburg.*

───────

Meine sehr Lieben! Berlin, den 7. 8. 43

Ich warte zwar auf Antwort, aber es dauert mir zu lange. Was hier los ist, werdet Ihr wohl schon gehört haben. Was nur irgend kann, geht aus B. heraus mit Kind und Kegel, es ist ein Durcheinander. Auch ich kann nicht hier bleiben, aber wohin, das weiß ich nicht. Ich denke, der alte Gott lebt noch. Jetzt habe ich einen Ausweis und bin ganz sicher. Ich soll von der NSV (1) eine Dame nach Nürnberg begleiten. Wenn das klappt, bin ich Sonntag in Nürnberg und fahre dann bis A. und gehe zu Anni. Sie hat mir so nett geschrieben und mich eingeladen. Zu Euch komme ich nicht. Ich habe schon Berti und Nanny je ein Päckchen geschickt. Man kann also 1 kl. schicken − so groß wie ein Feldpostpaket, und zwar Zwiebeln, Pumpernickel, Süßstoff, Suppenwürfel, Haferflocken, Grieß, Kekse, schwarz. Gebäck − so ungefähr. Schreibe aber nicht Deinen Absender. Wirf es einfach in den Briefkasten − möglichst Bahnpost und irgendein Absender. Wie geht es sonst? Ich kann gar nicht schreiben − so aufgeregt bin ich. Von Irmgartel bekam ich einen netten Brief. Ich habe mich darüber sehr gefreut. Sie hat mir 150gr-Fleischmarken und 100gr-Fettmarken geschickt − so niedlich, weil Du ihr geschrieben hast, es ginge mir nicht so gut. Man hält sich so über Wasser, denn das Leben hier ist doch teuer. Was macht, l. Otto, Dein Urlaub? Hier ist aller Urlaub gesperrt. Es ist überhaupt ein Durcheinander. Nun lasset doch nicht solange auf Antwort warten und seid vielmals recht, recht herzlich gegrüßt von

Mimis

Meine sehr Lieben!

Meinen Brief werdet ihr wohl erhalten haben, und warte ich auf Nachricht. Ich schreibe in aller Eile, ich habe nämlich, l. Hedel, Deinen Brief nicht mehr und weiß jetzt keine Adresse von Nanny und Berti. Teile mir doch dieselben sofort mit − war das nicht 115 + 445 oder so ähnlich. Man ist schon so aufgeregt, daß man alles vergißt. Sei so gut und schreibe mir sofort. Was gibt es bei Euch? Hier ist ein vollständiges Durcheinander. Seid beide recht, recht herzlich gegrüßt von

Tante Mimus

Ich will doch das Päckchen abschicken.

1 NS-Volkswohlfahrt.

Meine sehr Lieben!   **Berlin, den 15. 8. 43**
Ich will Dir, l. Hedel, Deine 2 Briefe bald beantworten. Inzwischen habe ich die Adressen gefunden und gleich 2 Päckchen abgeschickt, an Berti und Nanny. Päckchen bis zu 2 Pfund kannst Du in jeden Briefkasten stecken — nur Karten immer durch die Reichsvertretung. Ich kann ja leider nicht schreiben. Ich werde diese Woche wieder ein Päckchen schicken. Wo willst Du denn soviel hernehmen, um jedem etwas zu schicken? An Gunther werde auch etwas wegschicken. Dir schicke ich diese Woche ein Päckchen, damit Du wieder für Otto etwas haben wirst. Um mich braucht Ihr nicht zu sorgen, denn mein Geschäft geht wieder. Man muß sich erst so langsam konzentrieren. Also mir nichts schicken, im Gegenteil. Ich bin Euch soviel Dank schuldig, und noch sind wir nicht am Ende. Nur am Leben soll man bleiben. Hier zieht alles aus, wer nur irgend kann, eine reine Völkerwanderung, noch schlimmer als die Juden. Heut muß man sagen, ob wir uns im Leben noch einmal wiedersehen? Es liegt alles in Gottes Hand. Man zittert vor der Nacht, noch dazu gehe ich in keinen Keller, (1) aber nur auf Gott vertrauen. Alles ist so aufgeregt. Man weiß nicht, was der morgige Tag bringt. Hast Du, l. Otto, noch keine Ferien? Hört Ihr etwas aus Gleiwitz? Wenn Betti kommt, gib Ihr doch den Karton für die Eier. Sei nur nicht so fleißig, denn das hat alles keinen Zweck. Sowie ich Erbsen bekomme, schicke ich sofort. Anni hat mich zwar heut erwartet, aber ich bin nicht gefahren. Einen Tod ist man nur schuldig, nur auf Gott vertrauen. Ich denke so oft an die schönen verlebten Tage, hoffentlich kommen sie recht bald wieder. Nun, wenn wir es erleben, das nächste Mal mehr. Seid beide doch recht herzlich gegrüßt von   **Eurer Mimis**

Breslau wird auch evakuiert.

1 In der Nacht vom 15. zum 16. 8. 1943 gegen 23.50 Uhr
wurde für 20 Minuten der 123. Fliegeralarm ausgelöst.
Während dieser Zeit fielen 3,8 t Sprengbomben auf Berlin.

———

Meine Lieben! Liebe Betty!   **21. 9. 43 (1)**
Wir warten täglich auf Nachrichten von Euch allen und sind
sehr enttäuscht, daß gerade uns die Post nichts bringt. Das
Paket von Eurer Schwägerin kam prompt an, die Kartoffeln
haben uns besonders gut geschmeckt. Vor einer Woche ist
meine Mutter gesund hier eingetroffen, was uns sehr freute,
besonders da sie im gleichen Haus mit uns wohnt. Mein Mann
arbeitet im Büro, allerdings macht ihm sein Herz noch viel zu
schaffen, und er ist in ärztlicher Behandlung. Ich bin in der
Näherei, und es geht mir ganz gut. Zeigt bitte unseren Freun-
dinnen Gretl und Elfriede meine Karte. – Ich hoffe, daß es
Euch allen gutgeht und Ihr gesund seid. Jedenfalls schicke uns
schnell Nachrichten und seid allerherzlichst gegrüßt von meinem Mann, meiner Mutter und

Eurer Nanny

1 Der Brief ist aus Theresienstadt.

———

121

Nanny Behrendt
Theresienstadt
Bahnhof Strasse 15

POSTKARTE
DOPISNICE

DEUTSCHES REICH

30

Herrn

Otto Mühlheim

Augsburg

Reich   Wertach Strasse 19

1940

Theresienstadt, am 5. November 1943.

Meine Lieben,

Ich bestätige dankend den Empfang Ihres (Deines) Paketes
vom 25. 10. 1943.
Brief folgt.

Nanny Behrendt
Unterschrift.

Meine Lieben, **Theresienstadt, 10. November 1943**
ich danke Euch nochmals für Euer erstes Päckchen, das zugleich mit dem für Berti ankam. Unsere Freude darüber war aber wohl größer als dort. Uns haben besonders die Nährmittel geschmeckt. Es geht uns gut, wir wohnen alle zusammen in einem Haus. Ich bin in der Näherei beschäftigt, und meine Mutter wirtschaftet für uns, da wir Kochgelegenheit haben. Wir hatten uns schon gewundert, gar nichts von Euch zu hören, da Ihr mir doch nach Berlin so oft und reichlich geschrieben habt. Also bessert Euch! Ich hoffe, es geht Euch allen gut und Ihr seid gesund. Zeigt diese Karte bitte unserer Freundin Elfriede und ihrer Schwester Olga. Seid alle recht herzlich gegrüßt von uns dreien und besonders von

Eurer Nichte Nanny

Meine Lieben, **Theresienstadt, 7. Februar 44**
heute erhielten wir zu unserer größten Freude Eure Karte vom 25. 10. Ihr könnt uns jetzt öfter im Monat und direkt Post zukommen lassen. Ein Päckchen von Mitte Dezember haben wir mit Dank erhalten, Gries und Mehl waren sehr gut. Ich erhole mich langsam von meiner Krankheit, auch Ernst geht es wieder etwas besser, Nanny hatte etwas mit dem Magen zu tun, aber arbeitet wieder. Ich wirtschafte für uns drei, da wir Kochgelegenheit haben. Von Berthold kam bisher keine Nachricht, hat er an Euch geschrieben? Hoffentlich geht es Euch weiter gut und Ihr seid alle gesund. Zeigt diese Karte auch Gretl und seid alle herzlich gegrüßt von den Kindern und besonders von

Eurer Selma Fleischer

Meine sehr Lieben, **Theresienstadt, 26. 2. 44**
heute wollen wir uns ausführlicher, als es auf den jeweiligen Bestätigungskarten möglich ist, für Eure nie rastende Sorge um uns herzlich bedanken. Wir wissen wirklich nicht, ob nicht Eure Opferfreudigkeit zu weit geht. Die Freude von uns dreien

mit Euren Liebesbeweisen für jeden einzelnen ist grenzenlos. Uns geht es dank Eurer Fürsorge sehr gut, denn die wöchentlich eintreffenden Pakete enthalten wirklich alles, was wir uns nur wünschen können. Wir werden Euch diese Liebe niemals vergessen. Hoffentlich seid Ihr alle gesund, auch von uns ist nichts Ungünstiges zu berichten. Schreibt weiter pünktlich und seid herzlich gegrüßt von Nanny, meiner Schwiegermutter und Eurem stets dankbaren **Ernst**

––––––

Meine Lieben, **Theresienstadt 22. 4. 44**
seit Euren 2 Päckchen, die wir am 31. 12. erhielten, und zwei Dezemberkarten, kam gestern eine Karte vom 4. 1. an, sonst haben wir zu unserem größten Erstaunen keine Nachricht von Euch. Trotzdem ist hoffentlich bei Euch alles in gewohnter Weise in Ordnung, und Ihr seid alle gesund. Wir haben Euch am 10. 1., 28. 2., 12. 3. geschrieben und hoffen bestimmt, daß Ihr uns drei nicht vergessen werdet. Meine Mutter ist leider wieder krank, wird möglicherweise wegen ihres Herzen ins Spital müssen und ist sehr pflegebedürftig. Mein Mann hat auch gelegen, ist aber seit einigen Tagen außer Bett. Zeigt die Karte bitte Elfriede, deren Pakete uns sehr erfreuten, besonders Mehl und Nährmittel kamen sehr gelegen. Sie ist wirklich eine zuverlässige Freundin, die weder Müh noch Kosten scheut, um uns zu helfen. Schickt uns dreien bald Nachricht und seid herzlich gegrüßt
Eure Nanny

––––––

Meine sehr Lieben! (1)
Eure 2 Karten vom 10. 7. sind am 30. 7. hier angekommen, und freuen sie uns, daß es Euch gutgeht. Die beiden schönen Pakete haben wir mit großer Freude und vielem Dank bereits am 13. 7. erhalten, da Ihr sie »dringend« geschickt habt. Es war alles sehr gut zu gebrauchen, da Mutter immer noch im Krankenhaus liegt und sehr pflegebedürftig ist. Das Herz ist gar nicht in Ordnung. Auch meinem Mann geht es nicht besonders,

Theresienstadt, Bahnhofstraße. Hier verlief früher ein Bahngleis, auf dem die Züge nach Auschwitz rollten. Im ersten Haus auf der linken Seite, Bahnhofstr. 15, waren Nanny, Ernst und Selma Fleischer untergebracht worden. Das zweite Gebäude ist das Infektionskrankenhaus, in dem Selma Fleischer gestorben ist.

so daß ich 2 Kranke zu betreuen habe, was natürlich nur möglich ist, weil Ihr so oft und gute Pakete schickt. Wenn Ihr das nächste Mal Frischgemüse und Obst schickt, vermerkt es bitte auf der Adresse. Es wird dann hier schneller zugestellt. Berti hat aus dem Arbeitslager Birkenau geschrieben. Onkel und Tante Guttmann haben wir hier nicht angetroffen. Warum hören wir nichts von Hermann? Auch Mutter wundert sich, daß sie von allen nichts hört. Meldet Euch wieder, so oft es geht, und seid allerherzlichst gegrüßt von uns 3, besonders von

Eurer Nanny

1   *Undatiert. Der Brief kommt aus Theresienstadt. Beim Empfänger kam er am 1. 9. 1944 an.*

––––––

Theresienstadt 2. 9. 44 (1)

Karte vom 11. 8. erhalten. Seit 4 Monaten Ernst 5 Wochen Krankenhaus Herzkrank. Pflegebedürftig. Leider avisiertes Paket nicht eingetroffen. Alle Guttmann nicht hier. Bleibt gesund. Erwarten sehnsüchtig Post. Grüße   **Selma**

1   *Das ist die letzte Nachricht von Selma Fleischer.*

II.

BRIEFE
AUS GLEIWITZ

Nanny Fleischer-Bobrowsky

Mein lieber Poldy!
Du wirst wohl sehr über meinen letzten Brief erstaunt gewesen
sein. Aber weißt Du, ich wollte Dir so gern schreiben. Und als
ich nach dem Essen meinen Chef fragte, ob ich vielleicht zur
Post gehen könnte, meinte er und seine Frau, ich hätte es doch
nicht notwendig, da sie mir Briefpapier und alles andere zur
Verfügung stellen. Na und da schreibe mal unter ständiger Aufsicht. Jeder wollte gern sehen, ob und an wen ich schreibe.
Nach ihren Reden sind sie wohl sehr zufrieden mit mir. Aber
ich nicht mit ihnen. Da erstens eine ganz große Schweinewirt-
schaft dort war, und dann noch alle ganz meschugge obendrein
sind. Sollten sie mich aber behalten wollen, so bleibe ich, da ich
doch jetzt endlich alles in Ordnung habe. Es ist nur mit solchen
Leuten ein sehr schlechtes Arbeiten. Ach lassen wir das. Denn
was macht man nicht alles, um ein bißchen Geld zu verdienen.
Und jetzt mein lieber Poldy. Vergiß ja nicht, Ruth am 21. 3. zur
Konfirmation und Vater, der am 26. 3. Geburtstag hat, zu gratulieren. Weißt Du, auch Anne hat am 8. 4. 37 Geburtstag und
wünscht sich von mir eine blaue Bluse, dieselbe, die Du »mir«
geschenkt hast. Und dann soll ich ihr noch eine zweite in hell-
blau kaufen. Dann wünscht sie sich noch einen goldenen Rei-
fen. Aber er muß gestempelt sein. Was wirst Du ihr denn schenken? Das beste wäre es, falls Du noch länger dort bleibst, daß
Du mir ihr Geschenk vielleicht per Post, postlagernd nach Tost
sendest, damit niemand es in die Hände bekommt. Vergesse ja
bloß nicht, auch an Frau Pillnik eine Gratulation für Ostern zu
senden. Tante Hedel, der ich zum Geburtstag gratulierte, sandte
mir einen schönen Brief, in dem sie sich über alle, auch über
Dich erkundigte. Willy ist jetzt in der »Strafanstalt in Brandenburg (Havel Winterfeldallee) = Görden«. Du mußt außer dem
Namen auch noch die Nummer 2008/36 ganz bestimmt
zuschreiben. Denn weißt Du, ich möchte Dich bitten, den
Willy, solange Du dort bist, zu besuchen, da doch die Spesen
dadurch weniger sind und Du ihn doch noch gern, bevor Du
wegmachst, sehen und sprechen wolltest. Wenn Du ihn sprechen willst, mußt Du zuerst an die Strafanstalt in Brandenburg
(Havel) = Görden schreiben, ob sie Dir gestatten würden, Deinen Bruder Wilhelm Fleischer No 2008/36 zu sprechen. Weiter

nichts. Vergessen darfst Du ja nicht, ein Kuvert mit in den Brief mit Deiner Adresse und Briefmarke 12 Pfg. beizulegen, da dies Vorschrift ist. Und da wollte ich Dich bitten, an Willy nicht zu schreiben, da er nur einmal in 2 Monaten einen Brief erhalten darf und wir ihm einen schreiben wollen. Sprichst Du ihn, so sei in Deinem Reden sehr vorsichtig und nichts von Politik, da es dort ganz furchtbar streng vorgeht. Nehme auch nichts mit, da alles verboten ist, außer Geld. Wenn Du ihn noch sprechen willst, frage beizeiten an, ob Du die Sprecherlaubnis erhalten kannst. Erwähne überhaupt im Schreiben nicht, daß Du wegmachen willst. Ich bitte Dich nochmals, sei ganz vorsichtig im Sprechen beim Willy. Am besten wäre es, Du sprichst nur ganz belanglose Sachen und zum Schluß sagst Du ihm, daß Du wegmachst und Dich deshalb auch von ihm verabschieden willst. Aber weiter auch nichts, hörst Du. Vorsicht. Sollte Dir Geld dazu fehlen, so schreibe mir nur, denn jetzt habe ich doch, auch wenn Du für Dich welches brauchen solltest... (1)

1 *Ende des Briefes fehlt.*

Meine liebe Tante Hedel!   **Gleiwitz, 11. 10. 37**
Nun werdet Ihr wohl alle schon sehr böse auf mich sein, da ich bis jetzt nichts von mir hören ließ. Aber leider war es mir und meinen Eltern nicht möglich, Euren lieben Brief und Karte zu beantworten, da Poldy durch seine Hochzeit uns alle ganz kopflos machte. Denn bedenkt nur, Poldys Hochzeit sollte erst am 3. 10. 37 stattfinden, mußte aber auf den 26. 9. 37 verschoben werden, da Ursels Paß (Poldys Frau), den sie für die Auswanderungspapiere brauchen, schon auf den Namen Fleischer gehen muß, und so ging es halt Hals über Kopf. Da uns ein Bekannter mit seinem Auto nach Berlin fuhr, waren Vater und ich bei Poldys Trauung. Wir mußten Poldy auch an den Altar führen, und ich mußte Mama vertreten. Na angenehm war mir dies ja nicht, aber geschafft habe ich's doch. Poldys Frau stammt aus einer sehr vornehmen Familie, ist erst 18 Jahre alt, sehr lieb und tüchtig. Na tüchtig muß sie ja für Brasilien sein, sonst könnten sie

in Brasilien nicht bestehen. Sie haben sich eine doppelte Couch arbeiten lassen und wohnen bis zu ihrer Auswanderung bei uns im Eßzimmer, und Poldy arbeitet bis dahin bei Vater weiter. Es ist ja jetzt alles schön und gut, bloß vor dem großen Abschied habe ich mörderische Angst. Aber hoffentlich überstehen auch dies die Eltern. Daß es Euch bei uns gut gefallen hat, freut uns sehr. Auch wir sprechen sehr viel von Euch, vor allen Dingen von Irmgard. Was macht eigentlich jetzt das kleine Fräulein. Singt sie noch öfters das Lied »Ich glaub, ich wär ein Huhn«, oder ärgert sie ihren lieben Papa, daß er ihr ein Fahrrad kaufen solle. Ach ja, es waren doch sehr schöne Zeiten, bloß sehr schade ist es, daß diese sich nicht recht bald wiederholen können. Aber hoffentlich wird es mir vielleicht möglich sein, Eurer lieben Einladung zu folgen und Euch im Sommer zu besuchen. Auch der Verkehr zwischen unserer Verwandtschaft, der durch Euch, meine Lieben, aufgefrischt wurde, bleibt Gott sei Dank weiter bestehen. Tante Malchen war sogar so lieb und hat uns darauf aufmerksam gemacht, daß Onkel Adolf am 22. 9. seinen 70. Geburtstag feiert. Und so war es uns möglich, Onkel Adolf zu gratulieren. Onkel und Tante bedankten sich für die Gratulation sehr. Es wäre aber auch nicht zum Ausdenken, wenn wir vergessen hätten, gerade diesmal Onkel zu seinem 70. Geburtstag zu gratulieren. Liebe Tante, auch Du hast uns von Onkels Geburtstag erzählt, und doch hätten wir, wenn Tante Malchen uns nicht noch einmal erinnert hätte, diesen vergessen. Aber Gott sei Dank war dies nicht der Fall. Onkel Willy hat diesen Freitag Geburtstag. Ich hätte dies nicht gewußt, bloß ich erfuhr Sonntag wieder mal von Tante Malchen, da ich bei ihr zum Kaffee war. Nun will ich für heute schließen und hoffe, daß auch Ihr recht bald etwas wieder von Euch hören laßt, und grüße Euch alle recht herzlichst   **Nanny**

Viele Grüße an Betty und Hermann, und die Eltern, die bereits schlafen gingen, lassen Euch auch vielmals grüßen. Liebe Tante, bald hätte ich vergessen, mich für die 10 Mark zu bedanken. Das Geld kam gerade zur rechten Zeit an, da ich in einer ganz verzwickten Lage war, denn ich wußte nicht, wie ich zu Poldys Hochzeitsgeschenk kommen sollte. Aber dadurch, daß

Du so lieb warst und dies mir sandtest, hat's wieder mal geklappt. Lieber Onkel Otto, das Bier, das ich durch Dich trinken lernte, schmeckt noch immer.

————

Mein lieber Poldy!   Gleiwitz, 9. 12. 37

Nun bist Du wohl schon mit all den Papieren, die ich Dir sandte, am Finanzamt gewesen (1). Hoffentlich hat diesmal alles geklappt. Was für Daten hast Du eigentlich angegeben. Ich meine die Daten, wann Du wieder bei uns angefangen und aufgehört hast. Wegen unseren Büchern macht Euch keine Sorgen, da sie alle in bester Ordnung sind. Daß aber das Finanzamt kommen wird, glaube ich kaum, aber besser ist doch vor- wie nachgesehen. Den Eltern habe ich beide Briefe nicht gezeigt, da ich die unbestimmte Abfahrt ihnen nicht sagen will, da Vater immer noch hofft, daß Ihr zurückkommt. Und deshalb bitte ich Euch, schreibt an die Eltern, wie Ihr angekommen seid, aber bitte nicht, wie lange es noch vielleicht dauern könnte oder wird. Den Schlafanzug habe ich Dir von dem Geld, das ich Dir sehr gern für die Fahrt zum Willy schicken wollte, verbraucht, da es Vater leider nicht möglich ist durch all die schlechten Einkünfte und durch die vielen Zahlungen, die diesen Monat zu leisten sind, Dir auch nur einen geringen Betrag zuzusenden. Aber vielleicht ist es Dir noch möglich, von Deinem Gelde etwas zu ersparen und zu Willy zu fahren. Auch möcht' ich Dich bitten, mit all dem Geld, das Du noch hast, sehr sparsam umzugehen, da es mir nicht mehr möglich sein wird, Dir etwas zu senden. Willy schrieb mir einen sehr schönen Brief. Malchen, welche gestern zu Besuch kam, schrieb Willy auf den allerletzten Satz diese Antwort: »Lieber Willy! Deine liebevolle Mahnung an Poldy habe ich schmunzelnd gelesen. Aber hoppla – das Dutzend ist lange noch nicht voll. Herzlichst Deine Male.« Na, was sagt Ihr nur dazu? Den Brief, den ich Euch beilege, sendet mir baldigst. Herzliche Grüße   **Nanny**

Und jetzt, meine liebe Ursel, will ich mich, trotzdem mir mein böser Daumen tüchtig zusetzt, für Deine lieben Zeilen herzlichst bedanken. Du brauchst Dich wirklich nicht wegen Deiner kurzen Briefe zu entschuldigen, da ich mir selbst vorstellen kann, was Ihr mit all den Sachen, die Ihr leider noch zu erledigen habt, für Aufregungen habt. Es freut mich nur riesig, daß Opa und Deine liebe Mutti so freundlich waren und Euch sogar beide voll und ganz aufgenommen haben, und weiter, trotzdem es ihnen sehr schwerfallen wird, behalten werden. Und deshalb grüße sie beide recht herzlichst von mir, und sei auch Du, liebe Ursel, recht herzlichst von **Deiner Nanny gegrüßt.**

Einen Gruß an Deinen Bruder, Tante Käthe und Sohn.

1   *Zu den Schikanen, denen Juden ausgesetzt wurden, die in das Ausland fliehen wollten, gehörte eine penible Prüfung, ob sie alle ihre Zahlungen an den Fiskus geleistet hatten.*

———

Mein lieber Poldy! (1)
Auch Dir und Ursel möchte ich zum Neujahr alles Gute wünschen. Wie steht es mit Deinen Sachen? Klappt alles, oder hast Du sehr viel Lauferein. Dein Anzug ist bereits per Expreß unterwegs. Da ich aber nicht wußte, welcher Bahnhof in Frage kommt, hat mir der Beamte den Bahnhof Friedrichstraße zugeraten. Sollte der Bahnhof zu weit entfernt von Deiner Wohnung sein, so lasse dir den Koffer ins Haus schicken. Den Hut konnte ich Dir leider nicht mitsenden, da er nur in der Größe 58 vorhanden war, aber dafür schicke ich Dir Mark 10 mit, damit Du Dir ihn dort kaufen kannst. ... meint, die Farbe des Hutes sollte nicht grün, sondern taubenblau sein. Jedenfalls kaufe nur die Farbe, die Dir am besten zu Gesicht steht. Bei uns zu Haus ist alles in Ordnung. Vater arbeitet tüchtig, und Mama geht es auch ganz gut. Bloß in der Stadt haben sie wieder zwei geschlossen: Fa. Dickmann und den Kaffeeausschank Händler, Backwaren darf er noch verkaufen. Da ich auch noch an Willy den Brief schreiben muß, will ich für heute schließen, in der Hoffnung, daß Du recht bald etwas von Dir hören läßt. Recht viele Grüße an Dich und Ursel von **Eurer Nanny**

1 Schlüssel, 10 Mark, 1 Karte von Mutti sende ich Dir auch mit. Solltest Du an Willy schreiben, so teile ihm doch bitte mit, wann Ihr heiratet und wann Ihr auswandert.

1 *Undatiert. Wahrscheinlich 7. 9. 37.*

———

Meine liebe Ursel! **Gleiwitz, den 20. 1. 38**
Nicht böse war ich auf Euch, daß Ihr mich solange auf Eure lieben Zeilen habt warten lassen, bloß Angst, kolossale Angst hatte ich um Euch, da ich doch von Tag zu Tag auf Euren Brief wartete, in dem Ihr mir mitteilen werdet, wann Ihr abfahrt. Da dies aber bis Dienstag nicht geschah, machte ich mir schon große Sorgen, daß es diesmal vielleicht auch nicht klappen wird. Und zum Schluß überkam mich noch die fixe Idee, daß vielleicht Poldy krank wäre und Ihr mir deswegen nicht schreiben wollt. Na glücklicherweise erhielt ich nächsten Tag abends Euren lieben Brief, für den ich Euch recht herzlichst danke. Kareski läutete mich noch am selben Abend an und sagte mir, daß er schon morgen früh 8 Uhr den Lift (1) und Koffer abholen läßt. Dies geschah auch heut früh, und so werden die bereits auf dem Wege nach Hamburg sein. Wir haben alles nach Deinem Wunsch umsigniert, und so könnt Ihr jetzt ganz beruhigt sein. Aber weißt Du, trotzdem ich, was sag ich da, trotzdem Eltern und ich doch schon voll und ganz mit Eurer Reise vertraut waren, wurden wir doch alle durch das Abholen der Sachen von neuem aufgeregt. Nun ist, Gott sei Dank, die Ruhe wieder bei uns zurückgekehrt, und so ist halt alles wieder gut. Ich wollte Dir schon heut recht gern das Geld schicken. Bekomme dies aber erst leider morgen. An Frau Hofrichter, betreffs der Schneiderin, schreibe bitte nicht, da doch jetzt Deine Zeit viel zu kostbar ist, Dich mit solchen Sachen zu befassen. Ich werde ihr Deine Aufstellung mal zeigen und werde schon zusehen, was sich machen läßt. Und jetzt, liebe Ursel, will ich Dich nur noch fragen, bist Du auch wirklich schon so gesund, daß Dir die lange Überreise und vor allen Dingen die vielen Aufregungen, die Du jetzt noch mitzumachen hast, nichts mehr schaden kön-

nen? Mama geht es, Gott sei Dank, wieder ganz gut, und mir selbst geht es auch schon sehr gut, nur das Schreiben strengt noch ein wenig an. Daß Ihr das Geld auf die Rechnung erhalten habt, freut uns riesig, da es uns doch leider nicht möglich ist, Euch etwas zu senden, und Ihr so wenigstens etwas Geld in den Händen habt. Für heut will ich schließen, da ich noch recht gern einige Zeilen an Poldy zuschreiben möchte. Recht herzliche Grüße von   **Deiner Nanny**

Mein lieber, lieber Poldy!
Für Deine lieben Zeilen hab recht, recht herzlichsten Dank. Du mußt Dich doch nicht immer gleich entschuldigen, wenn es Dir nicht möglich ist, mir einen seitenlangen Brief zu schreiben. Denn bedenke doch, Ursel ist doch so lieb und gibt mir doch über all das Wichtigste Bescheid, und Du, mein Lieber, schreibst mir doch auch noch genug, da ich doch ganz genau weiß, wie schwer und kaputt Du von Deiner Arbeit bist. Daß Du wieder mal ein Geschwür im Nacken hast und obendrein noch geschnitten wurdest, tut mir herzlich leid, da ich selbst weiß, was Geschwüre einem für Schmerzen machen. Vielleicht hattest du Dienstag hohes Fieber gehabt, oder habt Ihr beide so stark an mich gedacht, daß ich vor Angst und Unruhe um Euch nicht ein noch aus wußte. Na, jetzt, nachdem doch alles geklappt hat, bin ich ja vollständig beruhigt und freue mich mit Euch, daß es endlich doch gelungen ist, das Schiff am 4. 2. zu erreichen. Und wünsche Dir und Ursel zu der Überfahrt von Herzen alles Gute. Die Mieter freuten sich alle riesig über Deine Grüße und lassen Euch auch vielmals grüßen und eine gute Überfahrt wünschen. Und zum Schluß hätt ich an Euch eine große Bitte, wäre es möglich, daß ich Euch am 29. Januar zwischen 8 u. 9 Uhr abends anrufen könnte, da ich Euch beide nochmals recht gern sprechen wollte. Und nun, lieber Poldy, will ich für heute schließen und wünsche Euch nochmals alles, alles Gute. Recht innige Grüße   **Deine Nanny**

1 *Behältnis für den Überseetransport.*

Meine lieben Kinder,   **Gleiwitz, den 20. 1. 38**
um mich macht Euch keine Sorgen, da es mir gesundheitlich
schon bessergeht und ich wieder herumgehen kann, nur das
Fortschaffen des Liftes hat mich doch hingenommen, wenn ich
auch schon wußte, daß Ihr fortmacht, so war es für mich ein
sehr trauriger Anblick. Nun mein lieber Poldy und liebe Ursel,
ich wünsche Euch zu Eurer Überfahrt alles Gute, viel Glück
und Segen und ein recht langes Leben.

Eure Mama

Lieber Poldy, liebe Ursel!
Ich bin heute leider nicht aufgelegt, viel zu schreiben. Ich hole
es aber in Kürze nach. Der Lift ist also verladen. Es ging besser,
als es Herr Kareski gedacht hat. Nun ist wohl alles wunschge-
mäß erledigt, und Ihr kommt glücklich in der neuen Heimat an.
Lieber Poldy! Gestern hatte ich eine Überraschung. Unser alter
Sportskamerad Juraschek ließ mich abends in die Konditorei
rüberrufen, wo wir uns über eine Stunde aufhielten. Er läßt
Dich vielmals grüßen und wünscht Dir viel Glück. Er ist in
Neiße angestellt. Für heute Schluß. Mit vielen Grüßen

Euer Vater

Recht viele Grüße an Mama und Opa sowie Verwandte und
Bekannte

————

Meine Lieben!   **Gleiwitz, den 24. 1. 38**
Ihr könnt Euch gar nicht vorstellen, wie glücklich ich war, auch
die Eltern freuten sich riesig, als am Freitagabend Dr. Heilbron
anläutete und mir erzählte, daß er in Berlin war und mit Euch
einige Tage zusammen war. Und erst als er mir mitteilte, daß es
Dir, liebe Ursel, wieder sehr gut geht und Du Dich schon von
der Operation sehr gut erholt hast und daß auch Du, mein lieber Poldy, sehr wohl und gesund aussiehst, war meine Freude
noch größer. Na, Eure große Freude über diesen so unverhoff-
ten Besuch kann ich mir auch sehr gut vorstellen. Bloß, was hat
nur die arme Thermosflasche getan, daß sie darunter leiden

mußte. Daß Ihr schon am 1. 2. wegmacht, freut mich aus einem bestimmten Grunde noch mehr, da Ihr dann, meine Lieben, endlich Eure Ruhe haben werdet, wenn es auch vielleicht die erste Zeit nicht alles so gehen wird, wie es soll. Herbert Silbermann schrieb uns und läßt Euch schön grüßen und daß es in Brasilien sehr viel Arbeitsmöglichkeiten gibt und sogar Murkser und Fuscher dort sehr gut verdienen. Ach und da wirst Du ja auch ganz bestimmt, mein lieber Poldy, da Du doch Fachmann bist, wenn's auch Argentinien ist, bestimmt gleich Arbeit erhalten. Und jetzt habe ich eine ganz riesengroße Bitte an Euch beide. Schreibt mir doch, sobald Ihr angekommen seid, ganz ausführlich, wie und was Ihr dort anfangt, aber ohne etwas zu verschönern. An die Eltern aber schreibt immer, und wenn es Euch auch nicht einmal so, wie es sein sollte, geht, es ginge Euch gut, bloß ich allein möchte die volle Wahrheit wissen. Am 11. 1. erhielt ich für Dich, mein lieber Poldy, eine Kriegsbeordnung, daß Du Dich im Falle einer Mobilmachung ohne weiteren Befehl am 2. Tage in Gl. (1) Friedrichstr. 1 im Reithof zu stellen hast. Und zwar bist Du bei den Fahrern und Nutzkraftfahrzeugen eingetragen. (2) Ich werde dieses Schreiben, wenn ich Dich im Wehramt abmelde, mit abgeben. Willy, der der Meinung ist, daß Ihr schon mit dem Schiff am 20. 12. gefahren seid, läßt Euch recht herzlich grüßen und Ihr sollt Euch's drüben recht gutgehen lassen, und Du, Poldy, sollst Dich, sobald es Dir möglich ist, selbständig machen. Gestern schrieb ich ihm, erzählte ihm auch, daß Ihr, da Ursel plötzlich krank wurde, erst am 4. 2. abfahrt. Die Eltern hätten von Euch noch gern ein Bild. Wie steht es eigentlich mit den Hochzeitsbildern? Wenn Ihr keine habt, so werde ich zwei von mir herausgeben. Wem gehören die 2 Räder, die noch zu machen sind? Etwa Rosenberg? Nun will ich für heute schließen und freue mich schon riesig, wenigstens mit Euch noch am 29. 1. um ½8 Uhr telefonisch sprechen zu können, und seid bis dahin recht innig von

Eurer Nanny gegrüßt

Über Opas Grüße habe ich mich auch sehr gefreut. Ich danke ihm recht herzlichst dafür und lass' ihn auch vielmals grüßen und alles Gute wünschen. Das Päckchen mit den Bohrern und

die ... (3) werdet Ihr wohl bereits erhalten haben. Wie ist es
mit dem noch fälligen Krankengeld und Gesundschreiben? Sendet mir beides recht bald ein. Nochmals viele Grüße

Nanny

Meine lieben Kinder, recht viele Grüße und eine recht gute
Überfahrt wünscht Euch **Eure Mama**

1   *Gleiwitz.*
2   *»Halbjuden« waren gesetzlich zum Wehrdienst verpflichtet.*
3   *Textstelle unleserlich.*

———

Mein lieber Poldy und Ursel! **Gleiwitz, 31. 1. 38**
Unser Telefongespräch am Sonnabend hatte einen komischen
Schluß gehabt. Aber Ihr müßt mir dies schon entschuldigen, da
es nur dadurch gekommen ist, daß sich leider unsere Eltern
durch das Gespräch mit Euch ein klein wenig zuviel aufgeregt
hatten. Ich selbst hatte damit schon gerechnet gehabt und
schon im voraus dafür gesorgt, damit sie sofort nach dem
Gespräch eine kleine Ablenkung hatten. Und es gelang mir
auch sehr gut. Denn kaum saßen wir nach dem Telefonieren im
Zimmer, und Vater und Mutter wollten wieder anfangen um
Euch, meine Lieben, zu jammern, nahm ich schnell die bereits
zurechtgestellte Schale mit Konfekt, Keks und Studentenfutter
auf den Tisch. Über diese kleine Aufmerksamkeit freuten sich
unsere beiden Alten so sehr, so daß sie langsam, aber sicher
ruhiger wurden, und zum Schluß, es war bereits 12 Uhr durch,
trösteten sie sich beide mit den Worten, daß es doch ganz gut
ist, daß Du, mein lieber Poldy, Deine Existenz in Argentinien
suchst. Ich von meiner Seite aus bin sehr froh, daß Du diesen
Entschluß gefaßt hast, da ich jetzt selbst sehe, daß wohl noch
Vater seine Existenzmöglichkeit haben wird, aber für Dich jungen Menschen dieses ganz unmöglich ist und auch wäre. Und
deswegen macht Euch den Abschied aus Deutschland nicht gar
zu schwer, und sollte es Dir, mein liebes Brüderlein, doch einmal zu nahe gehen, so denke immer nur, daß Du diesen schwe-

ren Schritt für Dich und vor allen Dingen, um eine gute
Zukunft Deiner lieben Frau und Familie bieten zu können, das
Du Ihnen hier gewiß nie bieten könntest. Und deswegen bitte
ich Euch noch einmal, behaltet immer den Kopf hoch, da Euch
doch bestimmt eine viel, viel bessere Zeit erwartet als uns hier.
Vaters und Dr. Heilbrons Briefe werdet Ihr wohl schon erhalten
haben. An die Eltern könntet Ihr, und wenn es auch nur noch
ein Kartengruß ist, vor dem Abschied aus Berlin senden, mir
selbst ist es nicht notwendig, da Ihr doch sowieso sehr wenig
Zeit habt... (1)

1 *Ende des Briefs fehlt.*

Meine liebe Tante Hedel!   **Gleiwitz, 20. 2. 38**
Nun wirst Du gewiß schon sehr erstaunt, vielleicht aber bereits
sehr böse auf uns sein, daß wir solange nichts von uns hören ließen. Aber leider konnte ich nicht eher schreiben, da erstens
mein Finger dies nicht erlaubte und dann lag Mama vom
31. 12. wieder krank. Am Silvester abends und in der Nacht
mußten wir den Arzt holen, da durch den Husten das Herz so
geschwächt wurde, daß es fortwährend aussetzte. Es war eine
sehr böse Zeit bei uns. Poldys Abfahrt und Mamas Krankheit.
Glücklicherweise haben wir beides sehr gut überstanden, da
Mama wieder auf ist und Poldy bereits 20 Tage unterwegs nach
Argentinien sich befindet. Die erste Karte erhielten wir von Le
Havre, dort gingen sie aufs Schiff. Dann erhielten wir erst nach
längerer Zeit einen Brief aus Lissabon. Er schrieb uns, daß
durch die großen Stürme sehr viele seekrank, darunter auch
Ursel war, wurden. Nur er und noch einige Passagiere überstan-
den diese großen Stürme. Nun ging es von Lissabon nach
Marokko, und jetzt schwimmen sie im schönsten Hochsommer
nach Rio de Janeiro. Von da aus geht es nach Buenos Aires, an
ihren Bestimmungsort. Wir sind sehr froh, daß sie die großen
Stürme hinter sich haben, da wir große Angst durch die vielen
Schiffsunglücke, von denen man las, um sie hatten. Nun haben
sie ja das Schlimmste überstanden und werden in 14 Tagen bis

3 Wochen an Ort und Stelle sein. Und jetzt liebe Tante, hab recht, recht vielen Dank für Dein Paket. Du kannst Dir ja gar nicht vorstellen, wie überrascht und erfreut wir alle drei waren, als am 2. Januar es läutete und der Postbote uns ein Paket von Euch, meine Lieben, brachte. Ach und als wir erst dieses aufmachten, hättest Du uns sehen sollen. Ich stürzte mich zuallererst auf die roten Hausschuh und auf das Pelzjäckchen. Vater probierte sofort die Lederhausschuh, und Mama gab ich die grünen Hausschuh. Die kleineren Lederhausschuh behielt sich Vater, die größeren schickte Vater noch Poldy nach Berlin nach, die grünen Hausschuh behielt sich Mama, und ich blieb bei den roten. Sie sind mir wohl ein klein wenig zu klein, ach was schreib ich da, zu klein wohl nicht, aber dafür zwei Nummern zu groß, das mir aber nichts ausmacht, da sie dafür aber sehr schön in der Farbe sind und außerdem sehr bequem sind. Und jetzt meine liebe Tante, danke ich Dir recht, recht herzlich für das Jäckchen. O Du weißt ja gar nicht, was ich mir für ein schönes Jäckchen und sogar Muff daraus machen lasse, da Du so lieb warst und mir noch die Reste, die ich für den Muff verwende, sandtest. In der Hoffnung, daß es Dir liebe Tante und Onkel gesundheitlich recht gut geht, grüßt Dich herzlichst

Deine Nanny

Meine Lieben!
Herzliche Wünsche für alles Gute sendet   **Berthold**

Nochmals vielen Dank und innige Grüße von   **Eurer Trude**

———

Mein lieber, lieber Poldy!   **Gleiwitz, den 21. 2. 38**
Nun wirst Du wohl sehr erstaunt sein, daß ich, kaum, daß Ihr in Eurer neuen Heimat ankommt, Dir schreibe. Nur Günter Friedländer habe ich dies zu verdanken, da er so lieb war und mir mitteilte, daß wir unsere Briefe an Dich an ihn zur weiteren Beförderung senden sollen. Und so kam es, daß ich, ohne Deine Adresse zu kennen, Dir, mein Lieber, schreiben kann. Für Deinen lieben Brief und für Deine Karte, die nach zwei Tagen

ankam, danke ich Dir nochmals, da Du Dir gar nicht vorstellen kannst, wie glücklich wir waren, als wir durch diese erfuhren, daß Ihr die Fahrt auf dem stürmischen Meer ganz gut überstanden habt, da wir doch soviel von den großen Stürmen und Schiffsunglücken lasen und daher um Euch sehr große Angst hatten. Nun habt Ihr ja alles überstanden und kommt in den schönsten Hochsommer hinein. Und wir, wir haben noch den allerschönsten Winter mit sehr starkem Frost. Bei uns zu Haus geht alles seinen alten Weg. Vater arbeitet tüchtig, da außer der einen Arbeit, von der Vater Dir bereits mitgeteilt hat, noch eine größere Arbeit durch unsere Gemeinde zukam. Auch Mama ist gesund. Muß sich aber leider mit mir herumärgern, da ich seit ungefähr einer Woche schneidern lerne. Da ich ganz gute Fortschritte mache, so wird es nicht mehr lange dauern, und ich habe das schönste Kleid. Nur sehr schade, daß Willy noch nicht da ist. Leider kommt er erst im August. Wie ich mich schon darauf freue, kannst Du Dir ja gar nicht vorstellen. Da es, seitdem Du von zu Hause weg bist, sehr ruhig geworden ist. Daher ging ich in die Gemeinde-Bibliothek und habe mir schöne gute Bücher geholt. Ich las von dem Bukarester Verfasser »Den Abschied von gestern«, und momentan lese ich von Eschtrud »Verbotene Früchte«. Diese Geschichte ist sehr humorvoll. Ich habe mich schon halb totgelacht. Mit den Eltern sitzen wir jeden Abend und hören Radio, dadurch kommen wir nie vor ½ 11 Uhr ins Bett. Sehr schön war es von Euch, daß Ihr uns den Apparat da ließet, da wir uns durch diesen unsere Langeweile totschlagen. Und deshalb habt nochmals vielen Dank. Thea, die uns oft besuchen kommt, kam vorige Woche freudestrahlend zu uns und erzählte und zeigte uns glückselig Deine Karte. So groß war ihre Freude, daß Du ihr schriebst. Nun will ich für heute schließen und wünsche Dir und Ursel, daß Ihr Euch recht gut und schnell in Eurer neuen Heimat einlebt und grüße Euch recht, recht herzlichst   **Eure Nanny**

Es grüßt Euch recht herzlichst, meine lieben Kinder Eure . . . (1)

1 *Unterschrift fehlt.*

Mein lieber, lieber Poldy! Gleiwitz, den 6. Mai 38
Daß Willy Anfang August nach Haus kommt, habe ich Dir
doch bereits geschrieben. Ich habe schon mit Fräulein Salomon
gesprochen. Aber sie meinte, daß Du Willy anfordern müßtest.
Vielleicht gehst Du doch mal an den dortigen Hilfsverein heran,
und vor allen Dingen verbinde Dich doch mal gleich mit Herrn
Dr. Lustig, vielleicht ist es durch seine so guten Beziehungen
möglich, Willy anzufordern, da er mir sagte, daß für W. nur
Argentinien in Frage käme. Sollte es nicht möglich sein, Willy
als Schlosser oder Mechaniker unterzubringen, so könntest Du
mal versuchen, ihn als Siedler irgendwo unterzubringen, da er
seit längerer Zeit schon bei Stein- und Erdarbeiten arbeitet und
uns schreibt, daß er auch Lust hätte zu siedeln. Jedenfalls würde
ich Dich bitten, so schnell wie möglich doch mal zu versuchen,
ob es möglich wäre, daß Du ihn anforderst. Paul geht es, Gott
sei Dank, jetzt, da das Fieber nachgelassen hat, besser, und
Male freute sich über Deine Grüße sehr und wünscht Dir auch
alles Gute. Auch Schwager Willy, den ich und Vater in Sandwiesen trafen, läßt Dich vielmals grüßen. Vater und ich machten
am Sonntag, 1. Mai, eine Radpartie, bei der wir, genauso wie
wir beide voriges Jahr, 8 Kilometer zu Fuß, da Vaters H. Rad
Panne hatte, tippelten. Aber auch das war schön, und vor allen
Dingen mußte ich an unsere Tour vom vorigen Jahr denken.
Mama macht tüchtig Gymnastik, die ihr sehr gut bekommt. Dr.
Heilbron, der sich sehr oft nach Dir (telefonisch) erkundigt,
läßt Dich herzlichst grüßen. Günthers Eltern lassen auch grüßen und werden den Brief ihm nach Berlin senden, da er dort
im Lehrgut ist. In der Hoffnung, daß Du mir einen recht baldigen Bescheid zukommen läßt, grüßt Dich innigst

Deine Nanny

Meine lieben Kinder, herzliche Grüße von

Eurer Mama

———

Berthold Fleischer mit seinen Söhnen und Schlosserlehrlingen

Mein lieber Poldy!   **Gleiwitz, den 23. 5. 38**

Nun wirst Du wohl sehr erstaunt sein, daß Ihr nicht nur jetzt
im Herbst lebt, sondern auch wir fast im Herbst leben, da fast
der ganze, sonst so schöne Monat Mai, nur aus Regen und
Kälte bestand, und wir daher statt in dünnen Kleidern in warmen Sachen und Wintermänteln herumgehen mußten. Diese
häßliche Witterung hielt bis Mitte Mai an, dann kamen 5
schöne Tage, an diesen glücklicherweise auch der Sonntag traf,
an denen unsre Jungens mit Vater ihren Betriebsausflug nach
Sandwiesen machten. Auch ich fuhr mit und tollte, hopste und
schwamm mit den Jungens so viel herum, so daß, als es wieder
nach Hause ging, wir alle dermaßen kaputt waren, daß wir fast
nicht mehr fahren konnten. Bruno, der nur die ganze Zeit an
meiner Seite war und sehr viel von Dir erzählte, war über dieses
Rumgetolle sehr böse, da nachmittags vom Schild aus mehrere
Fußballspiele stattfanden und gerade unsere Jungens in der
ersten Mannschaft, die schon um 2 Uhr spielten, mitspielten.
Na, was meinst Du, was aus diesem Spiel geworden ist? Beuthen gewann, und Bruno meint, daß, sobald wieder ein Spiel
stattfindet, keiner von den Jungens einen Vormittagsausflug
unternehmen darf. Er hat doch vollkommen recht, nicht wahr?
Ich teile mir den Sonntag so ein, daß ich den Vormittag mit
Vater und den Nachmittag mit Mama verbringe und die Nach-
mittage in der Woche für mich behalte. Denn jetzt, nachdem es
so ruhig bei uns geworden ist, habe ich mir einen kleinen
Bekanntenkreis ausgesucht, bei denen ich sehr nette und schöne
Stunden verlebe, so daß mir die Zeit nicht gar zu einsam und
zu lang wird. Auch lese ich sehr viel. Momentan habe ich eine
Expeditionsbeschreibung von Dr. Arthur Berger, mit Sven
Hedin durch Asiens Wüsten. Außerdem nähe ich jetzt schon für
Willy Sporthemden. Zwar muß ich mich manchmal noch ein
bißchen mit der Näherei herumärgern, aber im großen und
ganzen habe ich es doch ganz schnell erlernt. Und ich bin darüber riesig froh, da ich dadurch Willy zu mehreren guten und
trotzdem, da ich sie selbst nähe, billigeren Hemden verhelfen
kann. Sollte es Dir möglich sein, ihn anzufordern, so würden
wir uns riesig freuen, da es doch so am allerbesten wäre, und
er selbst, kaum daß 14 Tage verstrichen sind, uns schrieb, daß

wir ja ganz bestimmt alles nur versuchen mögen, ihm so schnell wie möglich zu einer Ausreise zu verhelfen. Poldy, ich bitte Dich deshalb nochmals ganz dringend, sehe zu, was Du für Willy tun kannst, vielleicht ist es Euch oder der dortigen Hilfsvereinigung irgendwie möglich, Willy hereinzubekommen, ich meine, anzufordern. Heute traf ich Max Glücksmann, er läßt Dich vielmals grüßen und erzählte mir, daß er bis jetzt immer noch genauso weit ist wie vor einem Jahr, trotzdem er doch Fachmann ist und alle Hebel in Bewegung setzt, um nur herauszukommen. Und deshalb bitte ich Dich noch einmal, versuche doch bitte Dein möglichstes, um unserem Bruder zu helfen, da er in seinem letzten Brief schon ganz verzweifelt schrieb. Sachen für seine Auswanderung schafft ... und auch ich an, da ich doch mir die Aufstellung, was man zu einer Auswanderung braucht, abgeschrieben habe. Malchen übernachtete Sonnabend und Sonntag bei uns und ist schon ganz verzweifelt, da es Paul wieder sehr schlechtgeht, da eine Bauchfellentzündung dazukam und er ständig ohne Bewußtsein und im hohen Fieber liegt. Sie selbst ist durch all die großen Aufregungen sehr kaputt. Für heute recht innige Grüße an Dich und Ursel von   **Deiner Nanny**

Herzliche Grüße von   **Vater und Deiner Mama**

Gerade wie ich den Schluß schrieb, läutete mich Malchen an, daß es um Paul sehr schlecht steht, da noch eine Gehirnentzündung dazukam und der Arzt alle Hoffnungen aufgegeben hat. Ist dies nicht schrecklich? Die Eltern wissen noch nichts. Nochmals herzliche Grüße   **Deine Nanny**

––––––

Meine liebe Tante Hedel,   Gleiwitz, 29. 5. 38
sei mir bitte nicht gar zu böse, daß ich Dir erst jetzt Deinen lieben Brief, der gerade als wir alle beim Geburtstagskaffee saßen, ankam, beantworte. Aber leider war es mir nicht eher möglich, da die Krankheit meines Schwagers Paul immer schlimmer wurde und ich für Malchens Familie sehr viel zu tun hatte. Seit voriger Woche Montag wurde es so schlimm, so daß der Arzt

von Malchen verlangte, daß sie nicht nur tagsüber, sondern auch nachts bei Paul bleiben müßte, da er alle Hoffnungen aufgab, da zur Rippenfell- und Nierenentzündung noch Bauchfell-, Lungen- und Gehirnhautentzündung dazukam. Paul lag über zwei Monate in sehr hohem Fieber und litt sehr und starb Mittwoch abends 10 Uhr. Die Beerdigung war Sonnabend früh vor der Schrotholzkirche am Zentralfriedhof. Paul schlief sehr friedlich, sogar mit einem Lächeln, ein und ging voll und ganz in seiner Religion auf. Dies war für seine Eltern und vor allen Dingen für unser Malchen ein sehr großer Trost, da sie alle doch sehr fromm sind. Ein sehr großes Glück ist nur, daß Malchen selbst Ärztin ist und daher sich und ihre fünf Kinder gut ernähren kann. Auch unsere Eltern nahm es sehr mit, aber glücklicherweise beruhigen sie sich langsam wieder. Unserem Poldy geht es ganz gut, da er doch nach einer Woche sofort Stellung erhalten hat, bei der er 130 Pesos verdiente. Es ist nach unserem Geld ungefähr 1,10 Mark, aber für die dortigen Verhältnisse ist es sehr viel, da der Lebensunterhalt sehr billig ist. Er selbst ist aber nicht zufrieden, da er nicht nur leben, sondern auch noch sparen will. Er meint, daß er dies recht bald tun wird können, da ihm Stellungen mit höherem Lohn geboten wurden, da er doch Fachmann im Schweißen und in der Schlosserei ist und diese Leute dort sehr gesucht sind. Momentan wurde er in seinem Werk von der Schlosserei in die Abteilung Elektroschweißer überwiesen und wird dadurch jetzt schon mehr verdienen. Wir sind darüber sehr glücklich, und vor allen Dingen ist dies für unsere Eltern ein sehr großer Trost. Bloß mit Willy haben wir noch viel Kummer, da er im August nach Haus kommt und auch sobald wie möglich zu Poldy machen will. Die Eltern sind voll und ganz damit einverstanden. Vorige Woche war Tante Selma bei uns und erzählte, daß Herbert, der in Santa Fe (Argentinien) ist, Metallhändler geworden ist und hat das Geschäft noch mit einem zusammen. Hoffentlich hat er mit diesem Glück, damit der große Kummer, den Tante Selma und Onkel Hermann haben, etwas gelindert, da doch Poldy leider schon einige Monate in Tost in der Irrenanstalt sich befindet. Aber ich glaube, es geht ihm bereits besser, so daß er bald nach Haus kommen kann. Malchen und Susi lassen sich vielmals

entschuldigen, daß sie Irmgards lieben Brief und Fotografie, über die sie sich riesig freuten, vielmals bedanken und konnten aber leider durch Pauls schwere Krankheit den Brief nicht beantworten und werden, sobald es ihnen möglich, an die liebe Irmgard schreiben. Für heut seid alle recht herzlichst von
Eurer Nanny gegrüßt.

Herzliche Grüße an alle und fröhliche Pfingsten   **Berthold**

Die besten Grüße an alle sendet Euch   **Gertraud**

_____

Meine liebe Tante Hedel,   24. 6. 38
ach wie freuten wir uns alle über Deinen lieben Brief. Und wie groß war erst gestern unsere Freude, als wir einen Brief von Hermann, in dem Irmgards Kommunionbild drinnen war, erhielten. Klein Irmgard ist ja so schön und so naturgetreu getroffen, so daß wir, sobald wir uns ihr Bildchen ansehen, sie in Wirklichkeit sehen. Du wirst wohl sehr erstaunt sein, daß ich Dich auch diesmal solange auf meine Antwort warten ließ. Aber leider konnte ich Dir auch diesmal erst jetzt Deinen lieben Brief beantworten, da ich zu Buschi, noch von Pfingsten ab, Malchens Jüngstes, Klein Ursel, zubekam. Die Eltern sind sehr glücklich und verwöhnen mir dies kleine Fräulein tüchtig. Auch ich freute mich, die beiden bei uns zu haben. Nur viel Arbeit habe ich zu meiner dazubekommen. Aber was macht man nicht alles, um dem lieben Malchen zu helfen, da sie jetzt doch allein ihren Mann stellen muß. Sie ist wohl sehr tapfer und arbeitet sehr viel, glücklicherweise hat sie, trotzdem es doch bereits Sommer ist, immer noch gut zu tun, und so muß man ihr, wo man nur kann, helfen, nicht wahr. Und deshalb, liebe Tante, nahm ich mir die zwei zu uns. Malchen dankt Dir nochmals für Susis Einladung. Leider ist es ihr dieses Jahr nicht möglich, Susi zu Euch zu schicken. Will aber, wenn es Euch recht ist, Susi nächstes Jahr zu den großen Ferien schicken. Hoffentlich seid Ihr aber, vor allen Dingen Betty und Irmgard, denen ich für das Bild herzlich danke, nicht gar zu böse, da doch Malchen Pauls

147

Tod zuviel Geld kostete. Und deswegen Susi Eure liebe Einladung nicht annehmen konnte. Liebe Tante, wie geht es Dir und dem lieben Onkel gesundheitlich? Die Eltern sind ziemlich auf der Höhe. Nur Vater gefällt mir gar nicht. Er kann sich von Poldys Trennung aus gar nicht mehr richtig erholen, da immer und immer neue Schläge kommen. Erstens hatten wir sehr große Schwierigkeiten mit unserem Haus, dann kamen Geschäftssorgen, und kaum war dies behoben, so stellten sich wieder Schwierigkeiten bei unsrer Bank, die meistenteils unseren lieben Onkel Willy, der mit Schwager Zielonka leider ... (1) hatte, in die Welt rief, hatten. Nun ist dies glücklicherweise auch erledigt, so haben wir wieder mit und um Willy große Sorgen, da es mit seiner Auswanderung nicht so, wie er es gern hätte, klappen will. Aber vielleicht kommt das auch noch in die beste Ordnung, da wir uns doch die allergrößte Mühe geben. Poldy geht es gut. Jetzt, da er seine sämtlichen Sachen vom Zollamt erhielt, wird er, da er bis jetzt einen zu weiten Weg bis zur Fabrik hatte, in der Nähe der Fabrik eine Wohnung beziehen. Luschi, der doch im Februar endlich wieder gesund wurde, ist leider wieder vorige Woche erkrankt. Ist dies nicht sehr furchtbar?

Nun, liebe Tante, will ich, da es bereits 12 Uhr ist, für heute schließen, und sei Du sowie Onkel Otto, Hermann, Betty und Irmgard recht herzlichst gegrüßt von **Eurer Nanny**

Einen recht schönen Gruß von Eltern. In Deinem vorletzten Brief schreibst Du, daß Du mir wieder ein Paket senden wolltest. Schicke doch dieses bitte unfrankiert.

1 *Ein Wort unleserlich.*

——————

Mein lieber, lieber Poldy!   **Gleiwitz, 31. 7. 38**
Nun ist es mir endlich möglich, Dir Deinen lieben Brief, über den wir uns riesig freuten, zu danken und zu beantworten. Ich konnte Dir beim besten Willen nicht eher schreiben, da Malchens Buben wieder mal auf ca. 14 Tage bei uns sind, da Malchen wegen der Krankenkasse nach Berlin fahren mußte und sie

die Kinder nicht gern in Schönwald lassen wollte. Außerdem arbeite ich auch noch bei Schuh Kallmann und mache noch einen Friseurkursus mit, und dadurch komme ich momentan sehr schlecht zum Schreiben. Du bist mir deswegen nicht gar zu böse, da ich von jetzt ab Dir öfters schreiben werde. Nicht per Flugpost, sondern nur per Post, da das Geld bei uns sehr rar ist. Geschäftlich geht es auch nicht besonders, da die meisten Geschäftsleute, die unsre Kundschaft waren, auch bereits ausgewandert sind. Aber es geht noch so. Bloß man muß halt an allen Ecken und Enden sparen und noch mal sparen. Und deswegen freut es mich auch, daß Willy nicht gar zuviel Sachen mitnehmen braucht. Ich habe ihm wohl schon ½ Dtz. Sporthemden gekauft und will, wenn es mir möglich ist, auch noch einige Poloblusen mit ½ und ganzen Ärmeln kaufen, so daß er wenigstens 1 Dtz. Hemden insgesamt haben wird. Außerdem werde ich ihm noch Nachtunterwäsche, Socken und alles, was er noch braucht, anschaffen, so daß er wenigstens das erste Jahr sich nichts kaufen braucht. Willy schrieb uns und freute sich riesig über Deine und vor allen Dingen über Ursels Zeilen und läßt Euch recht herzlichst grüßen. Er wünscht sich, daß seine Auswanderung so schnell wie möglich erledigt wird. Aber leider wird das (auch) nicht so schnell möglich sein. Für die Adressen habt recht vielen Dank. Da ich doch dadurch wenigstens gleich an die richtigen Leutchen schreiben kann. Denn hier in Gleiwitz ist doch alles umsonst. Luschi und nicht Buschi ist leider an seiner Krankheit fast über 1–2 Monate, trotzdem er erst im Februar gesund wurde, erkrankt. Auch Günthers Vater, der zur selben Zeit krank wurde, liegt immer noch. Ist dies nicht sehr bitter. Für Deine Geburtstagsgratulation, über die ich mich riesig freute, habe recht, recht herzlichen Dank. Ich wurde diesmal sehr reichlich beschenkt. Denn bedenke, nur aus Augsburg erhielt ich außer ein Paar Schuhe auch Haus- und Hallenschuhe und 1 Kästchen Parfüm mit Seife, von Malchen 1 Goldplombe, da mir ein Backenzahn nicht heraus, sondern abgeplatzt ist und von Thea 10,- Mk. Auch die Eltern zeigten sich nobel und ließen mir von Hilde Volkmann einen herrlichen Pullover arbeiten. Annelies mit Lene waren auch da und schenkten mir eine wundervolle selbstgestickte Bluse in Leinen. Diese ist so schön, daß alles mich fragt, woher ich sie habe. Lene und Anneliese lassen schön grüßen und würden sich riesig freuen, wenn es Dir möglich, ihnen auch mal einige Grüße aus Argentinien zu senden. Und so verlebte ich diesmal einen sehr schönen Geburtstag, nur Du hast mir sehr gefehlt. In der Hoffnung, daß Du recht bald schreibst, grüßt Dich recht innigst **Deine Nanny**

Meine liebe Ursel,
wenn ich auch fast einen Monat zu spät mit meiner Gratulation komme, so ist sie nochmals so herzlich. Ich und meine Eltern sowie Male und Thea wünschen Dir nachträglich alles, alles Gute und vor allem, daß Du Dich in Deiner neuen Heimat recht, recht gut einleben mögest, und sei recht herzlichst gegrüßt von
Deiner Nanny

Die heutige Briefmarke ist nur einmalig. Hebe sie Dir bitte auf. Soll ich Dir Deine letzten Marken zurücksenden?

––––––

Meine liebe, liebe Tante Hedel, **Gleiwitz, 18. 8. 38**
ach, wie wirst Du schon auf mich böse sein, daß ich so lange nichts von mir hören ließ. Aber leider war es mir beim besten Willen nicht eher möglich, da Mama wieder mal sehr krank war und ich außerdem noch zu Aushilfe bei Kallmann war. Ich habe mich wohl sehr abrackern müssen, aber was macht man nicht alles, um nur ein bißchen Geld zu verdienen. Auch Vater geht es nicht gut, da er sich einen Bruch im Geschlechtsteil zugezogen hat, und Dr. Zernik, der Vater untersuchte, meinte, Vater müßte unbedingt zur Operation ins Krankenhaus. Ist dies nicht sehr schlimm, da wir doch keinen dann zur Beaufsichtigung in der Werkstatt hätten und Willy, der diesen Monat nach Hause kommen sollte, nicht kam. Ach ja, das Leben wird immer schwerer, ich darf überhaupt erst gar nicht daran denken, und obendrein macht mir noch Willys Auswanderung so große Schwierigkeiten, so daß ich überhaupt des Lebens gar nicht mehr froh werde. Auch Onkel Hermann, der mit Tante Selma am Sonntag zu Besuch da war, geht es gesundheitlich nicht sehr gut. Onkel und

Tante kamen ungewollt zur Verlobungsfeier von Wally. Nun staunst Du wohl sehr, liebe Tante, aber es ist schon wahr, Wally hat sich mit einem Herrn Kurt Heimann aus Magdeburg, den die Frau Lehrer, ich meine Onkel Willys Frau, besorgt hat, am Sonntag verlobt und wird in Kürze heiraten. Der Herr ist genauso alt wie Wally, hat eine 5-Zimmer-Wohnung und verdient 130 Mark als Beamter in der Synagogengemeinde. Auch mir wollte die Frau Lehrer einen Mann verschaffen, trotzdem ich ihr noch nie etwas gesagt hatte, als sie mir ihn vorstellte, sagte ich ihr, daß so etwas bei mir nicht in Frage käme. Ich habe doch recht, nicht wahr? Wenn, dann suche ich mir doch selbst einen Mann, denn nur ich muß mit ihm leben. Von der ganzen Männerei erwähne in Deinem Brief nichts. Und jetzt, liebe Tante Hedel, habe recht, recht herzlichen Dank für Dein liebes Paket. Du kannst Dir ja gar nicht vorstellen, wie groß meine Freude und die Freude meiner Eltern war, als ich dies öffnete. Die Schuhe und Hausschuhe passen ja so gut. Bedanken tue ich mich jetzt erst, aber getragen habe ich beide schon. Aber deswegen bist Du mir doch nicht gar zu böse, da es mir doch leider, so gern ich Dir auch eher geschrieben hätte, keine Zeit hatte. Jedenfalls habe nochmals recht vielen Dank für all die schönen Sachen, die grad zu meinem Geburtstag ankamen, und sei Du sowie der liebe Onkel Otto von **Eurer Nanny gegrüßt.**

––––––

Mein lieber Poldy! Gleiwitz, den 16. 11. 38
Vor allem danken wir Dir und der lieben Ursel für das, was Ihr für Willy getan habt. Hoffentlich gelingt es ihm, recht bald zu helfen. Wenn er erst drüben Arbeit hat, kann er das Darlehen selbst abzahlen. Ihr könnt es Euch denken, was für eine Freude Ihr uns damit bereitet habt. Für Mama war es das schönste Geburtstagsgeschenk ihres Lebens. Nun zu Deiner Anfrage über das Messerhärten. Da du nicht den Zweck der Messer, Stahlformen und welche Einrichtungen Dir zur Verfügung stehen, angegeben hast, will ich Dir, so gut ich es kann, ausführlich schreiben. Stahl wird am besten in Holzkohle angewärmt und in Holzkohlenlösche ausgeglüht. I. Chromstähle werden

mit Luft gehärtet. Wenn der Stahl beim gewöhnlichen Abkühlen in der Luft zu weich ist, muß dem Kühlen mit Preßluft oder ev. Sauerstoff nachgeholfen werden. II. Ist es aus Werkzeugstahl (mögl. zähe Sorte), es gibt auch Wasserstahl, konisch gewalzt, dann mache eine Mischung von je ⅓ Wasser, Petroleum und Öl. Kühle das kirschrote Messer sehr gut ab und lasse es, wenn nötig, auf einer warmen Platte, je nachdem, strohgelb bis blau an und kühle es mit Öl ab. III. Manche Werkstätten haben gegen das Verziehen 2 starke Eisen- oder Stahlbacken, zwischen denen das erwärmte Messer gespannt und abgekühlt wird in Wasser, auf welchem eine ca. 3 mm starke Ölschicht ist. Beim Anlassen werden die Backen erwärmt, das Messer zwischenge-spannt, angelassen und zusammen in demselben Härtewasser oder Öl abgekühlt. Das Messer hat doch sicher Löcher, wo die Flügelschrauben durchgehen können. Sonst mache Dir eine andere ähnliche Konstruktion. Ehe Du mit dem Härten beginnst, mache Versuche mit kleinen Stücken. Wenn Dir keine anderen Geräte zur Verfügung stehen, so probiere mit einer Schlichtfeile. Härte so, daß die Feile den Stahl noch angreift. Stahl nie überhitzen. Beim Härten ganz gleichmäßig bis kirsch-rot erwärmen. Das Härtewasser temperieren. Es gehört viel Übung und Erfahrung dazu und richtet sich nach der Stahl-sorte, der Temperatur der Messer beim Abkühlen und des Här-tewassers. Ich hoffe, daß Dir meine Angaben nutzen werden, und wünsche Dir viel Glück. Vor allem freue ich mich, daß Du derartige Aufträge auszuführen bekommst. Ich kam noch nicht dazu, mich operieren zu lassen, und werde wohl auch nicht sobald dazu kommen, da ich auf dem Posten sein muß. Erst muß Willy raus... (1)

1 *Ende des Briefs von Berthold Fleischer fehlt.*

Meine liebe, liebe Ursel!   **Gleiwitz, 23. 11. 38**
Für alle Deine Bemühungen habe recht herzlichen Dank, da Du Dir gar nicht vorstellen kannst, wie dringend Willys Aus-wanderung geworden ist. (1) Nicht nur deswegen, daß Willy

jede 14 Tage bittet, Ihr möget um alles in der Welt ihm helfen, sondern auch deswegen, damit wir wenigstens den allergrößten Kummer von uns haben. Ach, es ist ja alles jetzt so schwer, so daß ich Dich nochmals innigst bitte, sieh zu, mir den Jungen ja herauszubekommen. Ich selbst kann leider, solange ich nicht die Anforderung habe, für Willy nichts unternehmen. Schicke mir die Llamada (2) und alle anderen Papiere an mich selbst. Sobald ich die Anforderung hier habe, erhalte ich Willys Entlassung sofort, und alles andere geht dann auf dem schnellsten Wege. Frl. Salomon meint, Willy wird über Montevideo fahren, ob aber der Aufenthalt 14 Tage bis 4 Wochen dauern kann, weiß sie nicht. An Sachen werden wir Willy nur das Allernötigste mitgeben, da die Wirtschaftshilfe so arm ist, daß sie uns nichts geben kann und Vater auch nicht mehr viel hat. (3) Jedenfalls das Nötigste wird er schon haben. An Wolfgang habe ich bereits den Brief gesandt. Es wird wohl eine große Freude sein, da Deine Mutter bereits anfrug, ob wir, da Ihr an sie nicht schreibt, etwas wissen. Nun wird sie wenigstens ein kleines Lebenszeichen von Euch haben. In der Hoffnung, daß Du mir recht bald die Anforderung zusenden kannst, da ich sonst laut neuen Anordnungen vorläufig nichts unternehmen kann, grüßt Dich und Poldy recht innigst   **Eure Nanny**

Meine Lieben.
Seht nur zu, Willys Sachen so schnell wie nur möglich mir zu senden, da es sehr eilt. Poldy, schreib bitte nichts von all dem, was ich Dir schrieb, in Deinem Brief.

1 *Angesichts der zunehmenden Verfolgungen der Juden, die
   14 Tage zuvor mit der Pogromnacht einsetzten.*
2 *Einladung, Anforderung.*
3 *Mit dem Anwachsen der Flucht der Juden aus Deutschland
   verringerten sich die Einnahmen der Jüdischen Gemeinden,
   und gleichzeitig wuchs die Zahl der unterstützungsbedürfti-
   gen zurückbleibenden älteren Juden.*

Lieber Poldy und liebe Ursel! Gleiwitz, den 14. 12. 38

Nun sind bereits 14 Tage verstrichen, und wir haben Willys Anforderung noch nicht. Hoffentlich können wir sie bald erwarten, da wir von Willy wieder einen Brief erhalten haben, in dem er Euch für Eure Zeilen riesig dankt und Euch nochmals bittet, ihm doch zur Auswanderung so schnell wie möglich zu helfen. Mit Nanny Behrendt, die Montag in Beuthen war, sprach ich. Wir unterhielten uns über Willys Auswanderung. Die Anforderung, die Ihr doch an mich schicken sollt, sende ich ihr selbst zur weiteren Bearbeitung ein. Außerdem brauchen wir für Willy nur die allernötigsten Sachen, die wir bereits haben, denn wir kauften Willy fast all das, was Ursel uns ansagte, anzuschaffen. Und dadurch ist uns doch schon wieder sehr geholfen. In der Hoffnung, daß Ihr mir die Anforderung recht bald zusendet, grüßt Euch und wünscht Euch alles Gute

Eure Nanny

Meine lieben Kinder!

Es ist die höchste Zeit, daß wir Willy herausbekommen. Gebt Euch deshalb weiter Mühe, ihm zu helfen. Er wird Euch für immer dankbar sein und die Unkosten ersetzen. Der alte Siedner sagt, Ihr sollt Euch mit seinem Sohn Kurt B. A. General Paz 2646 in Verbindung setzen, vielleicht kann er Euch helfen.

P. S. Wie bist Du mit der Schere fertig geworden? Birkupak macht sein Gesellenstück vorzeitig. Ich gebe mir Mühe, auch Bruno durchzubringen. Seid vielmals gegrüßt von

Eurem Vater

Es grüßt Euch, lieber Poldi und liebe Ursel **Eure Mama**

Es grüßt **Frau Schwerther**

――――

Nochmals, meine Lieben, (1)

macht Euch um uns ja keine Sorgen. Auch wir werden Euch über alles wahrheitsgemäß schreiben. Mama war am Telefon etwas aufgeregt, sonst ist sie aber munter, wie sie es seit langer Zeit nicht war. Beide lassen grüßen, Mama und Nanny. Norek war Mittwoch den halben Tag wieder in der Werkstatt. Ihm gefällt es hier auch nicht mehr. Es gibt in Deutschland zu viele böse Cousins. (2) Er arbeitet in der Herminenhütte in Laband. Von den vielen Mitarbeitern verträgt er sich bloß mit dem Wloka, der auch bei uns gelernt hat. Na, ja! Die beiden passen zusammen. W. arbeitet als Schweißer. N. läßt grüßen. Wenn es mit den Cousins nicht anders wird, kommt er auch nach Argentinien. Vor Aufregung stottert er nicht mehr. Ich habe wirklich gestaunt. Silbermann schreibt kurz, daß es drüben sehr schön ist, daß er dort als freier Mann gut leben kann. Auch Leute, die als Umschichtler und dergleichen rüberkamen, verdienen mit ihrer Murkserei ganz gut. Auch läßt er die Familie B. Fleischer und Baumeistr. Ritter grüßen. Das Schreiben kam zu mir, und ich gab es zu Onkel Ernst weiter. Wenn Du ihm schreibst, danke bitte für den Gruß. Ich schreibe bei Gelegenheit auch. Nochmals viele Grüße **Euer Vater**

1 *Undatiert, entweder vom 14. 12. 38 oder früher.*
2 *Gemeint sind vermutlich die Nazis.*

Lieber Poldy, liebe Ursel! **Gleiwitz, den 10. 1. 39**
Es ist wohl sehr traurig, daß es Euch leider im letzten Moment nicht möglich war, Willys Auswanderung perfekt zu machen. Aber es hilft halt nichts. Wir müssen halt alle versuchen, um endlich doch Willy herauszubekommen. Denn bedenkt nur, Rudi Heilbron sprach mit Willy über die Auswanderung, und Willy ist es jetzt schon ganz egal, wohin, die Hauptsache ist nur, heraus. Wir selbst machen jetzt schon das Unmöglichste möglich. Haben schon an Baumeister Reich geschrieben. Heut abend ist Vater mit Onkel Ernst bei Onkel Willy und wollen versuchen durch Rudi Piso, der in New York ist, Willy anfordern zu lassen. Nach Hamburg kann ich leider nicht fahren, da doch Vater keine Arbeit hat und Thea und Male seit dem Ersten die Eltern unterstützen. Aber ich dachte schon, Willy nach

Schanghai (1) anzumelden. Was sagt Ihr dazu? Bitte schreibt mir doch recht bald Bescheid, ob es Euch noch irgendwie möglich ist, für Willy etwas zu tun, oder ob ich, wenn alles schiefgeht, ihn nach Schanghai eintragen soll. Auf der Auswanderungsstelle sagte mir Herr Dr. Honigbaum, der jetzt die Stelle von Frl. Salomon hat, Ihr sollt doch bitte zusehen, ob Ihr für Willy Devisen beschaffen könnt. Wenn es Euch möglich wäre, so sollt Ihr sofort den Devisenschein mir übersenden. Denn dann wäre alles gut, da dann das Visum die Auswanderungsstelle besorgt. Ich meine die hiesige Auswanderungsstelle. Und jetzt, lieber Poldy, zu mir. Wie ich Dir bereits geschrieben habe, habe ich mich um eine Stelle als Hausangestellte nach London beworben. Habe aber leider bis jetzt keine Antwort erhalten, und so schreibe ich halt jetzt tüchtig auf Annoncen, die im jüd. Nachrichtendienst ausgeschrieben sind. Aber leider auch bis jetzt umsonst. Trotzdem schreibe ich ruhig weiter, denn ich denke mir, einmal muß doch endlich was sein. Sag einmal, hättest Du nicht irgendeine Familie, die mich als Hausangestellte anfordern könnte. Ich versuche jetzt schon alles mögliche, und wenn nichts klappen will, so werde ich halt mich allein nach Schanghai eintragen lassen, da ich jetzt zusehen muß, für mich allein zu sorgen. Jetzt wirst Du wohl staunen. Aber wo das Geld weg ist, dort ist auch die Liebe weg. Du verstehst mich doch recht. Aber weißt Du. Jetzt, wo soviel Schweres auf einmal auf mich hereinkam, ist diese Sache so gering und hat mich überhaupt nicht aufgeregt. In Deinen Briefen schreibe davon nichts, da die Eltern nichts davon wissen. Wozu auch. Ich sage nur, er hätte keine Zeit mehr heraufzukommen. Solltest Du wirklich mal an mich schreiben wollen, so klebe dies so gut zu, daß die Eltern nichts lesen können. Sobald ich von zu Haus weg bin, schreibe ich Dir. Nun will ich für heut schließen und hoffe, daß Ihr gesund seid, und seid recht herzlichst und innigst von

Eurer Nanny Sara gegrüßt.

Wally heiratet am 31. 1., Poldy hat sich verlobt, und Margot wird auch in Kürze heiraten. Oberkantor Grabowski hat mit 2. Wolff geheiratet. Von Mama ein unretouchiertes Bild lege ich mit bei, kommt nach ... (2)

1   Nach Schanghai wanderten zu dieser Zeit u.a. auch entlas-
    sene jüdische Häftlinge der Zuchthäuser und Konzentrati-
    onslager aus. Mit Unterstützung von jüdischen Hilfsvereini-
    gungen war dieses Vorhaben problemlos. Im Gegensatz zu
    den meisten Ländern benötigte man zur Einreise keine Ein-
    reisevisa, Landungsbescheinigung und Landungsgelder,
    Arbeits- und Aufenthaltsgenehmigungen.
2   Ende des Briefs fehlt.

Mein lieber Poldi und liebe Ursel!   Gleiwitz, den 25. 1. 39
Warum läßt Du denn nichts von Dir hören? Hast Du meinen
Brief, den ich Dir vor längerer Zeit geschrieben habe, nicht
erhalten? Wie geht es Dir, hast Du und Ursel den großen Sturm,
den Ihr dort hattet, gut überlebt? Nach den Zeitungsnachrich-
ten muß es furchtbar gewesen sein. Bei mir ist alles in Ordnung,
nur zu Haus ist es sehr traurig. Nanny wird wohl auch nicht
mehr lange hier sein. Sie hat sich in England um eine Stellung
beworben und hat schon einen ausgefüllten Fragebogen hin-
schicken müssen. Jetzt wird es wohl nicht mehr lange dauern,
da ist sie auch bald fort. Nanny gibt sich noch große Mühe,
Willy irgendwo unterzubringen. Sie möchte ihn noch versorgt
haben, wenn sie wegmacht. Ruthel hat ihren ersten Skiausflug
hinter sich. Leider ist sie so unglücklich gestürzt, daß sie sich
einen Knorpelspangenbruch im Knie zugezogen hat und noch
ein Band gerissen ist. Außerdem hat sie noch einen kleinen Blut-
erguß und eine Sehnenzerrung, alles im rechten Knie. Sie hat
fein angefangen, nicht? Ruth macht sich aber nichts draus,
denn der Schaden ist schon geheilt, und die Hauptsache ist
doch, daß sie fahren kann. Lieber Poldi, wenn Du ein Bild von
Ursel und Dir haben solltest, schicke es uns, wir würden uns
sehr freuen. Sobald es geht, mache ich von uns Aufnahmen und
schicke sie Dir. Herzliche Grüße von Willi und mir sendet Euch
                                                    Eure Thea

Viele Grüße sendet Euch   **Ruth**

Mein inniggeliebtes Brüderchen,
lieber Poldy!   **Gleiwitz, den 25. 2. 39**
Trotzdem ich Dir bereits 2 Briefe schrieb, will ich auch heut Dir
nochmals schreiben. Erstens möchte ich schon bei Dir sein wollen und zweitens, weil es nur noch einige Wochen sind und ich
bin dann in London. Ach, Du kannst Dir ja gar nicht vorstellen,
wie glücklich ich jetzt bin, daß ich nach England gehe, da ich
doch dadurch viel schneller zu Dir kommen kann. Kannst Du
Dir, mein Lieber, meine riesengroße Freude jetzt schon vorstellen, bei Dir und mit Dir für uns zwei und dann für uns drei, ich
meine mit Willy, der bald ins Durchgangslager nach England,
von da aus dann nach Schanghai weiterfährt, zu arbeiten. Ach,
ich stelle mir ja alles so wunderschön vor. Ich will in England
tüchtig arbeiten und viel Geld verdienen, damit ich, wenn ich
dann zu Dir herüberkomme, uns eine schöne gemütliche Wohnung einrichten kann. Denn wir wollen doch, wenn wir dann
alle drei ermüdet von der Arbeit kommen, ein schönes und
gemütliches Heim haben. Auch ein Klavier für unseren Willy
darf nicht fehlen, und auch für Dich will ich dann eine richtig
schöne und ideale Ecke einrichten. Poldy, ich denke mir ja alles
so schön und freue mich schon sehr darauf und werde all mein
Geld, was ich durch meine Arbeit in England verdiene, sparen,
ja sparen, um es uns drei recht gemütlich zu machen. Nur
mache Du keine Dummheiten, sondern bleibe bitte in Argentinien, da auch ich und Willy dorthin kommen werden. Unser
Klavier haben wir im Dezember für 150,– Mark verkauft und
das Herren- u. Eßzimmer hat Malchen. Poldy, könntest Du
doch jetzt Malchens Wohnung sehen. Sie hat jetzt eine 3-Zim-
mer-Wohnung mit Entree und Küche und hat sich ihr Schlafzimmer auffrischen lassen und sich ein ganz modernes Eßzimmer zugelegt. Sie wohnt jetzt sehr schön. Auch Thea wird sich
ein Herrenzimmer zulegen und ihre Wohnung auf die Miethe
Allee, das ist die Straße, die zur Promenade mündet, verlegen.
Na und ich verlege meine Wohnung zu Dir. Stimmt doch, nicht
wahr? Und jetzt, mein Lieber, zu Dir. Wie geht es Dir denn
eigentlich nach all dem Schweren, gesundheitlich, und was
machen Deine Nerven? Wenn es wirklich nicht mehr weiter
will, so kaufe Dir doch ein Beruhigungsmittel und trinke bitte

viel, sehr viel Milch, aber ganz bestimmt, damit Du wieder
Dich, wenn es auch langsam gehen sollte, doch wieder voll und
ganz erholst, denn dieses ist ja die Hauptsache, daß Du wieder
gesund und die Nerven voll und ganz in Ordnung hast, damit
Du Deine Arbeiten gut und zufriedenstellend weitermachen
kannst. Da doch dies jetzt, damit Du nicht untergehst, das
Wichtigste ist. Und deswegen bitte ich Dich nochmals, tue alles,
damit Du ja wieder auf Deinem Posten sein kannst, und wenn
es Dir noch so schwerfallen sollte, versuche zu vergessen.
Wenn's nicht anders geht, so suche doch in Gesellschaften, ich
meine Dr. Rigner und Dr. Lustig und all Deine anderen Freunde, tue dies, denn ich weiß es am allerbesten, daß man so, auch
das Allerschwerste, vergessen lernt. Und sollten doch mal Stunden über Dich, mein Lieber, kommen, so schreibe mir und
sprich, vielmehr schüttel Dir Dein Herz bei mir aus. Aber
schreibe bitte unter meinem Namen, postlagernd. Ich werde
wahrscheinlich, wenn alles klappt, in 2 Monaten nach England
gehen. Sollte es so weit sein, so schreibe ich Dir einen Monat
vorher per Luftpost Bescheid. Bis dahin sende mir Deine Briefe
postlagernd, da doch niemand wissen braucht, was wir uns
schreiben. Sag einmal, wie steht es denn eigentlich jetzt mit Deinem Gelde. Du schreibst Thea, daß Du Deine Stellung verloren
hättest, aber jetzt eine neue hast. Stimmt dies, oder ist dies
nicht wahr? Bitte schreibe mir die volle Wahrheit, da ich doch,
wenn Du momentan in Geldschwierigkeiten bist, Dir gern helfen möchte. Hörst Du, es würde keiner von uns was darüber
erfahren. Was macht die Scheidung? Läuft sie schon? Und wen
nimmst Du Dir als Verteidiger? Luschi hatte Freitag Geburtstag, und so kam er sich gestern sein großes Geschenk, das aus
einem Teller verschiedener Süßigkeiten bestand, mit Malchen
holen. Sie blieben bis heut mittag und fuhren erst um 1 Uhr
nach Haus. Wir freuen uns immer, wenn Malchen kommt,
denn die ist wirklich ein ganzer Kerl. Auch Thea ist sehr lieb
und kommt uns öfters besuchen. Nun, lieber Poldy, hoffe ich,
daß Du weiterhin tapfer und auf Gott vertraust und sei recht
herzlich gegrüßt von Deiner Dich liebenden

Schwester Nanny

Immer nur Kopf hoch. Und wenn es noch so schwerfällt. Verzage nicht. Ein Bild von Mama und mir liegen bei.

———

Meine liebe Tante Hedel,   **Gleiwitz, 9. 4. 39**
wenn auch meine Osterglückwünsche reichlich spät kommen,
so kommen sie doch von ganzem Herzen. Seid mir aber deswegen bitte nicht gar zu böse, da ich jetzt sehr wenig Zeit habe.
Denn bedenket nur, ich bin seit dem 1. März beim Onkel Willy
im Haushalt tätig, da bei uns zu Haus, seitdem Vater die Werkstatt geschlossen hat, alles sehr, fast zu knapp ist, trotzdem die
Mädels, ich meine Thea und Malchen, tüchtig aussteuern. Ich
bin den ganzen Tag dort, von früh 7 Uhr bis abends 8 bis 9 Uhr
und bekomme ein Gehalt von 27 Mark, so daß ich mir wenigstens die Sachen, die ich nun zur Auswanderung brauche,
anschaffen kann. Ich habe nämlich schon alles als Hausangestellte nach England eingereicht und warte jeden Tag aufs Permit. Permit ist die englische Reiseerlaubnis mit Anstellung.
Sobald ich dieses habe, bin ich gut aufgehoben, denn ich
komme nach England und habe sofort eine gutbezahlte Stellung. Bloß richtig arbeiten muß man von früh bis spätabends
11 Uhr, erhalte aber dafür 12 Mark die Woche, und das ist ja
für mich, die doch jetzt gar nichts mehr hat, die Hauptsache,
da ich doch Reisegeld zu Poldy brauche und dadurch mir welches sparen kann. Liebe Tante Hedel, hast Du schon etwas von
Tante Malchen gehört? Wir noch nicht. Mama geht es Gott sei
Dank so gut, so daß sie ganz allein den Haushalt führen kann.
Nur Vater geht es mit seinem Bruch momentan sehr schlecht.
Es wird wohl nichts weiter übrig bleiben, und Vater wird sich
in aller Kürze operieren lassen müssen. Sollte es Euch wieder
mal möglich sein, uns etwas Geld zu senden, so wäre ich Euch
sehr dankbar, da es die Eltern gerade jetzt sehr dringend brauchen. Nun, liebe Tante Hedel, will ich für heute schließen, und
sei Du sowie der liebe Onkel Otto recht herzlichst gegrüßt von
Eurer Nanny

Mit meinem Plüschjäckchen mache ich viel Staat. Es ist sehr gut
ausgefallen.

Nun liebe Betty!
Für Deine lieben Grüße habe recht vielen Dank. Du weißt ja gar
nicht, wie ich mich gerade jetzt über diese gefreut habe und
würde mich noch mehr freuen, wenn ich mal einen Brief von
Dir, meiner Lieben, erhalten würde. Auch Hermann und vor
allen Dingen unserer lieben Irmgard danke ich vielmals für die
Grüße und seid recht herzlichst gegrüßt von   **Eurer Nanny**

Herzliche Osterwünsche und alles Gute wünscht allen
Euer Berthold

Die herzlichsten Osterwünsche sendet Euch allen   **Trude**

––––––

Mein lieber Poldy!   Gleiwitz, den 22. 4. 39
Heut komme ich mit einer riesengroßen Bitte an Dich heran.
Am 25. 4. fährt Ernst Karliner, Tante Friedas Bruder, den ich
bei Tante Wallys Hochzeit kennen- und sehr schätzengelernt
habe, nach Shanghai. Er ist ein sehr braver, guter und ehrlicher
Kamerad mir gegenüber gewesen und will durchaus mit uns
drei zusammensein. Du, wenn ich das nötige Geld gehabt hätte,
so wäre ich ganz bestimmt mit ihm gefahren. Aber wir haben
hin und her überlegt, aber leider war nichts zu machen. Denn
er selbst fährt ja mit dem Geld seiner ältesten Schwester, Tante
Frieda, die sich ihm in jeder Weise häßlich benommen hat, denn
bedenke nur, immer warf sie ihm, nicht gerade direkt, aber indirekt vor, daß er doch froh sein muß, bei ihr zu wohnen. Kannst
Du Dir so etwas vorstellen? Auch ich werde von ihr als nichts,
nur als Hausangestellte behandelt. Noch viel schlimmer, als
wenn ich eine Fremde wäre. Tante Wally, die mir in der ganzen
Verwandtschaft Ärger gemacht hat, will von Dir die Adresse.
Wenn Du ihr mal schreiben solltest, sei bitte nicht zu offen,
denn sie verdient es nicht. Bis jetzt weiß von der Verwandtschaft
noch keiner etwas von Dir und U. Wozu auch. Aber weißt Du,

wer etwas davon weiß. Ernst Karliner, da es ihm genauso ging wie Dir. Auch seine Frau, welche arisch ist, ging von ihm, hat 2 Kinder und machte nicht besser wie U. Bloß mit dem Unterschied, daß er 12 Jahre verheiratet war und Du nur so kurze Zeit. Ach Poldy, wenn Du wüßtest, was ich an diesem Menschen verliere. Ich kann es Dir fast gar nicht mitteilen. Erinnerst Du Dich vielleicht noch daran, wie wir uns verstanden und ausgesprochen haben, und genauso war es mit ihm. Er kam mit all dem Schweren, trotzdem er 2 Schwestern hatte, zu mir, und auch ich sprach mich bei ihm aus. Es war keine Liebelei, keine weiteren Versprechungen, nur eine herzliche Kameradschaft, um die ich sehr trauer. Aber es muß halt so sein. Es war der erste Mensch, mit dem ich mich richtig wie mit einem Bruder verstand, und so ein Mensch muß allein und so weit von mir gehen. Aber er will ja nicht, denn er verabschiedet sich schriftlich von mir, da alles jetzt Kopf über Hals geht, und verlangte Deine Adresse, denn er wollte schon immer, ich sprach mal, daß wir drei zusammen sein wollten, mit uns sein. Ich weiß, daß es ihm ganz so ging und geht wie mir, aber wir haben nie darüber gesprochen, wozu auch, ich weiß, daß er ein Mensch ist, mit dem ich wirklich könnte gut im Ausland durchkommen, denn er ist Mechaniker, hatte auch ein Fahrradgeschäft und ist vielseitig, und deswegen bitte ich Dich, wenn er Dir schreibt, schreibe ihm bitte bestimmt sofort zurück. Tue mir den Gefallen, denn er ist ein sehr armer Mensch, der auch Willy kennt und sprach, und ich möchte, daß er wenigstens vorläufig einen kleinen Halt an uns hat. Denn sonst ist er ganz verloren und allein. Versprich ihm, wenn es auch nichts sein sollte, daß Du alles machen wirst, um ihn nach Argentinien zu bekommen. Ja bestimmt. Weißt Du, daß es grad in unseren Kreisen noch so einen Menschen gibt und daß es überhaupt so einen Menschen gibt, hätte ich wirklich nicht geglaubt. Ach war das eine schöne Zeit für mich. Ich dachte gleich an uns beide zurück, wie schön es war, wie wir uns aussprachen und verstanden, und genauso verstanden wir uns. Von Liebelei und anderem Quatsch war überhaupt keine Rede, nur eine richtige offene Kameradschaft. Ach, und jetzt ist alles vorbei. Du, mit England dauert es mir zu lange, und so will auch ich versuchen, nach Shanghai zu gelangen, um schneller bei Dir zu sein, denn jetzt halte ich es gar nicht mehr aus. Es ist ja so leer um mich. Ich hab wohl auch 2 Schwestern, aber nur dem Worte nach und stehe jetzt wieder ganz allein. Geht es wirklich nicht, daß Du mich als Kinderfräulein oder Hausangestellte durch jemanden anfordern lassen kannst. Jetzt, wo ich so arm geworden bin, ziehen sich beide von mir zurück. Aber lasse nur, Du weißt doch, ich finde mich in alles herein. Und werde halt bis zu meiner Auswanderung für mich sein. Tue mir nur den einen Gefallen und schreibe beiden nichts davon, denn ich habe mich schon hereingefunden. Von Bäckers eine Fotografie, wenn Du mal Wally oder Bäckers schreibst, erwähne bloß nichts von Ernst Karliner, denn es soll keiner wissen, auch nicht unsere Eltern, daß ich und Du mit ihm in Verbindung stehen. Hörst Du. Nun will ich schließen und hoffe, daß, wenn Karliner Dir schreibt, Du ihm antwortest und sei innigst gegrüßt von   **Nanny**

――――

Meine liebe Tante Hedel!   Gleiwitz, den 6. 5. 39
Wie ich mich über Euer Paket gefreut habe, könnt Ihr Euch, meine Lieben, gar nicht vorstellen. Da ich mir gerade an diesem Abend beim Nachhausegehen den Kopf zerbrach, was ich mir nur für Schuhe anziehen solle. Und nun komme ich nach Hause, und meine Eltern empfangen mich freudestrahlend, daß von Euch ein Paket angekommen ist. Ach und als ich all das Schöne sah. Da war ich ganz weg. Ein so schönes Jäckchen und dazu noch von Dir, meine liebe Tante Hedel, gearbeitet. Das werde ich aber sehr schonen, damit ich in der Fremde von Dir, meine Liebe, immer etwas um mich habe. Auch für die Schuh habe recht, recht vielen Dank. Du kannst Dir ja gar nicht vorstellen, wie groß meine Freude über diese war, da ich dadurch, daß ich von früh bis spät abends arbeite, geschwollene Füße bekommen habe und mir meine Schuhe alle zu eng sind. Und jetzt habe ich durch dies eine Paar, das Du mir, liebe Tante Hedel, sandtest, einen sehr schönen, guten und bequemen Schuh und deswegen habe nochmals vielen Dank dafür. Auch der lieben Betty danke ich herzlichst für die Bluse und das

Kostüm. Was sie mir damit schenkte, kann ich fast gar nicht schreiben. Denn gerade so ein Kostüm benötigte ich schon so dringend und konnte und durfte ich mir nicht kaufen, da ich all das Geld, was ich jetzt verdiene, mit zur Wirtschaft und auch etwas Willy senden muß. Aber ich bin glücklich, daß ich überhaupt noch etwas zuverdienen kann. Und deswegen, liebe Betty, nochmals für das schöne Kostüm und die Bluse herzlichen* Dank. Ich werde mir beide, mit Mamas Hilfe, schön zurechtmachen, so daß ich noch sehr viel Freude an all den schönen Sachen haben werde. Wie geht es eigentlich jetzt Hermann? Ist er jetzt schon gesund? Und was machst Du und Klein Irmgard, die doch genauso wie Susi ein großes Fräulein geworden ist. Bei uns zu Haus ist alles sehr traurig. Aber Thea und Malchen, die jetzt sogar ihre Krankenkassen erhalten hat, geht es gut. Auch Poldy, der uns vorige Woche schrieb, und Euch alle, meine Lieben, recht herzlich grüßen läßt, hat Arbeit und verdient so gut, so daß er schon jetzt für Willy, der, wenn es klappt, bald nach Shanghai geht, Geld spart. Ich selbst hoffe, da ich nochmals vor 14 Tagen nach England schrieb, auch endlich auswandern zu können. So schwer wie alles ist, wäre ich doch schon froh, wenn auch meine Auswanderung schon soweit wäre, denn es ist doch nichts mehr. Bäckers, die endlich für 28 000 Mark das Haus vor 14 Tagen verkauft haben, wollen nach Amerika. Tante Frieda, die doch Amerikanerin ist, wird zuerst hinmachen und Onkel Ernst nach ca. 3 Wochen anfordern. Ihre beiden Jungs gehen ins Camp nach England, und Poldy heiratet in Swinemünde und fährt nach Shanghai und zwar schon am 13. Juni. Nun, liebe Tante Hedel, habe Du sowie die liebe Betty nochmals recht herzlichen Dank für all die schönen Sachen, und seid alle recht herzlichst gegrüßt von   **Eurer Nanny**

Mama und Vater lassen auch vielmals grüßen.

————

Mein lieber, lieber Poldy!   **Gleiwitz, den 7. 5. 39**
Wie ich mich über Deinen lieben Brief gefreut habe, kannst Du Dir gar nicht vorstellen. Denn gerade jetzt, wo ich so ganz allein

bin, bin ich Dir, mein Lieber, doppelt dankbar. Ich habe wohl noch 2 Schwestern, aber leider nur dem Namen nach, und wäre deshalb sehr froh, wenn ich schon bei Dir oder wenn wir zusammen sein könnten. Du schreibst, daß Thea und Male mir zureden sollen. Dies ist nicht nötig, da ich selbst alles mögliche tue, um nur so schnell wie nur möglich herauszukommen, denn wie lange noch, so sind auch Lehrers weg und ich ohne Stellung. Zu Haus will und kann ich doch nicht mehr, jetzt wo doch alles so rar ist, bleiben und eine neue Stellung zu erhalten ist jetzt, wo doch alles auswandert, sehr schlecht zu bekommen, und so mache ich alles, um selbst so schnell wie möglich herauszukommen. Ich habe doch 2 Sachen in England laufen, leider aber dadurch, daß zu viele sind, muß und dauert halt alles viel zu lange. Ich habe, als ich Deinen Brief erhielt, sofort nochmals nach England mit Rückporto geschrieben. Habe aber bis jetzt noch keinen Bescheid. Glaube aber, da es solange dauert und ich sie doch bat, mir so schnell wie nur möglich ein Permit, die Einreise, zuzusenden, da ich doch ganz mittellos dastehe. Na hoffentlich klappt es jetzt. Wenn nicht, so werde ich halt auch auf dem schnellsten Wege nach Shanghai gehen. Für Willy wird jetzt, da wir nächste Woche, wenn alles gut geht, eine Schiffskarte nach Shanghai erhalten, und hoffe, ihn so am schnellsten Wege herausbekommen. Daß Du für Willy schon etwas Geld sparst, ist sehr nett von Dir, da ich glaube, daß er dies bestimmt dort, ich mein die erste Zeit, brauchen wird. Du aber bleibst bestimmt in Argentinien. Du wirst wohl den Brief, in dem ich Dich bat, Ernst Karliner, der sich von mir Deine Adresse geben ließ, zu antworten. Ja antworte ihm doch bitte bestimmt und versprich ihm auch, daß Du was für ihn unternehmen wirst, denn er ist wirklich ein guter Kamerad mir gegenüber gewesen, und ich will auch, da ich seine Adresse habe, wenn Willy nach Shanghai geht, ihn bitten, sich um unseren Willy etwas zu kümmern, so daß er dann wenigstens nicht ganz unbekannt dort ist. Ernst Karliner ist mit Külborns verwandt. Rudi macht nächsten Monat ins Camp nach England. Ruth bleibt vorläufig hier. Sie waren nicht sehr erstaunt, als ich Ihnen von Deiner Ehe erzählte, da sie von U. wirklich nichts anderes erwartet hatten. Bloß Dich lassen sie recht herzlichst grüßen und werden Dir selbst auch schreiben. Wie ist es eigentlich mit dort einer Stellung, geht es wirklich nicht? Es wäre doch so schön für mich. Du, aus Argentinien gehe bitte nicht heraus. Höchstens, wenn die Hauptstadt zu teuer ist, versuche mit einer anderen Stadt. Wenn wir sollten wirklich mal zusammen sein, so werde ich schon alles wieder gut und billig herrichten. Sage mal. Ißt Du viel Reis, denn ich habe einige Rezepte. Wie ist es denn eigentlich mit all dem Geschirr und der Couch geworden? Nun, lieber Poldy, sei recht herzlichst gegrüßt und schreibe mir recht bald wieder von

Deiner Nanny

Wir beide müssen zusammenkommen, ja, ja und nochmals ja. Sobald Willy zu Haus ist, erhältst Du Luftpostbescheid.

———

Mein lieber, lieber Poldy!   Gleiwitz, den 14. 5. 39
Nun wird es nicht mehr lange dauern, und auch unser Willy kann nach Shanghai auswandern. Denn bedenke nur. Gestern habe ich von der hiesigen Auswanderungsstelle den Bescheid erhalten, daß für Willy außer der Schiffskarte noch 60,– Mark Landgeld gegeben werden. Ich soll sofort Paß und sämtliche Unbedenklichkeitsbescheinigungen besorgen und eine Aufstellung machen. Sobald ich dieses einreiche, wird von Berlin die Passage besorgt. Nun wäre der allergrößte Kummer weg, nur ich bleibe noch übrig. Aber was ich eigentlich machen soll, das weiß ich wirklich nicht mehr, und so bitte ich Dich, der doch mein guter Freund war und doch auch weiter sein wird, was ich eigentlich tun soll. Von England habe ich trotz meines Rückportos keine Antwort, trotzdem bereits wieder 3 Wochen verstrichen sind. Ich weiß mir jetzt bald selbst kein Rat mehr. Und deswegen bitte ich Dich, hilf und rate Du mir doch, was ich eigentlich machen soll. Ich hatte die Absicht, nach England und von dort zu Dir, mein Lieber, zu machen. Aber leider, glaube ich, wird nichts daraus. Jetzt denke ich schon, ob ich nicht, nachdem Willy in Shanghai sein wird, auch dorthin machen soll. Aber nach dort, keine große Lust. Und jetzt Kummer drei.

Bedenke nur. Es will mich schon ein ganzes Jahr ein Herr Bobrowski heiraten, traf mich wieder mal und machte mir den Vorschlag, ihn doch zu heiraten und zusammen nach Shanghai zu gehen. Was sagst Du nun. Zum Heiraten habe ich jetzt überhaupt keine Lust, trotzdem es ein arbeitsamer und guter Mensch ist. Er ist der Bruder von Herrn Bobrowski und von Frau Zöllner, bei denen Du doch verkehrt hast. Kennst Du ihn, er trägt Brille und hat mir bis jetzt gar nicht zugesagt. Ich denke mir, wenn ich sollte wirklich mal so ganz allein irgendwo auswandern müssen, ob dies dann doch nicht das Beste... (1)

1 *Ende des Briefs fehlt.*

———

Mein lieber, lieber Poldy, Gleiwitz, den 10. 7. 39
was ist nur los, daß Du, mein Lieber, uns so lange ohne Nachricht läßt. Solltest Du etwa krank sein, oder hat Dich nur die Arbeit vom Schreiben abgehalten. Bei uns zu Haus ist alles in bester Ordnung, Mama führt tüchtig den Haushalt, und Vater, der doch den ganzen Tag jetzt IN DER SONNE ist, fährt trotzdem immer noch sonntags nach Sandwiesen. Und ich, na nun wirst Du wirklich staunen, habe mich, fall nur nicht um, am 17. Juni verlobt. Und zwar mit J. Bobrowski, den Du, mein lieber Poldy, auch kennen wirst. Er wollte mich doch schon voriges Jahr, wo ich noch mit P. verkehrte, heiraten. Damals hatte ich dies abgelehnt, aber heut, wo ich weiß, was Hausangestellte leisten müssen, ziehe ich mir doch eine Heirat vor. Er ist sehr glücklich, verwöhnt mich sehr und will, da er bald nach England ins Camp geht, heiraten. Ich mußte auch auf seinen Wunsch die Stellung kündigen, und so gehe ich am 1. 8. Von mir aus wollte ich schon am 15. 7. gehen, aber Tante bat mich, doch bis zum 1. 8. zu bleiben. Ich selbst wollte verlobt nach England gehen und dann dort erst heiraten. Aber unsere lieben Eltern, seine Mutter und lieben Schwestern sowie Tante Selma sind sehr dagegen, und so wird in ca. 6 bis 8 Wochen geheiratet. Momentan arbeitet er in der Ziegelei und verdient bar wöchentlich 25,— M, ich werde bis zu seiner Auswanderung gut aus-

kommen damit, und sogar jede Woche etwas zurücklegen. Miete brauchen wir nicht zu zahlen, da wir bei uns zu Haus im kleinen Zimmer wohnen werden. Vater ist sehr viel mit Schenk zusammen. Ich habe mir einen schweren Katarrh im Darm zugezogen. Da unsere holde Tante erst dann das Fleisch kocht, wenn es schon schlecht ist. Hatte große Magenschmerzen und konnte überhaupt nicht mehr zur Ruhe kommen. Heut, nach 2 Tagen, ist es schon ganz gut, nur Vater und auch Thea, die gestern, Sonntag bis heut, da Willy mit Ruth, die den Tod von ihrem Astor, der leider im Garten Gift fraß, nicht überwinden konnte, nach Hirschberg fuhr, und von dort aus geht es mit den Rädern weiter ... (1) nicht erlauben, daß ich jetzt schon wieder arbeite. Sie wollen sogar, daß ich, da mich Tante zu sehr ausnützt, überhaupt nicht mehr hingehe. Aber das tue ich doch nicht. Nun mein liebes Brüderchen, mein lieber Poldy, schreibe uns doch recht bald, da wir schon in größter Sorge um Dich sind, und sei recht herzlichst und innigst von

Deiner Nanny gegrüßt.

Hattest Du etwa in der Arbeit etwas? Hat Dir schon Ernst Karliner geschrieben? Wenn ja, so antworte ihm doch, da doch Willy, wenn er nach Shanghai kommt, dann wenigstens schon einen Menschen hätte. Mir selbst schrieb er vom Schiff paarmal. Schreibe ihm bitte, und wenn es nur ein Vertrösten ist, denn er war mir doch wirklich ein guter Kamerad und hat auch selbst schon sehr viel, fast zuviel, genauso wie Du, mein Lieber, durchgemacht. Aber deswegen immer nur weiter Kopf hoch, denn der liebe Gott verläßt uns nicht. Nochmals innige Grüße von

Deiner Nanny

Wo bleibt Dein Bild?? Ein Bild und Rückporto. Lieber Poldi, warum läßt Du uns solange ohne Nachricht? Wir sorgen uns sehr um Dich, uns so schnell wie möglich Bescheid zukommen zu lassen. Es grüßt Dich herzlich

Dein Vater und Deine Mama

1 *Textstelle unleserlich.*

Meine liebe Tante Hedel! 6. 8. 39
Endlich ist es mir wieder möglich, an Euch zu schreiben, da ich
bis jetzt immer nur im Bett lag. Zuerst habe ich mir einen schönen Darmkatarrh zugezogen und mußte deswegen eine Woche
im Bett liegen, kaum daß ich drei Tage herumging, verstauchte
ich mir den linken Fuß und mußte wieder liegen. Nun kann ich
endlich wieder ein klein wenig herumhumpeln, und mein erster
Weg war zum Standesamt. Denn ich habe mich am 17. Juni mit
Josel Bobrowski verlobt, und nun wollen wir, da Josel bald nach
England ins Camp geht, am 27. dieses Monats heiraten. Ich
werde, sobald er mir dann eine Stellung als Hausangestellte
besorgt hat, nachmachen. Wir haben außer unseren zehn Fin-
gern nichts. Aber wir können beide tüchtig arbeiten, und das ist
fürs Ausland mehr wert als Geld. Nur die Hochzeit macht mir
viel Sorgen. Aber auch das wird vorbeigehen, denn ich mache
sie nur im allerkleinsten Kreis. Das Standesamtkleid und den
Hochzeitsstaat habe ich mir allein durch meinen Verdienst bei
Onkel Willy gekauft. Und was das Essen anbelangt, werde ich
alles aufs billigste herrichten. Um Vater so wenig wie nur möglich Kosten zu machen. Auch Malchen und Thea stehen mir
bei, und so wird schon alles gutgehen. Nur sehr große Sorgen
haben wir um unseren Willy, da er jetzt krank war, und das ist
doch sehr schlimm. Wir und auch Onkel Willy und Onkel
Ernst versuchen alle, Willy zur schnellsten Auswanderung zu
verhelfen. Aber es ist ja so schwer. Poldy, der auch Euch alle
recht schön grüßen läßt, geht es gut, und er hat auch Arbeit.
Nur das Heimweh hat ihn plötzlich gepackt. Aber wir haben
ihm sofort einen Luftpostbrief gesandt, und so wird er doch
wieder einsehen, daß es doch so das Beste ist. Auch Onkel Ernst
Poldy ist bereits mit seiner Frau und Schwiegereltern in Shanghai gelandet. Und Kurt und Otto machen am Donnerstag ins
Camp nach England. Nun wird es nicht mehr lange dauern,
und so sind wir Jungen alle draußen. Aber es hilft nichts, da es
doch so das Beste ist. In der Hoffnung, daß meine Zeilen Euch
alle gesund antreffen, grüßt Euch herzlichst **Eure Nanny**

Tante Rosas zwei Jungens und Edith sind auch in Krakau. Liebe
Tante, vielleicht kann Hermann Vater etwas zusenden.

Mein lieber Poldy! Gleiwitz, den 11. 8. 39
Eigentlich dürfte ich Dir gar nicht schreiben. Müßte böse auf
Dich sein. Sogar sehr böse. Denn wie konntest Du, mein Lieber,
nur so mutlos werden und sein. Nimm Dir doch nur ein Beispiel
an unserem Malchen und mir. Wie kämpft Malchen für sich
und ihre Kinder, und was war bis jetzt mein Leben, und was
habe ich schon Trauriges mitgemacht. Haben aber und werden
uns immer weiter durchs Leben kämpfen. Du, als Mann und
vor allen Dingen als unser Bruder, wolltest fast, nur weil eine
Frau, die es vor allen Dingen gar nicht wert ist, am Leben verzweifeln. Denke doch nur, was ich bis jetzt schon alles durchgemacht habe und noch machen werde. Fünf Minuten vor der
Hochzeit, Aufgebote laufen bereits, erhalte ich mein Permit.
Blase alles ab, packe meine Sachen und türme, türme nach England, Gleiwitz schüttelt den Kopf über mich, mach mir nichts
draus und werde dort Kinderfräulein. Bloß Du nimmst alles so
tragisch. Zeige doch mal, daß Du wieder unser kluger, vernünftig denkender und immer überlegender Junge bist. Sonst müßte
ich wirklich mich von England aus mal am Wochenend aufs
Flugzeug setzen, um zu Dir zu kommen, und Dir mal richtig,
aber ganz richtig den Kopf waschen. Aber bleiben würde ich bei
Dir nicht, da ich nur zu meinem ganz tapferen Brüderchen mal
komme. Hoffentlich bin ich bald bei Dir. Josel soll ja auch ins
Camp kommen. Aber weiter weiß ich noch nicht. Denn es sind
ja erst 4 Tage, nachdem ich mein Permit erhalten habe. Und da
bin ich noch vorläufig viel zu aufgeregt, um alles richtig zu
sehen. Nur eins muß ich, hinaus. Mit Josel hatte ich einen großen Kampf, bis er doch endlich einsah, daß er mit mir nicht fertig wird und ich vor allem recht habe. Herr Badrian Nachs
Nachf. und so viel andere geben mir recht, nur die Kleinen können einfach mein Handeln nicht verstehen. In der Wirtschaftshilfe staunte man sehr, daß ich als Kinderfrl. angenommen
werde, da dies der erste Fall ist, bis jetzt waren doch sämtliche
Permits nur auf Hausangestellte. Ich lass' sie staunen und sage
nicht, daß ich 5 Jahre bei mehreren Kindern bei Frau Kucsora
war, wozu auch. Ich war doch in Stellung, und ich mußte mich
mit den Gören herumärgern, nicht wahr. Bloß die vielen Laufereien und alles, was noch drum und dran ist, ist nicht so ein-

fach, da ich mir doch alles, von den Papieren angefangen bis zum Packen, allein machen muß. Heut habe ich für die Eltern noch sehr viel Wäsche gewaschen. Meine Papiere und den Paß habe ich auch schon und beantragt. Sobald ich den Paß erhalten, schreibe ich um das britische Visum und mache, sobald alles in Ordnung ist, heraus. Ach wäre doch alles schon vorbei, da ich doch zu allem leider allein bin und muß noch Willys Sache miterledigen. Du, mein Lieber, willst versuchen für Willy die Dollars zu besorgen. Es wäre ja fast zu schön. Nur 3−4 Monate ist doch für den Ärmsten viel zu lange Zeit. Ich denke, vielleicht können wir beide, wenn ich dann in Stellung bin, schneller das Geld beschaffen. Nimm Dir auch mal ein Beispiel an Willy, was hat dieser arme Mensch schon durchgemacht und hat immer und immer noch sehr großen Mut und ist sehr zähe, und Du, ach schäme Dich jetzt noch, trotzdem Du jetzt endlich wieder zuversichtlicher geworden bist. Gott sei Dank, daß Du in Kurt Siedner einen so alten und guten Freund und Kameraden gefunden hast. Und daß ihr zusammenwohnt, freut mich riesig, da ihr doch beide alte gute Bekannte seid. Nur den Kopf mußt Du, mein liebes, liebes Brüderchen, nie, aber auch nie mehr verlieren, und sollten wieder mal wieder solche häßlichen Stunden an Dich herankommen, so denke nur an die tapfere Malchen und Willy, der sich überhaupt nicht unterkriegen läßt, trotzdem er es sehr schwer, fast zu schwer hat, und an mich, die als ganz Alleinstehende in die Fremde geht und schon soviel Schweres erlebt hat und dennoch immer weiterhin tapfer bleibt und bleiben wird, und wenn es noch so schwer sein sollte. Ich kippe wohl im ersten Moment um, aber dafür stehe ich desto schneller und fester auf. Und nun mache es bestimmt genauso. Hörst Du. Sonst komme ich nach Argentinien, aber nicht zu Dir, und das willst du doch gewiß nicht. Und deswegen tapfer und zähe sein wie wir, angefangen von unserem Vater, sind. Bedenke, Vater arbeitet jetzt bei Schenk, und das ist gewiß keine Kleinigkeit für unseren lieben Vater, der über soviel Jahre selbständig war. Und auch er verzagt nicht, nur Du wolltest nicht mehr tapfer sein. Na, wenn ich erst in England bin, sind wir wieder die alten Freunde, und dann wird gebeichtet, das Schlechte und das Allerschlechteste. Aber wissen möchte ich alles genau, so wie früher, und helfen mit Geld und Worten. Verstehst Du, Du böser, lieber, guter Junge Du. Ach nun muß ich schließen, sonst werde ich wieder ganz gut mit Dir, und ich will doch heute ganz böse, sogar sehr böse sein, und deswegen sei für heut recht herzlichst und innigst von der Dich liebenden

Nanny gegrüßt.

Mein lieber Poldy! Vor allem freut es mich, daß Du mit Kurt zusammen bist. Nanny schrieb so viel, daß ich heut nichts zu schreiben habe, zumal ich müde von der Schicht komme. In einigen Tagen schreibe ich ausführlich.

Mein lieber Herr Siedner, daß Poldy in Ihnen nicht nur einen guten alten Bekannten gefunden hat, sondern einen aufrichtigen Freund, freut uns alle sehr, und wir danken Ihnen herzlichst dafür. Bloß viel viel mehr an Ihre Eltern müssen Sie schon schreiben, da Sie sich gar nicht vorstellen können, wie sie sich, wenn zu lange Post ausbleibt, um Sie ängstigen. Nun seien auch Sie herzlichst gegrüßt von **Ihrer Nanny Fleischer**

Ich hab zwar nicht Nannys Brief gelesen, sie hat aber recht und ich mache es Dir zum Herzen. Gruß Vater. Mit Gruß an Dich und Kurt. **Vater**

Aus England bekommst Du kurze Zeit von Kurt u. Otto Nachricht.

Bin gesund und munter und möchte Dich recht herzlich bitten, den Kopf nicht hängen zu lassen. Es grüßt recht herzlich

Deine Mama

––––––

Meine liebe Tante Hedel! 22. 8. 39
Für Deinen lieben Brief, über den wir uns alle riesig gefreut haben, habe recht, recht herzlichen Dank. Aber nun muß ich Dir leider mitteilen, daß ich doch nicht, wie bereits geschrieben

habe, am 27., ich meine am Sonntag, heirate. Ach, meine liebe
Tante Hedel, Du weißt ja gar nicht, wie schwer bis jetzt alles für
mich war und auch noch immer weiter ist. Ich hatte Dir doch
schon vor längerer Zeit geschrieben, daß ich mich nach England beworben hatte. Und gerade jetzt, drei Wochen vor meiner
Hochzeit, erhalte ich mein Permit, dies ist die Einreise nach
England. Es war der 7. August. Der schwerste Tag meines
Lebens. Und dennoch kam ich zum Entschluß, die Hochzeit
abzubestellen und ledig nach England zu gehen. Denn bedenke
nur, daß wenn ich verheiratet auch rausgehen wollte, könnte ich
in diesem Fall nicht, da das Permit, die Einreise, sofort verfallen
würde. Und so hatte ich wieder einen sehr schweren, fast zu
schweren Kampf durchzukämpfen gehabt. Aber nun ist auch
dieses endlich überstanden, nur sehr nervös bin ich durch all
dieses geworden, denn Josel sowie meine Eltern und seine Mutter waren und sind heut noch nicht so recht damit einverstanden. Aber sag mal, mein inniggeliebtes Tantchen, ist dies doch
nicht der allerbeste Weg so. Ich gehe jetzt unverheiratet heraus.
Josel, mein Zukünftiger, kommt entweder durchs Camp, das ist
das englische Lager, oder wenn es mir eher möglich ist, für ihn
eine Stelle zu besorgen, nach England. Ich habe ihn jetzt endlich so weit, daß auch er mit meinem Schritt einverstanden ist.
Ich will doch nichts, nur das eine, daß wir beide nur so schnell
wie möglich draußen und auch bald wieder zusammensein können. Wenn ich geheiratet hätte und er dann zuerst herausgegan-
gen wäre, hätte ich vielleicht wie Bäckers Margot über ein hal-
bes Jahr und noch länger warten können und müssen. Dadurch
aber, daß ich meine Einreise habe und den großen Vorteil
außerdem habe, als Kinderfräulein angestellt zu werden, doch
so das Allerbeste, denn Josel kommt doch genauso wie Kurt
und Otto auch dorthin. Angst um Josel habe ich auch nicht, da
er doch schon ein Mann von 40 Jahren ist, und wir uns vor
allen Dingen wirklich sehr gut, fast zu gut verstehen. Bloß wird
mir jetzt der Abschied von all meinen Lieben, ich meine Eltern,
Schwestern, Nichten, Josel und Schwiegermutter, noch viel, viel
schwerer gemacht. Aber auch jetzt muß ich weiterhin tapfer
bleiben, denn es geht doch um mein und unser beider Leben.
Daß Ihr, meine Lieben, Euch mit Hermann entzweit und daß

173

Irmgard, die Ärmste, so schwer an Scharlach kranklag, tut uns allen herzlich leid. Aber Du, meine liebe gute Tante Hedel, gräme Dich bitte nicht zu sehr über Betty, da sie es wirklich nicht verdient eine so gute Mutter, wie Du es bist, zu besitzen. Nun sei Du, liebe Tante Hedel, und Onkel Otto recht herzlich von Eurer **Nichte Nanny gegrüßt.**

Ein Bild von Josel und mir liegt bei. Vor meiner Abreise schreibe ich Euch noch. Und Dich, meine liebe Tante, bitte ich heut schon, auch nach England mir zu schreiben.

––––––

Liebe Tante Hedel! Gleiwitz, den 12. 11. 39
Du wirst wohl sehr erstaunt sein, daß ich statt der Stellung am 26. dieses Monats heirate. Aber es stimmt schon so. Nur sehr viele, fast zu viele Aufregungen habe ich hinter mir. Aber auch dies wird bald vorbei sein. Nun sag einmal, wie geht es eigentlich bei Euch, liebe Tante. Seid Ihr, meine Lieben, alle gesund? Bei Mama ist es leider nicht der Fall. Aber solange Mama herumgeht, geht es noch. Nur das Herz will nicht mehr so. Aber hoffentlich wird das zum Frühjahr wieder besser. Vater hat immer noch sehr mit seinem Bruch zu leiden. Sonntag bei Mamas Geburtstag waren Thea, Male, Ruth und Malchens Kinder sowie Onkel Ernst mit Tante Frieda bei uns. Es war sehr schön, und wir haben viel von Euch erzählt. Nun seid recht herzlichst von **Eurer Nanny gegrüßt.**

––––––

Liebe Hedel! Gleiwitz, 17. 12. 39
Zu Deinem Geburtstag sende ich und alle anwesenden Angehörigen die herzlichsten Gratulationen. Möge es Dir vergönnt sein, diesen Tag in Glück und Gesundheit noch recht oft zu erleben. Mit vielen Grüßen **Dein Bruder Berthold**

Liebe Tante Hedel! 1. 1. 40
Viele herzliche Grüße und die besten Wünsche zum Geburtstag von **Deiner Nichte Male**

Die Hochzeit von Nanny Fleischer und Josel Bobrowsky.
Hinter dem Brautpaar steht Berthold Fleischer,
links sitzt seine Frau Gertraud, rechts die Mutter
von Josel Bobrowsky.

Liebe Hedel!
Die herzlichen Grüße und Küsse zu Deinem Geburtstag sendet
Dir   **Deine Schwägerin Gertraud**

Meine liebe Tante Hedel,
auch ich wünsche Dir alles Gute zum Geburtstag, vor allen Dingen Gesundheit. Bei uns ist alles gesund. Nur Onkel Hermann war einige Wochen in Berlin zur Bestrahlung, da er Lungenkrebs hat. Heut kam er mit Tante Selma zurück. Vater und Onkel Willy sind in Gleiwitz zugestiegen und fuhren bis Beuthen mit. Onkel ist noch sehr schwach, wird aber, wenn es Gott will, doch noch alles gut überstehen. In der Hoffnung, daß Ihr die Feiertage gut verlebt habt, grüßt Euch alle recht herzlich   **Eure Nanny**

Mein lieber, lieber Poldy   **Gleiwitz, 19. 1. 40**
Nun ist es nachts 4 Uhr, und ich will Dir einige Zeilen senden. Ja, da staunste, Du. Aber trotzdem ich mir vor einer Woche meinen Kopf so stark erfroren hatte, so daß ich wie ein Maharadscha herumlaufe, muß ich seit gestern bei meiner armen, guten Schwiegermutter Wache halten. Seit gestern mittag liegt Mutter. Es hat sich eine Bauch- und Fußlähmung eingefunden, und der Arzt befürchtet noch Gehirnschlag und deswegen mein Aufbleiben. Meinen Kopf habe ich mir dadurch erfroren, da 28 Grad Kälte war und unser Zimmer nicht zu erhitzen ist. Ich bin aber in ärztlicher Behandlung, und so wird es wohl wieder besser werden, halb ist es schon. Unseren Luftpostbrief wirst Du wohl schon erhalten haben. Leider war es mir noch nicht möglich, zum Rechtsanwalt für Dich zu gehen. Sobald ich dies tue, es ist nämlich Rechtsanwalt Dr. Cohn, bei dem Du verkehrtest, der jetzt alles untersucht hat, sende ich Dir die Antwort sofort zu. Nur um eins bitte ich Dich, bleibe stark und fest. Daß Du mit Kurt Siedner, den wir alle vielmals grüßen lassen, die alte Freundschaft unserer Eltern so aufgefrischt hast, vielmehr beide habt, freut uns sehr. Auch daß ihr beide solch tüchtige Schüler, vielmehr Streber seid, macht uns sehr glücklich. Hoffentlich

verliert Ihr nur nicht den Mut zum Weiterlernen. Unsere Eltern wohnen noch immer in ihrem Haus. Nur Vater hat die große Werkstatt einem Maler vermietet und in Willys Werkstatt seine Werkzeuge hereingetan. Jetzt arbeitet Vater bei Herrn Lulla. Vater arbeitet in seinem Fach, und so ist alles gut. Und unsere Mama, na, Du möchtest staunen, ist Gott sei Dank wohlauf und ärgert sich mit Malchens Töchterchen herum. Ach was sag ich da, Ursel ist doch Mamas ein und alles, und so vergißt Mama all das Schwere. Auch ich bin mit meiner Ehe voll und ganz zufrieden. Josel ist ein seelenguter Mensch, der mir jeden Wunsch von den Augen absieht und mir den Husten, den ich mir bei Lehrers im Juni geholt habe, voll und ganz auskuriert hat. Nur unser Willy macht mir große Sorgen, da er jetzt anfängt zu verzweifeln. Es will und will auch gar nicht klappen. Was wir in die Hand nehmen, geht schief, und es wäre doch wirklich schon die höchste Zeit, daß auch der Ärmste endlich zu seiner Auswanderung kommt. Sag einmal, kannst du, wenn es Dir selbst nicht möglich ist, vielleicht dort durch die Gemeinde für Willy sammeln lassen, damit er 100 bis 150 Dollar für Chile zusammenbekommt. Oder könntest Du Dich vielleicht schriftlich oder ein anderer verpflichten, Willy jeden Monat nach Shanghai 10, jetzt weiß ich nicht die Benennung, Pesos oder Dollar, vielleicht kann es Dir dort einer sagen, oder gehe zum dortigen Hilfsverein und erkundige Dich bitte, verpflichten, zu zahlen, dann, ja dann könnte Willy sofort nach Shanghai, da dadurch er dem Hilfsverein in Shanghai nicht zur Last fallen darf. Dies sind die neusten Bestimmungen. Vielleicht glückt es Dir, etwas für unseren Ärmsten zu tun, denn in seiner letzten Karte war er schon voll und ganz verzweifelt, und ich möchte doch so gern, daß auch er in Deine Situation kommt. Und deswegen, nochmals, versuche alles und hilf mir, ihm endlich zur Auswanderung zu verhelfen. An Onkel Ernst Poldy habe ich auch eben einen zwei Seiten langen Brief geschrieben. Vor längerer Zeit schrieb ich an Ernst Karliner und bat ihn, doch für Willy was zu tun. Durch Poldy ließ er mir mitteilen, daß er ihm den Arbeitsvertrag für Willy zur weiteren Bearbeitung gegeben hat. Er selbst kann dies nicht tun, da er sich eine Fahrradmechanik dort aufgemacht hat. Poldy will so

gut sein und alles weitere erledigen. Er wollte Dir schreiben, bitte antworte ihm sofort und bitte auch ihn, er möge doch alles tun und uns helfen. Aber viel Hoffnung habe ich auch da nicht, da Poldy auch seine Papiere für Onkel Ernst, Tante Frieda, Margot, Käthe, Kurts Braut, Kurt selbst, Otto und Adler laufen hat, und doch versuchen wird, erst die herauszubekommen. Verdenken kann man es ihm ja nicht. Aber Willy ist doch noch dringender, und so bitte ich Dich von Herzen, sieh Du, mein lieber Poldy, zu, Du vielleicht für Chile Devisen in Höhe von 50−100 legen kannst, wie, ist ja egal, oder ob Du vielleicht die Garantiesumme von 10 monatlich für Shanghai legen kannst, wenn ja, dann bitte mir sofort per Luftpost die Bestätigung zu schicken. Eben steht Josel auf und wird jetzt bei Mutter weiterwachen, und ich will schlafen gehen, da es schon 5 Uhr früh ist und seid recht herzlichst und innigst gegrüßt von Deiner Dich liebenden Schwester   **Nanny Bobrowski**
                                                           Niederwallstr. 17

Schreibe doch bitte bald. 2 Bilder u. wo ist Deins?!? Du kannst mir auch mit den Eltern zusammen schreiben, aber schreiben. Heut ist der 26. 1., ich bin schon gesund, und Mutter geht es auch schon viel besser, so daß sie nur noch … (1)

Malchen hat in ihrer Praxis sehr gut zu tun, und Willy, Theas Mann, ist Prokurist geworden. Sie wohnen jetzt, da ich Niederwallstr. 17 wohne, in meiner allernächsten Nähe, und zwar Miethe Allee 3. Annelies war bei uns. Sie hat einen Kursus als Krankenschwester mitgemacht und auch diesen Beruf ausführen. Ich erhielt von ihr einen Brief, in dem sie mir mitteilte, daß Du leider bis jetzt noch nichts von Dir hören ließest. Schreibe bitte an sie und auch an Lene. Die Adresse hatte ich Dir doch mitgeteilt. Laß uns nicht zu lange auf einen Brief von Dir warten und sei nochmals gegrüßt von   **Deiner Nanny**

Hast Du schon an Herbert nach Santa Fe poste restante geschrieben, wenn nicht, dann tue dies sofort, da es Onkel sehr schlechtgeht und er sich nach ihm und seiner Familie sehnt. Er möchte auch seinen Eltern öfter schreiben.   **Nanny**

Trotzdem kannst du aber weiter bei Eltern für mich mitschreiben, da ich täglich zu Haus bin und Mama alles einkaufe. Susi steht hinten bei Deinem Aquarium, und Ruth sieht man nur sehr wenig. Abgenommen im Wohnzimmer, ein Bild bei.

1 *Ende des Briefs fehlt.*

————

Meine liebe, liebe Tante Hedel!   **Gleiwitz, 4. 3. 40**
Über Deinen letzten Brief, den Du uns vor einigen Wochen sandtest, haben wir uns alle riesig gefreut. Nur beantworten konnte ich Dir ihn leider bis jetzt nicht, da ich mir vor zwei Monaten, als der erste große Frost war, mir meinen Kopf über Nacht erfroren hatte. Ach, waren das für Schmerzen, und dennoch mußte ich noch meine Schwiegermutter, welche zur selben Zeit mit mir krank wurde, pflegen. Endlich wurde Mutter in einem Monat gesund. Aber leider legte sich gleich wieder meine Mama hin, und so mußte ich halt wieder weiter pflegen. Wohnte bei den Eltern und kochte halt für meinen Haushalt bei meiner Mama mit alles ab. Und so ging es halt so ziemlich. Jetzt ist Mama und auch ich wieder gesund, und so hoffe ich, daß doch endlich alles seinen alten Weg gehen wird. Mein Mann hat seit Mitte Dezember keine Arbeit, und so erhalten wir von der Gemeinde eine monatliche Unterstützung, und außerdem verdient er sich durch Schneeschippen und Kohlefahren etwas zu. Er ist wohl Destillateur, aber was nutzt dies. Aber trotzdem bin ich zufrieden, da ich einen sehr guten Mann und außerdem von zu Haus doch das Sparen schon gewöhnt bin, und so teile ich mir halt alles so ein, daß es paßt. Wir wollten doch beide schon weg sein. Leider ist dies nicht mehr gegangen. Hoffen aber, daß wir nach Palästina kommen, da jetzt eine große Sache gemacht wird. Ist es nicht schon egal, wohin? Nur heraus. Thea wohnt in meiner nächsten Nähe, nämlich Miethe Allee. Da ihr Mann Prokurist wurde. Sie hat eine sehr elegante 4-Zimmer-Wohnung. Ruth geht zu Ostern von der Schule ab, hatte im Herbst das Einjährige mit gut bestanden und geht von Ostern ab in den Arbeitsdienst. Auch Malchen geht es gut. Sie

hat gute Praxis, so daß sie ihre Familie ernähren kann. Ihr Älteste ist bereits über zwei Jahre schon in der Lehre, und Susi ist riesengroß geworden und lernt tüchtig Klavier. Irmengard wird wohl schon ein Meister im Spielen sein. Daß Poldy von seiner Frau wegging, wird Dir wohl, liebe Tante Hedel, bekannt sein. Leider hatte er schlecht gewählt, und da sie nicht nur faul, sondern auch noch immer sehr viel Freunde um sich haben mußte, konnte Poldy nicht anders, als von ihr wegzugehen. Leicht war es für den Ärmsten nicht, da er sie sehr geliebt hatte. Nur sie nahm es mit der Liebe nicht so genau. Nun sind sie ja schon über ein Jahr auseinander, und Poldy hat sich schon darüber hinweggesetzt. Aber denke nur, jetzt, wo Poldy eine sehr gute Stellung als Schlosser erhalten hat, wollte sie wieder zu ihm zurück, aber er ist so beleidigt worden, so daß er nicht mehr daran denkt. Ich finde dies sehr vernünftig. Er arbeitet tüchtig und will es noch zum Ingenieur bringen. Nur unser armer Willy kann und kann noch immer nicht fort. Onkel Ernst Poldy und vor allem Ernst Karliner. Er ist wohl Tante Friedas (Lehrer) Bruder, aber das ganze Gegenteil von ihr. Hat mir wohl den Arbeitsvertrag ausgestellt und Poldy zum Abgeben an die Regierung weitergegeben, da er selbst durch seine Mechanikerei dazu nicht kommen kann. Aber leider geht alles viel zu langsam für meinen armen Willy. Wir versuchen noch verschiedenes andere, bis jetzt leider noch alles ohne Erfolg. Onkel Hermanns Tod hat meinen armen Vater auch sehr mitgenommen. Vater kann und kann es immer noch nicht so recht fassen und erzählt sehr viel von sich und Onkel Hermanns Jugendstreichen. Vater gefällt mir seit einiger Zeit gar nicht und erzählt nur immer, daß er sich sehr viel mit Onkel Hermann in den Träumen unterhält. Vater muß Onkel sehr liebgehabt haben. Nur über eins freut sich Vater sehr. Und zwar, daß Du, liebe Tante Hedel, zu uns kommen willst. Hoffentlich bereitet Ihr uns diese große Freude, da dies doch so schön wäre, Euch, meine Lieben, nochmals alle zu sehen und zusammensein zu können. Und für meinen Vater wäre das das aller-, allerschönste. Hoffentlich kommst Du nicht nur mit Onkel Otto, Betty und Irmgard, sondern bringst uns auch mal Hermann mit. Als ich noch vierzehn Tage vor Onkels Tod mit meinem Mann bei ihm war, erzählte mir Onkel freude-

strahlend, daß Du, liebe Tante, an ihn gedacht hast. Liebe Tante
Hedel, Du kannst dir gar nicht vorstellen, was Du ihm für eine
große Freude bereitet hast. Vater will Dir über Onkel Hermanns
Beerdigung, welche sehr groß war, selbst mitteilen. Tante Wally
mit ihrem Mann waren und sind noch da. Meine Eltern freuten
sich riesig über das Gesandte und danken Dir recht herzlichst
dafür. Mama, die leider noch nicht so stark ist, daß sie Dir,
liebe Tante, selbst schreiben kann, läßt Dich vielmals grüßen
und wünscht Dir und dem lieben Onkel alles Gute und gute
Besserung. Nun sei Du, liebe Tante, und mein lieber Onkel
recht herzlichst von

Vater und Eurer Nanny und Josel gegrüßt.

_____

Liebe Tante Hedel!   14. 5. 40
Hoffentlich habt Ihr und Hermann mit Betty die Pfingstfeiertage recht gut verlebt. Leider war es mir bis jetzt nicht möglich,
Deinen lieben Brief, über den ich mich sehr freute, zu beantworten. Willys Auswanderung nimmt mich so in Anspruch,
aber dennoch will und will es immer noch nicht klappen. Willy
sollte jetzt Mitte Mai nach Palästina, aber leider kam er auf die
Bescheinigung bis jetzt noch nicht heraus. Ich bin bis nach
Oppeln gefahren und habe mir den tüchtigsten Anwalt genommen und alles nur Erdenkliche getan und bin doch nicht zum
Ziel gelangt. Jetzt habe ich sogar von Onkel Ernst Poldy einen
Arbeitsvertrag für Willy erhalten, und bald wird auch das Permit für Shanghai da sein. Aber ob dann Willy wandern wird
können, ist sehr fraglich. Gesuch um Freilassung sind ja schon
in Gleiwitz und Berlin, aber wer weiß, wie dies alles noch aus-
fällt. Du wirst wohl schon erfahren haben, liebe Tante, daß
Onkel Ernst mit Familie auch nach Shanghai zu Poldy sollen.
Sie warten nur noch auf ihre Permits, die bald eintreffen sollen.
Geb's nur Gott, denn die Ärmsten haben es auch sehr schwer.
Mein Mann arbeitet jetzt in einer Ziegelei, und da heißt es
schon um ½5 Uhr aufstehen, aber das tut ja nichts, die Hauptsache ist ja, daß Josel Arbeit hat. Daß Vater Dir bis jetzt noch
nicht geschrieben hat, nimm ihm nicht sehr übel. Da Vater

kolossal über Willys Sache sehr erregt ist und außerdem alles in allem Vater sehr mitnimmt. Aber ich will Dir, liebe Tante Hedel, dafür berichten. Bei Onkel Hermanns Beerdigung war ganz Beuthen. Nicht nur unsere Leute, sondern auch alle anderen. Vater meinte, eine solch große Beerdigung war schon lange nicht. Außer meinem Vater waren Onkel Willy, Onkel Ernst, Tante Amalie, Tante Dora, Bäcker Frieda, Lehrer Frieda, und Tante Wally mit ihrem Manne, die zur Beerdigung die Genehmigung zum Reisen bekamen. Nanny mit ihrem Mann kamen auch aus Berlin, Mama und ich konnten auch nicht gehen, da gerade an dem Tage, wie Onkel starb, Mama sehr krank wurde und Thea mir helfen mußte, Mama langsam auf Onkels Tod vorzubereiten. Auch Betty schrieb, daß es besser war, daß Onkel Hermann starb, da er mit Lungenkrebs nur sich hätte quälen müssen. Tante Malchen soll aber vom Tode nichts wissen, da sie selbst sehr krank ist. Tante Rosa schrieb, daß Onkel Fedor russischer Bürger geworden ist und seine zwei Jungens in der Nähe von ihm sind. (1) Nur ich habe sehr große Angst. Poldy schrieb uns und läßt Euch vielmals grüßen. Sei Du, liebe Tante, Onkel Otto, Hermann, Betty und Irmengard recht innigst gegrüßt von **Eurer Nanny**

Sei nicht böse, daß Vater Euch nicht schreibt, aber es ist ja alles so aufregend. Aber dafür lassen die Eltern recht herzlichst grüßen.

Liebe Tante Hedel,   20. 5. 40
nun wirst Du wohl erstaunt sein, daß ich Dir erst heut meinen Brief absende. Aber leider liegt meine arme Mama wieder krank darnieder. All die ganzen Sachen, die sich jetzt in letzter Zeit um Willys Wanderung handelten, haben dies alles verursacht. Ach es ist ja alles jetzt so schwer, und man möchte noch so gern, daß auch Willy noch wandern könnte. Familie Onkel Ernst haben von ihrem Poldy vorige Woche telegrafisch Bescheid erhalten. Permits unterwegs, und jetzt wird es nicht mehr lange dauern, und sie alle können wandern. Nur wie wird es mit dem armen Otto, Kurt und Adler werden? Vater hat eine riesengroße Bitte an Dich, liebe Tante Hedel. Vielleicht hat

Onkel Otto ein Paar Schuhe in Größe 41, schwarz und hoch, zum Schnüren oder Zugstiefel. Vater würde Euch dies gerne bezahlen, da er nur ein Paar hat und diese schon sehr abgetragen sind. Wir wollen sie Euch auch gern bezahlen, wenn sie auch bereits getragen sind. Daß Vater nicht schreibt, darüber sei uns nicht zu böse, da doch jetzt Vater und wir alle sehr viel Aufregung haben mit Willy und auch was wird noch aus uns. Ach es ist ja fast schon zu schwer. Nochmals recht innige Grüße an alle von **Eurer Nanny**

1 *Aus den von Deutschen besetzten Teilen Westpolens waren bereits während der Kriegshandlungen Juden ostwärts geflohen. Manche von ihnen gelangten in jene Gebiete, die aufgrund der deutsch-sowjetischen Abkommen vom August und September 1939 von der UdSSR besetzt wurden. Offenbar bezieht sich die Passage auf Familienangehörige, die sich in diesen Gebieten befanden.*

———

Meine liebe Tante Hedel! **Gleiwitz, 8. 8. 40**
Für Deine lieben Briefe an Vater und mich habe recht vielen Dank. Vater hast Du mit diesem überhaupt eine sehr große Freude gemacht. Nur ganz wohl fühlt sich Vater nicht. Nicht nur der Bruch macht viel zu schaffen, kommen auch noch die Nerven dazu. Nur ja, bedenke nur, zuerst heißt es vor einiger Zeit, daß unser Willy auswandern kann. Die Freude bei Eltern und uns allen war riesengroß. Nicht nur Onkel Ernst Poldy senden einen Arbeitsvertrag, so erhalten wir auch noch eine Schiffskarte nach Palästina. Vater machte ein Gesuch, welches mit den Worten, daß während des Krieges keiner unter 60 Jahren herauskommt, abgelehnt wurde. (1) Daraufhin wurde unsere arme Mama drei Wochen sehr schwer krank. Die ersten Tage hatte Mama Tag und Nacht hohes Fieber, und ich pflegte sie wieder, Gott sei Dank, gesund. Seit Mama legte sich auch Onkel Joseph, Hindenburg, hin. Leider ist Rudel dasselbe, was Luschy passiert ist, auch passiert. Und dies nahm Onkel sich so zu Herzen, daß der Ärmste drei Wochen schwer krank lag, und

in der vierten Woche, in der Mama gesund wurde, rechte Seite gelähmt wurde, und dies führte dann zum Tode. Onkel Joseph starb am 20. Juli und wurde am 21. Juli begraben. Onkel Willi, Onkel Ernst mit Tante Frieda und ich waren zur Beerdigung. Vater konnte leider nicht, da er bei einem Schlossermeister arbeitete und die Arbeit fertig sein mußte. Auch Onkel und Tante aus Gogolin waren dabei. Es war eine sehr schöne Beerdigung. Die ganze Hindenburger Gemeinde, Männer und Frauen, waren vertreten, und Herr Dr. Katz redete sehr schön. Und noch immer ist noch nicht genug vom Schlechten. Denn unser Poldy, der am 3. 7. uns geschrieben hat, war die ersten 14 Maitage sehr krank. Nun ist er Gott sei Dank wieder gesund, hat sich aber, da seine Frau ihn sehr mit anderen Männern betrog, am 30. Juni bereits nach religiösem Recht scheiden lassen. Und jetzt führe ich hier die Scheidung weiter. Ach, was ich da alles erfahren habe. Es ist fast unmöglich, daß so ein junges Ding, mit seinen 18 bis 19 Jahren schon so schlecht sein kann. Aber leider ist es wahr. Nur sehr schade ist es um Poldy, der doch nur immer eine gute Ehe haben wollte. Und auch das nimmt unsere Eltern sehr mit. Er ist doch mal der Jüngste. Sollte es Dir, liebe Tante, möglich sein, so sende doch bitte Vater die zwei Paar Schuhe, da Vater sie sehr dringend benötigt, mit Gummisohlen, zur Reparatur. Ich habe soviel geschrieben und das Nötigste vergessen. Daß Luschy Dir, liebe Tante, überhaupt schrieb, ist doch sehr unvernünftig von ihm. Ich glaube schon, daß er sehr wenig oder gar nichts vom Geld erhält. Da doch seine Frau mit den zwei Kindern sehr schlecht mit ihrer Unterstützung auskommen. Und sie ist doch ein so guter und angesehener Mensch in Hindenburg. Nur Dora, die Dich, liebe Tante, grüßen läßt, kann sich mit Paula nicht vertragen. Willy, der uns jede 14 Tage schreibt, ist wohl gesund, möchte aber gern irgendwo arbeiten. Ich tue alles, aber auch das ist umsonst. Thea und Malchen senden Willy jeden Monat 30 Mark zusammen, und so kann er sich noch immer etwas zukaufen. Gott sei Dank. Daß Vater Dir, liebe Tante Hedel, selbst nicht schreibt, nimm bitte nicht sehr übel, aber Vater, so krank, wie er ist, arbeitet bei einem Schlossermeister, der selbst gelähmt ist, und dann hat Vater seit ca. 3 Wochen auch noch die Genehmigung zur Arbeit für Juden erhalten. Und so ist Vater sehr kaputt, wenn er um 5 Uhr abends heraufkommt. Ach, Vater gefällt mir überhaupt gar nicht, denn er ist so furchtbar mit den Nerven kaputt, so daß Vater öfters mit der Arbeit aufhören muß, um sich hinzulegen. Ach ja, was ist nur aus uns geworden. Thea und Malchen geht es Gott sei Dank gut. Und auch ich kann mich so, na, sagen wir, mit meinem Mann nicht beklagen, wenn man nicht nur in ständiger Unruhe leben würde, ist es nicht Willy, so Poldy. Malchen hat sehr gute Praxis und ist schon drei Wochen jetzt im Altvater (2) mit ihrem 7jährigen Jungen. Und Thea kann mit Willy vorläufig nicht verreisen, da Willy keinen Urlaub bekommt. Und Ruthel und Susi sind schon ganz große Fräulein und gucken von oben herab auf ihre Tante Nanny, so groß sind sie. Ruthel hat im vorigen Herbst das Einjährige mit sehr gut bestanden und macht diesen Herbst das Kriegsabitur, und Male will Susi in eine Pension geben, damit sie noch ein bißchen was dazulernt. Bei Onkel Ernst ist es mit der Wanderung noch nicht alles in Ordnung. Erstens hatten sie das japanische und müssen jetzt das französische Visum haben. Es ist umgekehrt. Poldy sendet es wohl, aber mit dem Haus will es nicht so klappen. Ach, die Häuser machen einem sehr, fast zuviel zu schaffen. Vater auch. Man hat ihm die erste Hypothek gekündigt, trotzdem pünktlich die Zinsen monatlich vom Zwangsverwalter gezahlt werden. Wir haben vom Haus nichts mehr. Nun will ich für heut schließen. Viele Grüße an Dich, liebe Tante, Onkel Otto, Hermann, Irmengard und Betty, wo bleibt ihr Brief, von **Eltern und Deiner Nichte Nanny**

1 *Die Bestimmung, die 1941 durch ein generelles Auswande-rungsverbot ersetzt wurde, sollte offenbar verhindern, daß wehrfähige Männer sich den Armeen der Kriegsgegner Großbritannien und Frankreich zur Verfügung stellten.*

2 *Teil des Gebirgszuges an der schlesischen Grenze zur west-lichen Tschechoslowakei, die 1939 liquidiert worden war und nach der deutschen Okkupation zum »Protektorat Böh-men und Mähren« erklärt wurde.*

Meine liebe Tante Hedel! **Gleiwitz, 12. 12. 40**
Es war wohl nicht meine Absicht, Dich, meine Liebe, mit meiner Antwort solange warten zu lassen. Aber wir hatten so viel aufregende Sachen, so daß einem das Schreiben schwerfällt. Nun will ich Dir, liebe Tante, vor allem für das Paket danken. Ach, wir danken Dir von ganzem Herzen für dieses, da es für uns jetzt einen sehr großen Wert hat. Auch Nummer 39 paßt sehr gut. Mama und auch Tante Wally, die uns schrieb, daß außer uns nur Du, liebe Tante, gratuliert hast, danken Dir recht herzlichst dafür. Gott sei Dank ist Mama wohlauf, und auch Vater geht es gesundheitlich einigermaßen. Und auch ich bin endlich seit 8 Monaten wieder mit meinem Kopf vollständig hergestellt. Da ich es nicht mehr aushalten konnte, ließ ich mich in der Ohrenklinik behandeln. Erhielt dort unter anderem 10 Kopfbestrahlungen, und so bin ich endlich hergestellt. Rudolf ist, kaum daß er 3 Monate weg war, schon gestorben. Er folgte seinem Vater aber sehr schnell, nicht wahr? Aber besser doch so, da es für ihn eine Heilung sowieso nicht mehr war. Und nun, liebe Tante Hedel, wünsche ich Dir zu Deinem Geburtstag alles nur erdenklich Gute und verlebe diesen Tag im Kreise der Lieben in voller Gesundheit. Auch zu Weihnachten wünsche ich Dir, Onkel Otto, Betty, Hermann und Irmengard ein frohes Fest und seid alle recht herzlichst gegrüßt von **Eurer Nanny**

Liebe Hedel,
vielen Dank für Deine Gratulation, und auch ich wünsche Dir zu Deinem Geburtstage alles Gute und sei vielmals gegrüßt von
Deiner Schwägerin Frieda

Liebe Hedel!
Zu Deinem Geburtstage gratuliere ich herzlichst und wünsche Dir das Allerbeste. Hoffen wir, daß sich im kommenden Jahr alles zum Guten wendet. Für die gesandten Sachen vielen Dank. Bei uns geht es immer seinen alten Gang. Ich arbeite für mich und habe zu tun. Auch wir denken oft an Euch und an die Zeiten, wie wir alle, außer Hermann, hier waren. Hoffentlich kommen wir im Leben noch zusammen. Malchen ist böse auf mich, weil ich ihr nicht gratuliert habe. Ich wußte aber tatsächlich

nicht ihre Adresse. Warum Ernst sie mir nicht sagte, weiß ich nicht. Also liebe Hedel, verlebe Deinen Geburtstag im Kreise der Deinen in Freude und sei vielmals gegrüßt von

Deinem Bruder Berthold

Viele Grüße an Schwager Otto und Familie Hermann. Unsere Nichte Grete Frazewski, geborene Blana, ist vor kurzem gestorben.

Meine liebe Tante Hedel,   **Gleiwitz, den 10. 3. 41**
wie wir uns alle über Deine lieben Zeilen gefreut haben, kannst Du Dir gar nicht vorstellen. Ach, die Zeiten werden doch so schwer, und da freut man sich so sehr, wenn man von seinen Lieben etwas hört. Daß bei Euch alles wohlauf ist, hören wir sehr gern, nur bei Vater hatte sich ein sehr großer Herzschmerz eingefunden gehabt. Vater konnte dadurch zwei Tage nicht arbeiten. Aber Gott sei Dank ist es jetzt schon wieder besser geworden. Na ja, das kommt von den so vielen Aufregungen. Wir Jungen sagen, es ist halt doch nichts zu ändern, aber bei Vater geht's gleich aufs Seelische. Unser Poldy hatte Freitag einen Brief an uns gesandt. In dem er uns mitteilte, daß er unsere Eltern versucht anzufordern. Bitte erwähne nie etwas davon, da Vater nicht daran denkt vorläufig auszuwandern. Und wie froh wären wir doch darüber. Da man doch nicht weiß, wohin wir noch ziehen. Und nun, liebe Tante, etwas von Malchen und ihren Kindern. Malchen hat eine sehr gute Praxis mit sämtlichen Krankenkassen. Und so ist es ihr wenigstens möglich, ihren Haushalt, der sie dadurch, daß ihre Kinder sehr große Esser sind, sehr viel kostet, unterhalten kann. Malchens Ernst ist ein sehr großer Junge und wirkt mit seinen 17 Jahren, als wenn er schon 20 wäre. Er ist im August ausgelernt als Kaufmann. Und Susi, die jetzt von Ostern, da sie aus der Schule kommt, nach Wien ins Pensionat geht, ist die allergrößte von der ganzen Familie, noch größer wie ihre Mutti und hat jetzt schon Kleiderweite 46. Na da siehst Du wohl, wie entwickelt das Fräulein schon ist. Luschi, der dritte, sieht unserem Poldy

sehr ähnlich und geht schon das 2. Jahr zur Schule, und Bubi, der vierte, kommt vor Ostern in die Schule. Und nun kommt noch das Jüngste, unsere Ursel. Welche eine kleine freche Range von 3½ Jahren ist, Malchens Sonnenschein. Theas Ruth ist 19 Jahre und macht diese Woche das mündliche Abitur. Sie ist ein sehr kluges Mädel, und so hoffen wir, wenn nichts anderes zu sagen hat, daß sie das Abi mit gut besteht. Unser Willy schreibt jede 14 Tage, und wir senden ihm seit November täglich den Wanderer. Er ist auch gesund. Unsere Wohnung haben wir auf 2 Zimmer und Küche verkleinert. Meine Cousine Grete hat sich durch eine zweijährige Erkältung, die nicht ausheilte, Lungenschwindsucht zugezogen. Sie hinterläßt einen Jungen von 13½ Jahren und ein Mädchen von 10½ Jahren. Die Kinder sind nun Vollwaisen, da ihr Vater bereits mehrere Jahre tot ist. Bäckers haben nicht nur das Haus, sondern außerdem den Backofen für 800 Mark verkauft. Das Geld für diesen erhielten sie extra, so daß sie immer noch etwas für Anschaffungen haben. Den Pullover habe ich von Margot gesehen. Er ist sehr schön. Nur sehr viel Arbeit muß er Dir, liebe Tante, gemacht haben, da doch das Garn so sehr fein ist. Ich werde am 18. 7. 36 Jahre alt. Schon sehr alt, nicht wahr? Gesundheitlich bin ich wieder auf der Höhe und hoffe von Euch, meinen Lieben, dasselbe und viele Grüße von

Eurer Nanny

Und nun liebe Tante Hedel, wollte ich Dich noch fragen, ob es Dir vielleicht möglich wäre, mir bei Betty oder bei einer Eurer Bekannten eine Babyausstattung, welche ich herzlich gern bezahlen möchte, zu beschaffen. Ich werde wahrscheinlich im August mein Baby erhalten. Aber leider kann ich mir hier nichts ohne Kleiderkarte kaufen. Und Thea und Malchen haben schon vor Jahren ihre Babywäsche bereits weggegeben. Die Wäsche erhält man nur noch auf extra Babykarten, die ich doch leider nicht erhalte. Ich wäre ja mit einer gebrauchten Kinderwäsche sehr zufrieden, da ich wirklich nicht weiß, wie ich zu diesen Sachen kommen solle. Lehrer-Frieda hat ihre Wäsche bereits einer Nichte gegeben, und mein ganzes Nachfragen ist leider bis jetzt erfolglos. Und deswegen, liebe Tante Hedel, wäre ich Dir sehr dankbar, wenn es Dir möglich wäre, mir von Betty oder aus Deinem

Bekanntenkreise einige Babywäsche, welche ich herzlich gern bezahle und wenn sie noch so alt ist, da ich wirklich schon nicht mehr weiß, wie ich zu dieser kommen sollte. Sollte es Dir liebe Tante möglich sein, einige neue Sachen zu kaufen, so nehme ich auch diese gern ab, da ich ja mir bereits 40 Mark auf diese Sachen zusammengespart habe. Nun, liebe Tante, sei mir bitte nicht zu böse, daß ich Dich auch noch damit belästige, und sei nochmals recht herzlichst und innigst von

Deiner Nichte Nanny gegrüßt

Gruß Onkel Otto u. Hermann, Betty, Irmengard.

———

Meine liebe Tante Hedel!   **Gleiwitz, den 27. 3. 41**
Deinem Wunsche will ich sofort nachkommen und Deine lieben Zeilen beantworten. Vor allem habe aber recht vielen Dank für Deine Bemühungen, mir die Babywäsche zu besorgen. Ich würde 6 kleine Hemdchen und 6 kleine Jäckchen, 6 große Hemdchen und 6 große Jäckchen, 4 Nabelbinden, 2 Paar weiße Ärmelhalter, 1–2 Mützchen, 1–2 Häubchen, 4–6 Lätzchen, 12 Mullwindeln, 12 dicke Windeln, 1 Gummiunterlage, 4–6 Tragekissenüberzüge, 1 komplettes Tragekissen benötigen. Eine Wagengarnitur hätte ich wohl auch sehr gern, weiß aber doch bis jetzt noch nicht, ob es ein Junge oder Mädel sein wird. Josel hätte sehr gern ein Mädchen, aber meistens kommt es doch immer anders, wie man sich es wünscht. Daß Betty so lieb sein will und mir von Irmengard etwas zurechtmachen will, ist sehr nett von ihr, und ich lasse sie herzlichst grüßen und vielmals jetzt schon bedanken. Irmengard muß sich noch ein klein wenig gedulden, aber sie wird die erste sein, die ich dann benachrichtige. Es ist wohl alles in allem sehr schlimm, aber ich selbst habe mich in alles hereingefunden, so daß ich auch mal mit dem Allerschlimmsten fertig werde und muß. Wie Gott es haben will, so wird es sein, und wenn man sich auch noch so dagegen sträuben würde. Und deswegen lasse ich alles auf mich zukommen. Vater hat sich über Deinen und Onkel Ottos Brief sehr gefreut und will diesen allein beantworten. Nur meine

Mama liegt seit voriger Woche an Ihrem alten Herzleiden krank, und so bin ich mehr bei den Eltern wie bei mir zu Haus. Ruthel hat ihr Abi mit gut bestanden. Nun ist die Freude riesig groß. Nur muß sie jetzt in den Arbeitsdienst. Susi geht nach ihrem verstorbenen Vater und Ernst lernt Kaufmann, Kolonialwarenbranche. Sonntag machen wir einen kleinen Geburtstagskaffee bei denen alle, auch Bäckers und Lehrers, letzterer vielleicht, dabei sein werden. Nun will ich für heut schließen und seid alle recht herzlichst von   **Eurer Nanny gegrüßt.**

30 Mark sende ich Dir, liebe Tante, per Post. Sollte es mehr ausmachen, so schreibe bitte.

––––––

Liebe Tante Hedel!   **Gleiwitz, den 15. 4. 41**
Du wurdest leider von Tante Frieda falsch unterrichtet. Da Thea und Malchen nicht arisch, sondern nur als Deutsche gelten. Malchen durfte sich als deutsche Zahnärztin wohl niederlassen, aber das Schild »arisch« darf sie, wie die anderen Ärzte, nicht haben. Ihr schadet dies nichts, da sie doch sämtliche Krankenkassen hat. Wir denken uns alle aber, daß doch Hermann, der doch einen christlichen Vater hat, noch viel mehr, gerade in dieser Linie, Chancen haben müßte. Vielleicht macht er so, wie es Malchen tat. Man legte ihr hier, von den Gleiwitzer Ärzten aus, Knüppel in den Weg, und sie, in ihrer großen Verzweiflung, setzte sich auf die Bahn und fuhr nach Oppeln zur Regierung. Nahm vorsichtshalber von ihren Kindern Fotografien mit. Ernst und Susi in Uniformen. (1) Zuerst sah man sich Malchen gründlich an, ob sie nicht zu jüdisch aussehe, dann fragte man, wie ihr Haushalt und die Kinder geführt und erzogen werden. Da ein christlicher Haushalt und die Kinder christlich erzogen wurden und außerdem von Jugend auf in der Hitlerjugend sind, war man ihr schon zugetan. Und als man noch erfuhr, daß sie bereits 8 Jahre Landärztin war und mit dieser Praxis 5 Kinder erzog, hatte sie fast gewonnen. Als sie dann zum 2tenmal hinfuhr, sagte der Beamte ihr im Vertrauen, daß die Gleiwitzer Ärzte sich wohl gegen Malchen sträuben, aber

von der Regierung aus sie die Genehmigung erhalten wird. Und so kam es auch. Gott sei Dank. Die Leute im Dorf lassen auf Malchen nichts kommen, da sie durch ihre Hilfe, die sie allen auch außer der Praxis zukommen läßt, sehr beliebt ist. Und Thea hat auch keine Schwierigkeiten. Sie hatte wohl Angst, daß Ruthel zur Prüfung (2) nicht zugelassen wird. Aber auch dies ist vorbei, das Examen ist bestanden, und nun ist Ruth im Sudetenland als Arbeitsdienstmädel, und auch dort sind die Führerinnen und Mädels alle sehr nett. Thea ist auch vom Luftschutz als Feuermann eingesetzt worden und kommt mit ihren Leuten im Haus, trotzdem die alles wissen, sehr gut aus. Vielleicht setzt sich Hermann mit der Regierung in Verbindung, damit Betty endlich Ruhe hat. Und nun, liebe Tante, habe recht vielen innigen Dank, daß Du so lieb sein willst und mir alles besorgen willst. Sollte das Geld nicht reichen, so sende ich Dir noch welches zu, da ich tüchtig von meinem großen Kostgeld 20,– spare. Auch Betty und Hermann danke ich von ganzem Herzen, daß sie so gut sein wollen und mir die Wagengarnitur zum Geschenk machen. Und auch fürs Badetuch heut schon vielen Dank, da ich doch sehr großes Kopfzerbrechen über all die Sachen schon hatte. Vielleicht ist es Dir, liebe Tante Hedel, möglich, mir noch 3 verschiedene Waschlappen mit zu besorgen. Auf unser Kindel freuen wir uns ja schon so sehr, nur Angst hat man, ob und wie lange man noch in Gleiwitz weilen darf. Hätt' ich bloß schon alles hinter mir. In der Hoffnung, daß Ihr alle die Feiertage gut verlebt habt, grüßt Euch herzlichst

Eure Nanny

Mama ist wieder gesund.

1 *Offenbar der Hitlerjugend-Organisation (HJ).*
2 *Abiturprüfung.*

———

Liebe Tante Hedel! Gleiwitz, den 25. 4. 41
Für Deine liebe Mitteilung, daß das Paket mit den Sachen bereits unterwegs ist, habe recht vielen Dank. Ich bin ja so

glücklich, daß Du, liebe Tante Hedel, so lieb warst und mir all dies besorgtest, da ich sonst wirklich nicht gewußt hätte, wie ich zu all dem kommen sollte. Ich war ja schon so meschugge, daß ich mich sogar verrechnete. Statt im August werde ich mein Baby bereits im Juli, vielleicht mein Geburtstagsgeschenk, erwarten. Nun lacht mich mal alle tüchtig aus. Aber da seht Ihr halt, wie kopflos ich schon war. Nun bin ich jetzt, da ja die Hauptsache, die Wäsche, jetzt durch Dich, meine Liebe, besorgt wurde, voll und ganz beruhigt. Gestern war ich auch bei der Frauenärztin. Sie meinte, ich brauche nichts zu befürchten, da das Kind und die Gebärmutter in der richtigen Lage sich befinden. Ich fühle mich ja auch sehr wohl, arbeite tüchtig und gehe sehr viel spazieren. Auch für die Armbänder, die Du gemacht hast, habe recht recht vielen Dank. Ich weiß wirklich nicht, wie ich alles mal gutmachen werde. Und nun danke ich Dir und der lieben Betty für den Mantel und Bluse. Ich habe für alles Verwertung, da ich mir bereits unter Mamas Aufsicht aus einem zweiten Mantel ein Kleid herstelle. Jetzt mache ich ein Schürzenkleid, damit ich es verstellen kann. Nun, liebe Tante Hedel, will ich für heute schließen und sei Du, meine Liebe, so wie Onkel Otto, Hermann, Betty, ich warte ja immer noch auf ihren Brief, recht herzlichst gegrüßt von **Eurer Nanny**

Liebe Tante Hedel!

Weißt Du schon, daß Tante Selmas Poldy gestorben ist und daß Onkel Ernsts Wohnung gekündigt wurde? Ist dies nicht schrecklich? Onkel Ernst tut uns ja sehr leid. So gern wie Vater helfen möchte, kann er es doch nicht, da bei uns keine Wohnung frei ist, und die Eltern selbst von ihrer Wohnung alles bis auf zwei Zimmer und die Küche vermietet haben. Auch an Tante Malchen nach Witkowitz will ich heut noch schreiben, da sie vor Ostern an Vater eine Karte sandte, über die wir uns alle freuten. Nur Vater selbst ist mit seinen Nerven so herunter, daß ihm das Arbeiten, das ihm mal sehr viel Freude gemacht hat, jetzt sehr schwerfällt, und das Schreiben will überhaupt nicht mehr. Die restlichen Mark 15,65 sende ich Dir per Postanweisung zu. Nun sei nochmals vielmals gegrüßt von

Deiner Nichte Nanny

Auch Josel dankt Dir vielmals und läßt herzlichst grüßen.

Liebe Hedel, mir geht es schon wieder besser, hoffentlich seid
Ihr auch alle gesund, und seid vielmals gegrüßt von
Eurer Trude und Berthold

Meine inniggeliebte Tante Hedel! **Gleiwitz, 7. 5. 41**
Nun ist endlich nach 14 Tagen das Paket angekommen. Ach,
war da meine Freude groß. Da ich bereits dachte, daß es, da es
nicht ankommen wollte, verlorengegangen wäre. Und erst als
ich es öffnete, da war ich so freudig überrascht. Nicht nur, daß
Du, meine Liebe, mir all diese schönen Sachen sandtest, sondern mit wieviel Mühe und wie schön hast Du alles gebunden
und gepackt. Und deswegen nimm nochmals recht, recht herzlichen Dank entgegen. Die Wäsche ist sehr gut und schön. Ich
habe hier von einer Bekannten die Kinderaussteuer gesehen,
alles dünn und so hart, und meine ist doch so weich und mollig.
Und was für Mühe müssen Dir, liebe Tante Hedel, erst diese
niedlichen Armbändchen gemacht haben. Mama und Vater,
denen ich das Paket so gezeigt habe vor Freude, wie Du es sandtest, staunten sehr, daß Du all das so schön gemacht hast, und
danken Dir extra für alles. Sogar das Strampelhöschen hast Du,
meine Liebe, nicht vergessen. Und über diese wundervolle
Decke, die Du mir mitsandtest, habe ich mich riesig gefreut, da
ich doch vergessen hatte, Dir diese mit anzugeben, und hast Du,
meine liebe Tante, auch daran gedacht. Die Bluse werde ich mir
schön ändern, und für Bettys Mantel danke ich ihr vielmals, da
ich diesen gerade jetzt sehr gut gebrauchen kann. Das Badetuch, das mir Betty sandte, ist noch wie neu, und so wird sich
mein kleiner Fratz sehr wohl darin fühlen. Ach hat mir all das
doch so viel Sorgen gemacht, und nun habe ich alles durch Dich
so gut und schön und schnell erhalten, mein liebstes Tantchen.
Daß ich Dir erst heut das Geld sandte, darüber sei mir nicht zu
böse, aber mir fehlten noch paar Mark, und diese konnte ich
erst heut von meinem großen Kostgeld ablegen. Aber mir tut es
gar nichts. Ich meine das Sparen, da ich doch schon von meinen

Eltern gewöhnt war, immer zu sparen. Nur sehr viel Mühe kostet es doch, wenn man nur 20,– bis 22,– Mk die Wochen zu verleben hat und noch etwas, und wenn es nur wöchentlich 1,– Mk ist, ablegt. Josel verdiente ja etwas mehr, aber leider werden seit paar Monaten monatlich vom Lohn 15% abgezogen, weil wir halt wir sind. (1) Und Feiertage erhalten wir, zum Beispiel Pfingsten, auch nicht bezahlt. Die anderen aber ja. Und trotz allem danken wir Gott für jeden Tag, den wir noch in Gleiwitz verleben können, da es den anderen viel, viel schlechter geht wie uns. Keine Arbeitsmöglichkeit, alles teuer und außerdem kein Geld. Ach, Tante Hedel, man darf gar nicht daran denken, daß es einem auch mal so gehen wird. Man muß halt nicht mehr denken, nur alles auf sich zukommen lassen, das ist doch das beste. Nur Vater nimmt alles dies zu schwer. Onkel Ernst mit Frau Lehrers mit Kind und Vater waren Sonntag bei Tante Malchens 80. Geburtstag, und Tante erzählte und freute sich sehr über Dein Paket. Käthe habe ich den sehr schönen Pullover herübergetragen. Sei mir bitte nicht böse, aber ich bin doch nicht umsonst eine Evastochter, denn ich habe mir den Pullover angezogen, und auch Josel und meinen Eltern gefällt er sehr gut, und Vater und Mama staunen über Deine große Ausdauer. Mama kann gar nicht mehr viel hintereinander nähen, da sie sofort große Rückenschmerzen bekommt. Und nun, liebe Tante Hedel, möchte ich noch zu gern wissen, was eigentlich das Porto für das Paket macht. Da ich Dir dies auch noch gern zusenden möchte. Ich hätte noch eine kleine Bitte an Dich, liebe Tante, weiß aber nicht, ob Du jetzt nicht sehr böse sein wirst. Und zwar, ob es Dir vielleicht möglich wäre, mir ein bis zwei Gesichtseifen zu besorgen, da es hier nur die Einheitsseife gibt, und die Hebamme meint, ich solle wenigstens versuchen für die erste Zeit etwas Toilettenseife zu bekommen. Ich würde sie Dir gern bezahlen. In der Hoffnung, daß Du mir nicht zu böse bist, da ich Dich wieder mit etwas belästige und sei recht herzlichst von   **Deiner Nanny gegrüßt.**

Auch einen schönen Gruß von Eltern, Mutter und Josel, die alle vielmals danken grüßen lassen. Grüße auch Onkel Otto, Hermann, Betty und Irmengard.

1 Die erhöhte Besteuerung der Arbeitslöhne von Juden wurde
mit dem demagogischen Argument gerechtfertigt, daß sie
weniger andere Kriegsleistungen vollbrächten und deshalb
finanziell stärker herangezogen werden müßten. Diese So-
zialausgleichsabgabe, die nach der Verordnung vom
24. 12. 1940 15% des Einkommens betrug und bisher nur
von Polen zu zahlen war, wurde nun auf Juden ausgedehnt.

———

Liebe Tante Hedel,   **Gleiwitz, den 25. 5. 41**
es ist sehr schade, daß Ihr Euch alle wegen des Paketes solch
Sorgen gemacht habe. Aber auch ich hatte schon sehr große
Angst gehabt, daß es verlorengegangen wäre, da es doch über
14 Tage gegangen ist. Dafür war aber unsere Freude desto größer. Malchen konnte Dir Deinen lieben Brief, über den sie sich
sehr freute, bis jetzt nicht beantworten, da sie gerade, wie der
Brief ankam, mit Susi nach Wien fuhr, blieb dort 8 Tage, und
nun hatte sie nachher sehr viel zu tun, und vorige Woche gleitet
sie aus, schlägt sich am Schienbein, dabei platzt ihr eine kleine
Krampfader. Jetzt ist es schon ein bißchen besser. Ich selbst
wollte Dir schon den Brief von Malchen beantworten, konnte
dies leider nicht, da Mama sich, wie sie zum Ausguß ging, um
Kartoffeln abzugießen, schwindlig wurde und sich den linken
Arm verbrannte. Heut ist es schon besser, aber dafür liegt Josel
seit Freitag krank, denn er wurde im Krankenhaus auf ein
Geschwür am After operiert, da aber alles überfüllt ist, liegt er
zu Haus. Mir kann nie langweilig werden. Nicht wahr! Mir
selbst geht es gut. Und wir freuen uns schon so sehr auf unser
Kindchen. Josel aufs Mädel. Ich würde mich freuen, wenn sein
Wunsch in Erfüllung ginge. Ich komme Anfang Juli nieder. Dies
glaubt die Ärztin. Meine inniggeliebte Tante Hedel. Wie glücklich und dankbar ich Dir bin, daß es Dir möglich war, mir all
die Sachen zu besorgen, kannst Du Dir, mein liebes Tantchen,
gar nicht vorstellen. Es war hier gar nicht möglich, und ich
lebte schon in der größten Angst, daß es auch Dir, meine Liebe,
vielleicht nicht möglich sein wird, mir etwas zu besorgen. Gott

sei Dank gelang Dir dies, und deswegen nimm nochmals meinen innigsten Dank hin. Aber nicht genug das, so hast Du mir noch die Lätzel, und Hermann und Du wollen auch noch so gut sein, mir Seifen besorgen. Tantchen, Tantchen, ich weiß wirklich nicht, wie ich all das gutmachen kann und werde. Zwei Tragekissen erhielt ich durch Bäckers von Tante Wally, sie sind noch von Onkel Kurt, noch sehr gut erhalten, und so glaube ich, daß diese mir voll und ganz genügen werden. Erstens trägt man das Kindchen nicht so lange mehr im Tragekissen, und zweitens habe ich jetzt, da Josel krank ist, nur 1,70 pro Tag zum Leben, da heißt es sparen. Aber es geht doch alles, wenn man will, und lange wird er hoffentlich auch nicht liegen. Nun wirst Du sagen, warum geben Deine Schwestern nichts. Kann man, wenn jede Willy monatlich Mark 10,– sendet, noch von ihnen etwas verlangen. Ich glaube nicht und würde dies auch nicht tun. Sie haben großen Haushalt und haben große Ausgaben dadurch, nicht wahr? Ich hätte noch sehr gern, aber nur, wenn es Dir keine Schwierigkeiten macht, 6 dicke große Windeln, da ich glaube mit 6 Stck. nicht auszukommen. Daß Du, meine Liebe, für mein Kleines etwas arbeiten willst, dafür bin ich Dir heut schon sehr dankbar. Nur ich selbst kann mir erst etwas Garn zum Herbst vielleicht besorgen, und dann will ich mir von Dir, liebe Tante, wenn Du so gut sein willst, auch arbeiten lassen. Du arbeitest ja so schön. Ella Fleischer ist vom Onkel Josef zweiten Ehe, Jüngste glaube ich, weiß es nicht genau, da wir fast gar nicht verkehren zusammen. Nun seid alle recht herzlichst gegrüßt und frohe Pfingstfeiertage von

Eltern, Josel u. Eurer Nanny

Vom Paket wissen nur Eltern, Schwestern und wir, bei Bäckers sagte ich nur, ich hätte Sachen erhalten. Ist dies gut gewesen? Ich weiß nicht.

––––––

Meine liebe Tante Hedel,   Gleiwitz, den 22. 6. 41
nun ist es mir endlich möglich, Deinen lieben Brief, für den ich Dir vielmals danke, zu beantworten. Durch das Waschen der

Babywäsche und Waschen meiner sämtlichen Sommerkleider und durch Josels Krankheit, die 3 Wochen dauerte, kann ich Dir leider erst Deinen lieben Brief erst heut beantworten. Ja, wenn man sich noch alles zurechtmachen will und zu allem allein ist, so ist einem fast der Tag zu kurz. Durch Tante Frieda erfuhr ich, daß Du, mein liebes Tantchen, mir noch 4 dicke senden willst. Ach, wie freue ich mich darüber, und habe dafür vielen, vielen Dank. Nun ist fast alles zusammen, und so kann ich mein Kleines in Ruhe erwarten. Ach, wäre es doch schon da. Ich wüßte nicht, was ich dafür geben würde, wenn es schon da wäre. Aber nach der Rechnung der Ärztin kann ich es Mitte Juli erwarten. Na, ich habe noch eine schöne Arbeit vor mir, und zwar den Maler. Liebe Tante Hedel, daß Du so lieb warst und uns an Tante Malchens Geburtstag erinnert hast, war sehr lieb von Dir. Tante Malchen dankte uns sehr herzlichst dafür. Sie lag doch wieder einmal wegen ihrem Zucker im Krankenhaus. Ist aber, Gott sei Dank, wieder zu Haus und wird von ihren Lieben gut gepflegt. Die Krampfader bei Malchen ist auch wieder gut geheilt. Von Poldy erhielten wir einen Brief, in dem er uns mitteilte, daß er noch immer bei ein und derselben Firma arbeitet, und er versucht alles, um die Eltern anzufordern. Er bittet uns sehr, sehr oft zu schreiben, da er sich sorgt. Auch Willy schreibt uns jede 14 Tage und ist bis jetzt gesund. Irmengard wünscht mir Zwillinge, na was nicht ist, kann doch noch werden, da ich doch selbst von Zwillingen bin. Heut ist bei Bäckers große Geburtstagsfeier von Tante Frieda. Vater ist aber nicht dabei, zu vornehme Gesellschaft ist heut bei Bäckers. Man behandelt Vater immer sehr häßlich. Nur wenn er gebraucht wird, weiß man, wo mein lieber Vater ist. Wie Vater gratulierte, hatte man ihn gar nicht beachtet. Aber bitte kein Gebrauch davon zu machen, damit mir kein Ärger entsteht. Nun, liebe Tante Hedel, will ich für heute schließen, und sei Du, Onkel Otto, Hermann, Betty und Irmengard recht herzlichst gegrüßt von

Eurer Nanny

Sobald mein Baby da ist, schreibe ich Euch sofort.

Meine liebe Tante Hedel, **Gleiwitz, den 13. 7. 41**
nun ist es mir endlich möglich, Dir mein liebes Tantchen, Deinen lieben Brief zu beantworten. Ich konnte wirklich nicht eher schreiben, da ich doch noch mir alles allein fertig machen wollte. Zuerst hatte ich noch große Wäsche, dann kam endlich der Maler, und damit das Maß voll wurde, kam zum Schluß der Ofensetzer. Nun ist endlich alles vorbei, ich kann mich jetzt etwas ausruhen. Es ist aber schon die allerhöchste Zeit, da ich tüchtige Senkungsschmerzen bereits habe. Heute nacht waren sie von 3 bis ¼5 Uhr derart groß, so daß ich schon glaubte, es wären die Wehen. Ich lag deswegen bis um 10 Uhr in den Betten und wurde von Malchen herausgeholt. Da sie nach mir sehen wollte, und sich gleich von mir verabschiedete, da sie auf 10 Tage nach Wien zur Susi fährt. Susi hat doch Ferien, und so wollen sie diese zusammen verbringen. Ernst ist schon seit dem 1. dieses Monats junger Mann, ich meine ausgelernt. Die Prüfung macht er aber erst im Oktober, da er statt mit 14 Jahren bereits mit 13½ Jahren die Lehre angetreten hatte. Malchen freut sich darüber sehr. Auch Thea hatte große Freude, denn Ruthel kam unverhofft auf 5 Tage Ferien. Sie sieht sehr gut aus, hat Uniform an, (1) und hat sich in alles dort gut eingelebt. Von Poldy haben wir schon seit drei Monaten keine Post und werden wohl jetzt auch keine mehr erhalten. Willy sandte uns eine Karte, in der er uns mitteilte, daß er gesund ist und hofft, es weiter zu bleiben. Gebe es nur Gott. Malchen und Thea brauchen nicht den Zusatznamen (2) führen und haben beide die Kleiderkarten. (3) Daß Onkel Ottos Geschäft und auch Hermann jetzt sehr wenig verdienen, darüber sprechen wir zu Haus sehr oft, da bei uns die Gasthäuser öfters geschlossen sind. Es ist wohl sehr bedauerlich. Aber nicht nur in der Branche, sondern auch bei Malchen und Vater merken wir es sehr. Und nun, liebe Tante Hedel, habe für all das, was Du, meine Liebe, mir noch besorgt hast, Dank. Ich kann mir denken, was Dir alles für große Mühe gekostet hat, und doch hast Du, mein liebes Tantchen, noch Windeln und Jäckchen besorgt. Ich weiß schon wirklich nicht mehr, wie ich all diese, meine Liebe, gutmachen soll. Und nicht genug das allein, so will Betty, da ihr nicht gelang, die Garnitur zu erhalten, mir Stoff zu dieser senden.

Ach, liebe Tante Hedel, das kann ich doch gar nicht von der lieben Betty verlangen, und so bitte ich Dich, ihr doch auszurichten, daß ich sie und Hermann vielmals grüßen lasse, und Ihnen für Seife und Garnitur herzlichst schon jetzt danke, aber Betty möge, da sie gewiß von ihren Punkten für den Stoff opfern muß, diesen bitte, nicht zu besorgen, da ich von Thea und Malchen und auch von Mama weiß, wie rar es mit den Punkten ist. Und nun, meine Lieben, will ich schließen, da ich noch an Tante Malchen, die uns die Karte sandte, und uns erinnerte, daß am 13. Jahrestag ist, schreiben will, und seid alle recht herzlichst gegrüßt von   **Eurer dankbaren Nichte Nanny**

Meine Eltern und Thea und Malchen lassen auch vielmals grüßen.

1 *Des Reichsarbeitsdienstes (RAD).*
2 *Die Verordnung vom 17. 8. 1938 bestimmte, daß Juden zusätzlich die Namen Israel und Sara zu führen hatten, mit denen sie alle offiziellen Dokumente unterzeichnen mußten und die ausdrücklich bei jeder Vorsprache in einer Behörde anzugeben waren. Auf diese Weise wurden sie schon vor der Einführung des »Judensterns« gezwungen, sich bei jedem Kontakt mit einer Behörde als Jude auszugeben.*
3 *Bei Kriegsbeginn wurden auch Kleiderkarten eingeführt, die zum Kauf von Textilien berechtigten. Die Karten wiesen eine gewisse Anzahl von »Punkten« auf, und ein Anteil davon war bei dem Einkauf einer entsprechenden Ware »abzugeben«. Nach einem Erlaß vom 6. 2. 1940 erhielten Juden weder die Reichskleiderkarte noch Bezugsscheine für Spinnstoffwaren.*

———

Meine inniggeliebte Tante Hedel!   **Gleiwitz, den 30. 7. 41**
Für Deinen lieben Brief und für das Paket, das vorgestern ankam, habe recht, recht vielen Dank. Daß es Dir, meine Liebe, noch möglich war, mir die Windel, Lätzel und Seife zu besorgen, hat mich sehr gewundert, da doch alles von Tag zu Tag

schwieriger wird. Daß es Betty nicht möglich ist, mir die Wagengarnitur zu besorgen, ist ja nicht so schlimm, da mir Thea und Malchen den Wagen kaufen wollen und ich aber nur einen gebrauchten haben will, so werde ich versuchen, die Garnitur mit zu kaufen. Die Mädels wollten mir durchaus einen neuen schenken. Aber ich meine, da man doch nur übers Jahr mit dem großen Wagen fährt, sollen sie mir lieber nachher einen Sportwagen kaufen. Ich muß so praktisch denken, da es für mich immer und immer schwieriger wird. Zuerst lag Josel wieder 14 Tage auf ein Geschwür krank, und der Arzt meinte, daß all das durch die Ernährung ist. Jetzt arbeitet er schon wieder eine Woche. Aber dafür bekam ich die Mitteilung von unserer Gemeinde, daß meiner Schwiegermutter vom 1. 8. 41 die Rente von 25,− Mk vollständig entzogen wird, da Josel im Monat 86,− Mk verdient. Es ist nicht von unseren Leuten aus, sondern es kommt von obenherab, und so kann man nichts machen. Man muß ja noch froh sein, daß man noch in Gleiwitz ist. Hermann ist vorläufig reklamiert. (1) Geb' es Gott, daß er noch weiter reklamiert wird. Mein Schwager ist auch reklamiert. Aber für immer reklamiert, da er unersetzlich ist. Nur auf seine Ferien muß er verzichten. Dagegen ist Malchen zur Susi nach Wien gefahren, und von da aus fahren sie nach Mariazell in Steiermark. Malchen hat doch diese Ausspannung sehr notwendig, da sie doch wie ein Mann arbeiten und ihre Familie ernähren muß. Auch meine Mama lerne ich jetzt langsam wieder das Einkaufen, damit, wenn ich liegen werde, sie alleine einkaufen kann. Es ist nur sehr schwer jetzt mit den Marken und dem Stehen. Auch von Irmgard erhielt ich gestern das Päckchen, über deren Inhalt ich mich riesig freute. Nur sehr schade war es, daß das liebe Mädel krank war. Es ist nur ein großes Glück, daß gerade jetzt die Ferien sind, damit sie sich tüchtig erholen kann. Ich sandte ihr in die Ferien ein Päckchen Kekse, damit sie die Langeweile totschlagen kann. Auch für Schuhe, Kleid und Schuhchen habe vielen Dank. Die Schuhe passen mir, und das Kleid werde ich mir später ändern. Für Irmgards und Deine Seife danke ich Dir vielmals. Jetzt müßte nur noch das Baby kommen. Aber jetzt nimmt es sich Zeit. Na, da muß ich halt doch noch warten. Aber jetzt kann ich mich wenigstens etwas

ausruhen. Nun, mein liebes Tantchen sei, recht vielmals
gegrüßt von   **Deiner Nichte Nanny**

Auch einen schönen Gruß von meinen Eltern an Dich und
Onkel Otto. Durch meinen Vater läßt Dich ein Herr Paul Walter
grüßen, der bald mal Tante Malchens Mann geworden wäre.
Das Päckchen an Irmgard sandte ich in die Brauerei.
Den Betrag von Mk 6,16 sende ich Dir, liebe Tante, auch zu.

1   Vom Wehrdienst wegen kriegswichtiger Arbeit freigestellt.

———

Meine inniggeliebte Tante Hedel   **Gleiwitz, den 11. 8. 41**
Du, meine Liebe, solltest doch sofort erfahren, wie und wo
meine Geburt stattfand. Mutters Hausarzt hatte mir, da doch
meine Schwiegermutter eine schwerkranke Person ist und ich
außerdem eine sehr ungesunde Wohnung habe, schon vor
einem Monat alles für die Landesklinik ausgearbeitet, nur wir
hatten alle geglaubt, daß daraus nichts wird, wegen dem Glauben. Nun kamen vorgestern nacht um 1 Uhr die Wehen, ich
wußte nicht, daß es die richtigen Wehen sind, und wartete bis
½7 Uhr. Als Josel dann zum Arzt ging, schimpfte dieser sehr
auf mich, daß ich solange wartete. Bestellte das Krankenauto
von der Feuerwehr, da kein anderes zu erhalten war, und ließ
mich aufs Geratewohl in die Klinik fahren, da diese mich vorher, meines Glaubens wegen, nicht aufnehmen wollte. Ein großes Risiko war es. Nicht wahr? Aber es gelang uns doch. Und
so liege ich 3. Klasse, aber ganz allein in einem Zimmer, weil
ich Jüdin bin. Von der Ortskrankenkasse aus. Josel ist auch
schon wieder zum 3. Mal an Geschwüren 1 Woche krank. Habe
ihm aber diesmal Kamillenbäder und Leinsamenumschläge
gemacht, damit er nicht wieder operiert wird, bis jetzt haben
diese alle gut geholfen. Nur auf den Vertrauensarzt (1) kommt
es heut an, ob er ihn nicht wieder ins Krankenhaus schickt. Der
Arzt meint, vom Brot. Meine Entbindung ging sehr rasch,
trotzdem ich doch schon 36 Jahre alt bin. Um 7 Uhr wurde ich
eingeliefert, und um 10 Uhr war mein liebes Mädel, auf das wir

uns doch schon so freuten, da. Es wiegt aber nur 5½ Pfd und will heut noch nicht trinken. Nur schlafen. Wie ihre Mama. Die sich aus dem Essen auch nichts macht. Hat schwarze Haare und grau/blaue Augen wie Oma Fleischer. Hoffentlich behält sie diese auch. Ich selbst fühle mich bis jetzt sehr gesund und hoffe es auch weiterhin zu bleiben, die Behandlung ist auch sehr gut. Nur den Namen kann ich Dir, meine Liebe, noch nicht mitteilen, da Josel erst heut aufs Standesamt gehen muß und sich die Namen für jüdische Kinder vorzeigen lassen muß. (2) Da mir das Schreiben im Liegen schwerfällt, richte auch bitte dies an Betty und Irmgard aus und seid alle von

Eurer dankbaren Nanny gegrüßt.

Auch für das Stück Leinen habe recht vielen Dank, da ich es sehr gut benötigen kann.

1 *Irreführende Bezeichnung für diejenigen Ärzte, die in Wahrheit für die alsbaldige »Gesundschreibung« von erkrankten Arbeitern und Angestellten sorgten.*

2 *Seit dem Erlaß vom 18. 8. 1938 mußten neugeborene Kinder von Juden einen von staatswegen vorgeschriebenen »jüdischen« Vornamen erhalten. Diese Namen waren auf einer Liste zusammengestellt, die von den Rassebürokraten in diffamierender Absicht angefertigt worden war.*

––––––

Meine liebe Tante Hedel!   Gleiwitz, den 10. 10. 41

Heut, wo mein Lanchen 2 Monate alt ist, ist es mir möglich, Deinen lieben Brief zu beantworten. Mein Mädel hat einen jüdischen Namen und heißt Lane. Ich habe 10 Tage in der Klinik verbracht, und dann mußte ich noch 4 Tage liegen, da ich in der linken Seite wahnsinnige Schmerzen beim Atmen, Liegen und Sitzen hatte. Wie ich entlassen wurde, hatte sich dies gelegt gehabt, aber ich sollte mich noch weiterhin schonen. Kann man dies aber? Wo die Pflicht ruft. Aber ganz auf dem Posten war ich bis zu 7 Wochen nicht, da ich sehr schwach war und öfters umgekippt bin. Es waren keine Ohnmachtsanfälle, sondern ich behielt die Besinnung, und trotzdem kippte ich um. Na ja, der Arzt meint, es wären die Nerven. Ist dies bei der heutigen Zeit verwunderlich. Josel hat es in der Arbeit durch seinen Vorarbeiter sehr schlecht, und auch meiner Schwiegermutter hat man die Rente von 30,– Mark gesperrt, und so leben wir 3 von 17,– bis 20,– Mk wöchentlich. Ja, es ist sehr schwer, und doch bitt ich d. l. G. (1) er möge uns hier und nicht noch woanders hinsenden. Ja, ja, meine liebe Tante Hedel, man ist doch schon so genügsam, und doch gibt's für uns wohl keine Ruhe mehr. Du wirst wohl, da Hermann christlich ist, nicht das Abzeichen tragen brauchen. Thea und Malchen brauchen es nicht, aber dafür Vater und ich, Mama ist G. s. D. (2) gesund und holt mir tüchtig ein. Poldy wurde an seinem Hochzeitstage gerichtlich geschieden. 25. 9. 41. Und so ist er das anständige Fräulein los. Willy bat uns um 2 Pr. Schuhe. Seine ganzen Schuhe hatte er bereits vorher verbraucht. Daß man ihm aber jetzt dort, wo er doch so schwer arbeiten muß, kein Schuhwerk liefert, ist doch sehr erstaunlich. (3) Wir sandten aus Verzweiflung von Dir, liebe Tante Hedel, das eine Paar 42 / 43 Herrenstiefel, und Willy bedankte sich sehr und meinte, sie leisten ihm gute Dienste. Und jetzt komme ich mit einer sehr großen Bitte an Dich heran. Wäre es Dir vielleicht möglich, uns für Willy ein Paar Bergsteiger 41 oder einen anderen guten derben Schuh zu besorgen. Vater bezahlt gern, was er kostet. Nur kaufen möchte er gern diesen, da man wirklich nicht mehr weiß, woher nehmen, und Willy bittet so darum. Vielleicht auch eine Sohle, da Willy auch um diese bittet, Ledersohle soll es sein. Nun, liebe Tante, sei recht herzlichst gegrüßt und immer nur Kopf hoch zu allem und alles Gute von

Eurer Nanny

Liebe Tante Hedel, von Mama und Vater die besten Grüße, und sie danken Dir herzlichst für Deinen Brief. Vater ist durch die Zeit, die von Tag zu Tag schlimmer wird, derart nervös, so daß ihm das Schreiben schwerfällt, und muß doch noch arbeiten. Auch sein Bruch macht ihm sehr zu schaffen. Auch Mama fängt an zu kränkeln und muß sich doch jetzt alles allein besorgen. Und wir haben ums Mädel Angst, da man extra verreist, (4) und die Kinder kommen ins Waisenhaus. Ist dies nicht furchtbar.

1 *Den lieben Gott.*
2 *Gott sei Dank.*
3 *In welchem Zwangsarbeitslager oder KZ sich Willy Flei-*
   scher befand, war nicht zu ermitteln.
4 *Die Judenmörder deportierten in der Regel die Eltern mit*
   ihren Kleinkindern. So auch im Fall der Familie Bobrowski.
   Transport und Ermordung von Kindergruppen (Waisen aus
   Heimen oder von Kindern, die ihre Eltern auf irgendeine
   andere Weise verloren hatten) bereiteten den Nazibarbaren
   besondere Probleme.

———

Meine liebe Tante Hedel,   **Gleiwitz, den 10. 10. 41**
ich wollte Dich auch noch bitten und fragen, ob es Dir vielleicht möglich wäre, mir noch für Lanchen 2 bis 3 Stck Schlüpfer, warme Hemden und 3 Paar Strümpfe zu besorgen, vielleicht alles schon eine Nummer größer, damit ich alles schon für später habe, da ich nicht weiß, was noch alles kommt. Vielleicht auch noch 1 Paar Handschuh, wenn rosa oder eine andere Farbe. Die Mk 6,75 wirst Du wohl bereits erhalten haben. Sei mir nicht zu böse, aber leider konnte ich Dir dies erst vom Stillgeld senden. Ich habe ca. 60.— Mk von der Kasse erhalten. Von Eva ist das Kleidchen mit Jäckchen sehr schön, nur Tante Selma schreibt, sie hätte es getan. Warum schmückt sie sich mit anderen Federn. Und nun, liebe Tante Hedel, würde ich mich freuen, wenn Du mir für Lanchen auch ein Kleidchen arbeiten würdest. Schreibe mir, ob und was ich für Wolle und wieviel ich benötige. Und zum Schluß wollt ich Dich bitten, ob Du vielleicht paar Zigaretten und Tabak, egal was, besorgen könntest. Josel läßt Dich, meine liebe Tante Hedel, herzlichst grüßen und vielmals darum bitten, da man hier nichts mehr erhält. Bezahlen wollen wir Dir dies herzlichst gern. Thea und Male kauften mir einen Wagen, da gerade damals kein alter zu haben war. Zur Wagendecke kaufte ich mir rosa Corsettleinen und Mama nähte mir

eine Steppdecke daraus. Nun sei nochmals gegrüßt und alles
Gute von   Deiner Nanny

––––––

Meine liebe Tante Hedel!   Gleiwitz, 15. 12. 41
Bei uns hat sich vieles geändert. Ich wohne mit der Schwiegermutter seit dem 1. 12. bei meinen Eltern. Vater und Mama be-
wohnen das Zimmer neben der Küche und wir die zwei anderen
Zimmer, und kochen tue ich für alle. Meine Schwiegermutter
und Mama waren krank, und so zog ich schon 5 Tage vor dem
Ersten um. Es gibt jetzt für uns so wenig Wohnungen, so daß
ich meine einer anderen Familie zur Verfügung stellen mußte.
Mama lag wieder 3 Wochen sehr schwer krank, aber seit Sonntag ist Mama G. s. D. wieder auf. Auch Lanchen, die jetzt schon
4 Monate älter ist, wird immer rundlicher, will schon sitzen
und spielt schon tüchtig mit der Klapper. Und nun, meine liebe
Tante Hedel, wünsche ich Dir zu Deinem Geburtstage alles
Gute, und verlebt die Feiertage in guter Gesundheit, und seid
alle, meine Lieben, recht herzlichst gegrüßt von
                                                   Eurer Nanny

Auch Josel und Mutter wünschen alles Gute.

Meine liebe Schwester!
Zu Deinem Geburtstage sende ich Dir die herzlichsten Glückwünsche. Mögest Du diesen Tag noch recht oft in guten Zeiten
kummerlos erleben. Nanny und Familie wohnen nun bei mir.
Ernst zieht die Tage aus unserem Vaterhaus zu Lichtenberg, Ter-
noweitzerstr. Es sind böse Zeiten. Mein Grundstück werden,
wenn alles klappt, Thea und Male in kurzer Zeit übernehmen.
Ich selbst arbeite, so gut es noch geht, allein ohne Hilfskraft
und ohne richtige Werkstatt und ohne Bezugsschein auf Mate-
rial. Es ist nicht mehr schön. Der liebe Otto quält sich, wie ich
aus Deinen letzten Briefen erfahren, auf den alten Tagen und
kommt so spät nach Haus. Trotzdem darf man die Flinte nicht
ins Korn schmeißen. Indem ich Dir viel Glück im neuen Lebensjahr wünsche, verbleibe ich Dein Bruder   Berthold

Gleichzeitig wünsche ich allen gute Weihnachten und ein gutes Neues Jahr. Viele herzliche Grüße an Otto und Familie Hermann.

Wie Du, liebe Hedel, aus dem Briefe ersiehst, lag ich drei Wochen sehr krank. Und seit Sonntag gehe ich etwas im Zimmer herum. Ich will Euch, da ich nicht viel schreiben kann, viel Glück im neuen Lebensjahr wünschen. Gleichzeitig auch allen gute Weihnachten und ein gutes Neues Jahr.   **Gertraud**

––––––

Meine liebe Tante Hedel,   **Gleiwitz, 24. 3. 42**
nun wirst Du wohl schon sehr böse auf mich sein, daß ich erst jetzt Deinen lieben Brief beantworte. Aber erstens nimmt Lanchen sehr viel Zeit in Anspruch, und dann mußte ich für Vater die Bücher, da doch Jahresschluß ist, erledigen, und so komme ich erst heut dazu, Dir, meine liebe Tante Hedel, herzlichst für das Päckchen zu danken. Es paßt, und auch die Strümpfe und Höschen für Lanchen passen, und für diese danke ich Dir nochmals, da ich sonst nicht gewußt hätte, woher ich diese nehmen solle. Ruth wollte gern Zahnärztin werden, wurde aber, da sie nicht ganz rein arisch ist, (1) nicht angenommen, und ihr steht nur der Beruf als Apothekerin offen, für den sie sich jetzt auch entschlossen hat. Dagegen ist bereits Malchens Ernst, der im August 18 wird, zum Arbeitsdienst eingezogen worden. Wie lange noch, und er kommt auch ins Feld. Susi ist von Ostern wieder zu Haus. Von Ruth niemandem schreiben. Onkel Willy habe ich den Brief abgegeben zwar durch Bäckers, auch Margot und Käthe danken. Auch fürs Kettchen und Ring danke ich Dir, liebe Tante Hedel, vielmals, da durch Dich liebe Tante Hedel mein Mädelchen jetzt schon zu Schmuck kommt. Wie geht es Dir und dem lieben Onkel Otto gesundheitlich? Bei uns ist momentan alles wohlauf. Ich hoffe von Euch dasselbe, und sei Du meine liebe Tante recht herzlichst gegrüßt von
                              Deiner Nichte Nanny

An Betty muß ich auch noch schreiben, da sie mich wegen der arischen Sache anfragte.

Mein lieber Onkel Otto!
Zu Deinem Geburtstage wünsche ich Dir alles Gute, vor allen Dingen Gesundheit, und sei recht herzlichst gegrüßt von
Deiner Nichte Nanny

Lieber Schwager Otto!
Sende Dir zu Deinem Geburtstage die besten Glückwünsche. Möge es Dir vergönnt sein, diesen Tag noch recht oft in guter Gesundheit kummerlos zu verleben. Bei uns geht alles seinen alten Gang. Ich arbeite allein, so gut es eben geht, in meinem Fach weiter. Es ist halt schwer, man darf aber den Mut nicht sinken lassen. Indem ich Dir ein »Glückauf!« im neuen Lebensjahr zurufe, verbleibe ich **Dein Schwager Berthold**

Liebe Hedel!
Nanny hat Dich über alles unterrichtet. Ruth hatte einige Schwierigkeiten bei ihrer Berufswahl. Das spielt bei Mädels keine große Rolle, da sie doch letzten Endes heiraten. Ja ja, das Leben ist schwer, man muß es halt leben, wie es kommt. Daß Tante Malchen in Hindenburg gestorben ist, wirst Du wohl schon erfahren haben. Wer kommt jetzt dran? Wie geht es Dir, liebe Schwester? Hoffentlich bist Du recht gesund und auf dem Posten. Eine Tochter von Josef hat einen Herrn Niklas geheiratet. Mit herzlichen Grüßen **Dein Bruder Berthold**

Lieber Schwager Otto!
Zu Deinem Geburtstage wünsche ich Dir von allem Guten das Allerbeste. Du sollst noch recht lange Deinen Lieben erhalten bleiben. Liebe Hedel, an Ottos Geburtstage denke auch an uns, denn ich hoffe, daß alle meine Kinder der ... (2) Bitte grüßt mir alle recht herzlichst. Betty lasse ich grüßen und Hermann sowie Irmgard.

---

1 *Sie galt den Rassebürokraten als »Vierteljüdin«.*
2 *Textstelle unleserlich.*

Meine liebe Tante Hedel! **Gleiwitz, den 11. 5. 42**
Gestern hatte ich Lanchen das erste Mal Dein Mützchen auf-
gesetzt. Ach, da müßtest Du sie, liebe Tante, einmal sehen,
wie niedlich sie in dieser aussieht. Ihr kleidet das Häubchen
sehr gut, da sie doch dunkelblond ist und große schwarze
Augen hat. Und deswegen, mein liebes Tantchen, habe nochmals recht innigsten Dank dafür. Vater war jetzt sehr krank.
Zuerst lag Mama wieder 3 Wochen, und nachdem Mama
einen Tag auf war, legte sich, mußte sich Vater endlich hinle-
gen, da es wirklich nicht mehr weiterging. Vater hatte doch
bis jetzt noch nie krank gelegen und wollte diesmal auch stärker sein wie die Krankheit. Nun war es aber eine verschleppte
Grippe, und so wurde Vater sehr krank, so daß er 14 Tage
liegen mußte und sehr schwach dadurch wurde. Außerdem
nimmt Vater es sehr schwer, daß Thea und Male das Haus
übernehmen sollen. Es handelt sich nur noch darum, daß der
Rechtsanwalt den Nachsatz, daß es die Kinder der Schwester
übernehmen, nicht sie selbst. Theas Ruth wird Apothekerin.
Malchens Ernst wurde 6 Wochen im Arbeitsdienst ausgebildet
und kommt jetzt weg. Dafür kommt Malchens Susi aus dem
Pensionat aus Wien zurück. Malchens Drittjüngster wurde
konfirmiert. Nun will ich für heut schließen, da ich noch an
Poldy schreiben will, da es wieder gestattet ist. Sei Du, liebe
Tante Hedel, sowie auch Onkel recht herzlichst gegrüßt und
schreibe doch bitte recht bald, da Vater, der jetzt wieder auf
ist, sich sehr ängstigt, was Ihr dort macht, und alles Gute von
meiner Mama und **Eurer Nichte Nanny**

————

Mein innigstgeliebtes Brüderchen,
mein lieber Poldy **Gleiwitz, den 11. 5. 42**
Endlich komme ich dazu, Dir einige Zeilen zu senden. Die
Eltern sind gesund, und ich wohne mit meiner Schwiegermutter
bei ihnen. Bin schon 9 Monate Mutter von einem sehr niedlichen Mädel, das schon 4 Zähnchen hat und jetzt auch geimpft
wurde. Willy ist immer noch nicht zu Haus. Theas Ruth ist verlobt, hat das Abi und wird jetzt Apothekerin. Malchen hat eine

gute Praxis, und Ernst ist schon Kaufmann, Susi war ein Jahr im Pensionat in Wien, und Luschi wurde konfirmiert. Das Haus wird von Zielonkas und Kutzoras Kindern übernommen. Mein Mädele heißt Lane. Nun sei recht innigst gegrüßt und schreibe uns bitte recht, recht bald von

Deiner Dich liebenden Nanny

Lieber Poldy
Es ist Zeit, daß wir wieder voneinander hören. Es sind ca. 1½ Jahre her, seit wir von Dir die letzte Nachricht mit der Scheidungsinformation bekamen. Die Sache ist nunmehr erledigt, und wirst Du wohl vom Rechtsanwalt Kohn Bescheid bekommen haben. Was ist das für eine Firma, wo du schon ... (1) bereits 1½ Jahre arbeitest, Schlosserei? Wir sind alle gesund. Schreib also bald und ausführlich. Ich arbeite in der kleinen Werkstatt allein. War aber infolge einer verschleppten Grippe ca. 14 Tage arbeitsunfähig. Hoffentlich bist Du gesund und hast Dich von Deiner Enttäuschung erholt. Mit herzlichem Gruß   **Vater**

Schreibe doch recht bald, wie es dir, mein lieber Poldy, geht, und sei vielmals gegrüßt von   **Deiner Mama**

1 *Textstelle unleserlich.*

Meine inniggeliebte Tante Hedel!   **Gleiwitz, den 15. 6. 42**
Nun ist es mir erst heut möglich, Dir für Deine lieben Briefe zu danken und sie auch zu beantworten. Ich hatte sehr viel zu tun. Zuerst mußten wir die Wohnung der Zuerst-Herausgekommenen (1) räumen, das heißt, sämtliche Sachen zum Transport, ich meine zur Abholung, wie zum Umzug zurechtzumachen. Ich habe dies eine Woche gemacht und mir jede 3 Stunden für Lanchen frei genommen. Dann meldete ich mich aus. Da ich mich zu sehr abhetzte, und außerdem sollten wir alle heraus. Daraufhin schrieb Dir auch Tante Frieda. Nun wurden aber einige Arbeiter, darunter auch Josel, reklamiert. (2) Nur meine arme 76jährige

Schwiegermutter mußte am vorigen Montag heraus. Ach, es ist gar nicht auszudenken, was man bis jetzt, nicht nur wir, sondern auch Thea und Malchen, die jeden Tag gucken kommen, durchmachen. Und außerdem legte sich Mama einen Tag nach Mutters Reise hin. Ist schon alles zuviel für Mama. Und außerdem hat Mama in den Füßen Wasser bekommen. Heut ist Mama wieder den ersten Tag auf. Aber wir haben schon wieder die Nachricht, daß am 23. ein neuer Transport geht. Vielleicht sind wir jetzt dabei, oder ich mit Lane, da Josel in einem wichtigen Betrieb arbeitet. Ich habe mich jetzt endlich soweit durchgerungen, daß ich auf alles gefaßt bin. Siehst Du, meine liebe Tante Hedel, auch bei mir war das Leben bis jetzt Kummer, Sorge und Arbeit, und ich werde noch sehr viel leisten müssen, und trotzdem bin ich jetzt nicht mehr so kopflos wie am Anfang, da ich immer näher komme, werde ich immer fester. Richtige Fleischer, nicht wahr? Jetzt heißt es doch nur, Kopf oben behalten und alles an sich herankommen lassen. Auch das, daß Lane, die immer niedlicher wird, und schon mit 9½ Monaten winke, winke und bitte, bitte macht, von mir vielleicht wegkommt. Es wäre wohl sehr schlimm, aber auch damit müßte ich fertig werden. Nun, liebe Tante Hedel, grüße mir recht innigst Onkel Otto und Irmengard und habe nochmals für all das, was Du, meine liebe Tante, für mich getan hast, recht vielen Dank und alles alles Gute und herzliche Grüße von

Deiner dankbaren Nichte Nanny

Meine liebe Tante Hedel!
Denke doch an Dich und Deine Gesundheit, denn wir müssen uns abfinden, und Du mußt doch stark und gesund für Onkel Otto bleiben. Schreiben tut niemand, und so wirst auch Du dann von mir keine Post erhalten. Sobald ich wegmache. Erhältst Du, meine Liebe, noch einen Kartengruß. Nochmals alles Gute und viel Grüße von **Deiner Nanny**

Viele Grüße von meinen Eltern, Thea und Male.

1 *Gemeint sind die zuerst aus Gleiwitz deportierten Juden.*
2 *Die Zurückstellung von Juden von der Deportation hatte in*

den allermeisten Fällen nur aufschiebende Wirkung. Ihre
Arbeitskraft wurde durch diejenige von Kriegsgefangenen
und Zwangsarbeitern aus den besetzten Ländern ersetzt.

———

Meine Liebe! (1)
Heute habe auch ich mich entschlossen, wie Onkel Willys
Familie zu verreisen. Nur den Termin habe ich noch nicht festgesetzt. Vaters Krankheit ist ein wenig besser, aber ob er mit mir
kommt, hängt von Trude ab. (2) Thea und Male sind sehr viel
bei uns. Nur um Lane ist es sehr schade, da sie doch noch so
klein ist und unter dem Darmkatarrh sehr zu leiden haben
wird. Wie geht es bei Euch? Und seid alle recht innigst gegrüßt
von   **Eurer dankbaren Nanny**

Onkel Ernst warten auf Antwort morgen.

1 *Undatiert.*
2 *Solange seine Ehefrau, die »Arierin« lebte, besaß Berthold*
   Fleischer einen relativen Schutz vor der Einbeziehung in die
   Deportation.

———

Meine Liebe,   Gleiwitz, 22. 6. 42
da ich morgen mit Josel und Lane verreise, (1) möchte ich mich
noch einmal ganz kurz von Euch, meine Lieben, verabschieden
und seid recht herzlichst gegrüßt von
                                   Eurer Nanny und Josel

1 *Von den drei Bobrowskis existiert kein weiteres Lebenszei-*
   chen. Der Ort, an dem sie umgebracht wurden, ist unbe-
   kannt.

Die Geschwister Fleischer[1]
Hedwig Mühlheim und ihre Schwestern

Amalie, geb. Fleischer, * 12.6.1870, † 26.10.1942,
ⓧ Adolf Guttmann, * 22.9.1867, † 26.10.1942.
Wohnten in Witkowitz / Mähr. Ostrau. Umzug ins jüd. Altersheim
Mähr. Ostrau am 19.2.1942. Abtransport nach Theresienstadt
22.9.1942 und am 26.10.1942 nach Auschwitz, wo beide umkamen.

Kinder

Dr. med *Berthold Guttmann,*
* 29.9.1896,
ⓧ Grete, * 26.2.1901. Lebten in
Mähr. Ostrau. Abtransport nach
Theresienstadt am 30.9.1942.
Deren Kinder Franz,
* 20.9.1927, und Gustav,
* 15.11.1931, wurden am
30.9.1942 ebenfalls nach Theresienstadt deportiert.

Frieda ⓧ Emil Goldberger.
Lebten in Mähr. Ostrau.
Abtransport nach Theresienstadt
am 20.9.1942. Deren Kinder
Johanna und Erich, damals 19
und 17 Jahre alt, wurden am
20.9.1942 ebenfalls nach Theresienstadt deportiert.

Rosa, geb. Fleischer, * 9.4.1890,
ⓧ Fedor Schmulowitz. Lebten in Beuthen. Sie wurden am 18.9.1942
nach Theresienstadt deportiert.

Kinder

Poldi, * 7.5.1913, emigrierte
nach Israel.
Max wurde am 18.9.1942 nach
Theresienstadt deportiert.

Heinz überlebte.
Edith und Tochter wurden am
23.6.1942 nach Theresienstadt
deportiert.

---

1 Die Angaben wurden aus Aufzeichnungen von Hedwig Mühlheim, dem Brief-
nachlaß und Angaben von überlebenden Verwandten rekonstruiert, in vielen Fällen
sind sie leider unvollständig geblieben.

Hedwig Mühlheim und ihre Schwestern

Hedwig (Hedel), geb. Fleischer, * 18.12.1877, † 17.7.1968,
⊚ Otto Mühlheim, * 26.3.1877, † 26.6.1945.
Lebten in Augsburg.

Kind

Hermann Mühlheim, * 30.9.1901,
⊚ Betty, * 9.9.1901, † 4.4.1948.
Deren Tochter Irmgard, * 10.11.1928,
⊚ Karl Koller, * 10.9.1928
haben einen Sohn Gerd Koller, * 28.10.1951.

Wally, geb. Fleischer, * 11.11.1892,
⊚ Kurt Heimann. Lebten in Magdeburg. Wurden am 22.2.1943 nach
Theresienstadt deportiert.

Die Geschwister Fleischer
Hedwig Mühlheims Brüder

Josef Fleischer, * 13.6.1871, ∞ Olga, * 31.7.1871, † Dez.1916.

Kinder

Leopold, * 26.9.1897,
† 25.10.1961.
Rudolf wurde von den Nazis
erschossen.
Lotte, * 29.4.1907.

Kurt, * 19.1.1913, ∞ Lea,
* 5.8.1918. Emigrierten nach
Israel.

Hermann Fleischer, * 15.6.1876, † 7.2.1940, ∞ Selma, * 15.10.1876.
Lebten in Beuthen. Nach Hermanns Tod ging Selma zur Tochter nach
Berlin. Im September 1943 wurde sie nach Theresienstadt deportiert
und starb dort im Infektionskrankenhaus.

Kinder

Poldi, * 5.3.1900, starb am
13.1.1941 in einer Heilanstalt.
Herbert, * 2.8.1903, emigrierte.
Nanny, * 9.8.1901, ∞ Ernst
Behrendt, * 19.10.1884. Lebten
mit den Söhnen Heinz und Peter

in Berlin. Heinz und Peter wurden nach England geschickt und
überlebten. Nanny und Ernst
wurden am 18.3.1943 nach Theresienstadt und am 12.10.1944
nach Auschwitz deportiert.

Willy Fleischer (Lehrer), * 15.10.1885, ∞ Frieda. Lebten in Gleiwitz.
Wurden am 15.5.1942 nach Theresienstadt deportiert.

Kind

Eva, * 12.9.1936, wurde am 15.5.1942 nach Theresienstadt deportiert.

Hedwig Mühlheims Brüder

Berthold Fleischer, * 26.3.1875, † Anfang 1945, ⚭ Gertraud,
* 11.11.1873, † 1942. Lebten in Gleiwitz. Nach dem Tod seiner Frau
wurde Berthold deportiert und starb in Auschwitz.

Kinder

Thea, * 9.2.1900, ⚭ Wilhelm
Zielonka. Tochter Ruth,
* 16.3.1921.
Willy, * 6.9.1901, war ab 1933
politischer Gefangener im
Gefängnis Berlin-Brandenburg.
Er überlebte.
Dr. med. *Amalie,* * 30.8.1903,
† 7.5.1949, ⚭ Paul Kutzora,
† Mai 1938. Deren Sohn Ernst,
* 15.8.1925, mußte als Soldat
nach Rußland.
Susanne, * 4.4.1927.

Bernhard, * 24.2.1933 (Luschi).
Gerhard, * 9.10.1935 (Bubi).
Ursel, * 14.10.1937.
Nanny, * 18.7.1905, ⚭ Josef
(Josel) Bobrowsky wurden ge-
meinsam mit ihrer Tochter Lane ,
* 11.8.1941, am 23. Juni 1942
deportiert.
Poldy, * 20.9.1912, ⚭ Ursel.
Beide emigrierten 1937 nach
Argentinien. Die Ehe wurde ge-
schieden. Zweite Ehe mit Ilse.

Ernst Fleischer (Bäcker), * 29.9.1883, ⚭ Frieda, * 19.6.1887. Lebten
in Gleiwitz. Wurden am 23.6.1942 nach Theresienstadt deportiert.

Kinder

Margot, * 16.2.1916, ⚭ Herbert
Adler. Herbert emigrierte nach
England und dann ca. Oktober
1940 nach Australien. Margot
wurde am 23.6.1942 nach Theresienstadt deportiert.
Kurt, * 9.10.1914, emigrierte mit
seinem Bruder Otto und Herbert
Adler nach England, später nach
Toronto / Kanada. Seine Braut
Käthe wurde am 7.6.1942 mit
ihren Eltern nach Theresienstadt
deportiert.

Otto, * 29.4.1917, emigrierte mit
Bruder Kurt und Herbert Adler
nach England, später nach Toron-
to / Kanada.
Poldi, * 3.12.1910, ⚭ Carla,
* 24.10.1920. Emigrierten mit
Carlas Eltern am 23.6.1939 nach
Schanghai.

HerausgeberInnen und AutorInnen

Hanne Hiob ist Mit-Initiatorin des »Anachronistischen Zuges« gegen Krieg und Faschismus und der szenischen Welturaufführung von Brechts Gedicht »Legende vom toten Soldaten« auf dem Soldatenfriedhof Bitburg. Sie veranstaltet Brecht-Abende und antifaschistische Programme.

Gerd Koller wurde 1951 in Augsburg geboren. In seiner Heimatstadt ist er durch die Moderation und Organisation zahlreicher Wohltätigkeitsveranstaltungen bekannt. Er fand die Briefe im Nachlaß seiner Urgroßmutter Hedwig Mühlheim.

Kurt Pätzold, geb. 1930, war bis 1992 Professor für deutsche Geschichte an der Humboldt-Universität zu Berlin.

Erika Schwarz, Dr. phil., arbeitet an der Humboldt-Universität zu Berlin.
Die zuletzt erschienene Publikation der beiden Historiker trägt den Titel »Tagesordnung: Judenmord« und hat die Wannsee-Konferenz vom 20. Januar 1942 zum Thema (Berlin 1992).

A*t*V

Band 7004

Hans Biereigel
Mit der S-Bahn in die Hölle

Wahrheiten und Lügen
über das erste Nazi-KZ

Originalausgabe

256 Seiten
ISBN 3-7466-7004-7

Schon kurze Zeit nach der Machtübernahme im Januar 1933 richteten die Nazis in Oranienburg, vor den Toren der deutschen Hauptstadt, ihr erstes reguläres Konzentrationslager ein. Es diente dazu, Abgeordnete von SPD und KPD, Intellektuelle, jüdische und linke Prominente mundtot zu machen und ihren Widerstandswillen zu brechen. Was spielte sich ab in diesem Lager? Als Gerhart Seger auf abenteuerliche Weise die Flucht gelungen und sein Buch veröffentlicht war, konnte die Welt Bescheid wissen ...

A*t*V

Band 7003

Günter Agde
Sachsenhausen bei Berlin
Speziallager Nr. 7
1945–1950

Originalausgabe

256 Seiten
ISBN 3-7466-7003-9

Manch Schuldigen, sehr viele Unschuldige
traf am Ende des II. Weltkriegs in der
sowjetischen Besatzungszone, der späteren
DDR, ein schweres Schicksal: auf Jahre
hinaus eingesperrt in eines der durch die
Rote Armee geführten Speziallager, von
der Öffentlichkeit isoliert, hungerten sie
einem ungewissen Schicksal entgegen.
Viele starben. Warum entstanden diese
»Speziallager«, wie waren sie organisiert,
wer gehörte zum Kreis der Inhaftierten?
Dieses Buch gibt umfassend Auskunft:
unbekannte Dokumente, anrührende
Kassiber, Analysen, Berichte und Briefe
bringen Licht in eines der dunkelsten und
grausamsten Kapitel ostdeutscher Nach-
kriegsgeschichte.